二十国集团（G20）机制化建设研究

Research on the G20 Institutionalization

徐　凡　著

对外经济贸易大学出版社
中国·北京

图书在版编目（CIP）数据

二十国集团（G20）机制化建设研究／徐凡著．—北京：对外经济贸易大学出版社，2015
ISBN 978-7-5663-1437-6

Ⅰ．①二…　Ⅱ．①徐…　Ⅲ．①国际经济合作组织-研究　Ⅳ．①F116

中国版本图书馆 CIP 数据核字（2015）第 193365 号

二十国集团（G20）机制化建设研究

徐　凡　著

责任编辑：张俊娟

对外经济贸易大学出版社
北京市朝阳区惠新东街 10 号　　邮政编码：100029
邮购电话：010-64492338　　发行部电话：010-64492342
网址：http://www.uibep.com　　E-mail：uibep@126.com

北京九州迅驰传媒文化有限公司印装　　新华书店北京发行所发行
成品尺寸：170mm×230mm　　13.75 印张　208 千字
2015 年 9 月北京第 1 版　　2015 年 9 月第 1 次印刷

ISBN 978-7-5663-1437-6
定价：39.00 元

对外经济贸易大学英语学院学术出版基金资助

前　言

二十国集团（G20）从成立开始就被定义为“布雷顿森林体系内部的非正式对话机制”，然而在起初的十余年中，G20 作为一种危机应对及预防机制在国际治理中一直处于边缘化地位。2008 年美国金融危机爆发，并迅速蔓延至全球，对世界经济造成了巨大影响。传统的国际治理机制——七国集团（G7）和其主要执行机构国际货币基金组织（IMF）未能发挥应有作用，而 G20 却一跃成为应对这场危机的最核心治理机制，并迅速升级为峰会，进而在匹兹堡峰会后取代七国集团成为国际经济对话的首要平台。

截止到 2015 年初，G20 已成功召开了九次领导人峰会，在应对全球金融危机方面取得了明显成效。但另一方面，在后危机时代，G20 也面临着如何从危机应对机制过渡为长效治理机制及如何进行机制化建设等问题。G20 机制化建设这一课题无疑具有丰富的理论和实践意义。

对 G20 机制化建设进行研究将丰富相关学科的理论背景，提供更多的分析框架和批判视角。首先，G20 机制研究可进一步丰富“国际制度该如何设计”这一课题；其次，G20 机制研究可反映出国际格局最新变化并推动重要国际经济机构改革进程；再次，G20 机制研究可反映全球治理机制发展趋势及发展相关理论；最后，G20 机制研究可为国际宏观政策协调机制建设、国际货币体系改革等现实操作提供新思路。

G20 机制化建设研究不仅具有丰富的理论意义，也具有十分紧迫的实践意义。其一，G20 机制研究可为其未来发展方向和方式提供新思路；其二，对 G20 机制的研究有利于中国积极地参与国际事务，实现国家利益。因此，对 G20 进行深入研究符合我国发展战略，其深远的实践意义不言而喻。

综合对国内外文献的整理分析以及本书设定的思路框架，笔者在研究中着重关注如下几点：一是寻找新的切入点，如从国际政治经济学、国际法等跨学科的角度进行思考。力求从一个有新意的角度重新审视 G20 的成立、发展、机制化建设，填补国内相关领域的空白。二是着重关注 G20 作为一个国际机制的内在发展规律，如其内部矛盾（成员国间的利益诉求博弈）、内在动力（成员国共同利益）、与其他国际机制的关系、机制化的理由问题，以此丰富有关国际机制的研究。三是注意使用科学的研究方法，如定性分析与历史分析相结合、经济视角和政治视角相结合的方法，并尝试运用利益分析等研究方法，尽量避免出现研究深度不足、过于主观化等问题。

在对 G20 机制化建设进行研究的过程中，关于国际机制与国际组织的理论占有重要地位，因此本书首先从全球经济治理理论综述入手，在研究相关理论的基础上，在更深刻的层面上阐述 G20 问题。整个理论框架共分为三个方面：一是以世界体系的相关概念为原点展开理论框架的阐述；二是从国际政治经济学角度研究 G20 为什么要机制化；三是从国际法角度研究该机制应如何设计。

G20 机制化建设是一个复杂的问题，在机制化路线的设计过程中，本书还广泛吸取其他国际机制的经验和教训，对硬法机制世界贸易组织（WTO）和软性机制七国集团（G7）、亚太经济合作组织（APEC）进行系统比较，为 G20 机制化建设的性质定位提供了更加丰富的实践背景。

在研究了相关国际机制理论和其他国际机制的经验教训后，笔者运用定性分析与历史分析相结合、经济视角与政治视角相结合的研究方法，对 G20 作为一个国际机制的历史背景、存在基础及内在矛盾与发展动力展开深入解读，并对 G20 的性质作出明确定位。

分析 G20 内、外部的矛盾离不开对其成员国的深入探究，本书进而对 G20 成员国的利益诉求及各方之间的互动进行了深入探讨，更从博弈视角论证了 G20 未来机制化面临的国际关系基础，以此形成 G20 机制化建设可能性和可行性分析的重要实践参考。

有了以上这些研究作为基础，笔者对 G20 机制化建设的可能性及可行性进行论证分析，更从国际软法角度论证了G20作为国际治理机制的法律框架选择。国际政治经济学视角涉及G20机制化建设的内容和实质，而国际软法视角则是内容与实质的具体外在形式，此内容适合于此形式，G20研究框架下二者的结合相得益彰。

本着客观与创新的原则，本书对G20未来的机制化路线提出具体设计方案，将G20机制化建设划分为软性非正式阶段、软性半机制化阶段和“软硬兼施”机制化阶段共三个阶段：

软性非正式阶段的主要任务是通过具体准备工作，为软性半机制化建设作出前期铺垫。2013年，圣彼得堡峰会业已明确提出经济复苏的主要任务：“如何启动投资这一发展引擎以及如何通过搭建国际金融架构并预防可导致新危机的经济失衡，达到降低风险的目的。”本书借此将圣彼得堡峰会作为机制化建设的正式开端。

软性半机制化阶段是G20着眼于未来长效全球统筹机制使命，因而向半机制化阶段过渡是一条必由之路，即首先强化G20组织架构及议题专门化设置，这也同时符合G20机制软法性特征的形成规律，即软法机制的成型须经由程序化、透明化、规范化和制度化等一系列完整程序。其中，组织架构建设主要集中于固定秘书处的设置论证，为了力求本研究的客观性，笔者将此预设为备选方案进行可行性分析，以便读者作出独立判断和甄别。议题建设专门化设置分为三个步骤：经济议题专门化、金融议题专门化、议题建设多元化。

“软硬兼施”机制化阶段重点从六个方面展开G20机制化建设方案：（1）逐步扩展、开放议题领域；（2）严格成员国准入制度；（3）G20决策机制构建；（4）多层级会晤与协商框架构建；（5）G20决议执行机制构建；（6）相互评估程序构建。

中国作为G20成员国之一，其行为将对G20机制的发展产生重要影响；同样，G20作为中国参与国际事务最有效的平台，其发展也将对中国产生深远影响。本书最后一章着重从中国视角对G20机制化建设提出观点，即G20机制化建设中的中国战略，从中国的态度和立场、G20机制化对于中国的潜在利益、G20机制化建设对于中国的制约因素和潜在风险等方面展开论述，并提出中国对于G20机制化建设的应对战略。

世界多极化和经济全球化浪潮势不可挡，金融、贸易、投资等经济议题以及能源安全、气候变化、粮食安全、反恐等安全挑战日益不可分割，G20峰会为全球性问题搭建了良好的沟通平台。然而，由于各国经济诉求不同，各集团综合实力各异，以及世界格局的风云变幻，各方利益的交织与博弈往往很难最终取得共赢结果。如何克服这一治理困境以保障世界经济永续发展，是G20机制化建设过程中需要深刻思考及持续关注的一项议题。

目　录

第 1 章　绪论 / 1

1.1　研究的背景和意义 / 1

1.2　国内外研究现状及文献综述 / 4

1.3　研究思路与框架 / 14

1.4　主要研究方法 / 19

1.5　主要创新点和不足之处 / 20

第 2 章　全球经济治理理论框架 / 23

2.1　世界秩序及其发展规律的相关理论 / 23

2.2　国际政治经济学理论基础 / 35

2.3　国际软法理论基础 / 40

第 3 章　全球经济治理机制实践背景 / 45

3.1　布雷顿森林机制建设分析（以 WTO 为例）/ 45

3.2　七国集团（G7）机制建设分析 / 51

3.3　APEC 机制建设分析 / 64

第 4 章　G20 的形成、现状与困境、性质定位、机制化的理由及软法与机制设计 / 71

4.1　G20 作为一个国际机制的历史背景 / 71

4.2　G20 作为一个国际机制的存在基础 / 79

4.3　G20 作为一个国际机制的内在矛盾与发展动力 / 81
4.4　G20 的现实困境及潜在问题 / 84
4.5　G20 作为一个国际机制的性质定位 / 88
4.6　G20 机制化建设的理由 / 89
4.7　软法与 G20 机制设计 / 99

第 5 章　G20 成员国利益诉求分析 / 111
5.1　G20 中的小集团及利益同盟 / 111
5.2　以美国为核心的 G7 与 G20 / 114
5.3　以德国为核心的欧盟与 G20 / 132
5.4　伊斯兰国家与 G20 / 150
5.5　G20 未来机制化面临的国际关系基础 / 167

第 6 章　G20 机制化建设与中国战略 / 171
6.1　金砖国家与 G20 / 171
6.2　中国对于 G20 的态度和立场 / 174
6.3　中国持有的 G20 机制化建设理念和方略 / 179
6.4　小结 / 181

第 7 章　G20 机制化建设方案设计 / 183
7.1　软法应用的设计操作 / 183
7.2　结语 / 201

参考文献 / 204

致　谢 / 208

第1章　绪论

1.1　研究的背景和意义

1.1.1　研究的背景

二十国集团（G20）于1999年成立，由七国集团（G7）财长为应对1997年的亚洲金融危机而发起并极力促成。G20从成立开始就被定义为“布雷顿森林体系内部的非正式对话机制”，然而在最初的十余年中，G20作为一种危机应对及预防机制在国际治理中一直处于边缘化地位。2008年美国金融危机爆发，并迅速蔓延至全球，对世界经济造成巨大影响。传统的国际治理机制——七国集团和其主要执行机构国际货币基金组织（IMF）未能发挥应有作用，而G20却一跃成为应对这场危机的最核心治理机制，并迅速升级为峰会，进而在匹兹堡峰会后取代G7成为国际经济对话的首要平台。

截止到2015年初，G20已成功召开了九次领导人峰会，在应对全球金融危机方面取得了明显成效。但另一方面，在后危机时代，G20也面临着如何从危机应对机制过渡为长效治理机制及如何进行机制化建设等问题。G20机制化建设课题无疑具有丰富的理论和实践意义。

1.1.2　研究的意义

1. 研究的理论意义

G20作为国际经济对话的首要平台，其发展将对国际制度设计、国际格局演变、全球治理、国际经济合作等产生深远影响。对G20机制化建设进行研究将丰富相关学科的理论背景，提供更多的分析框架和批判视角。

（1）G20 机制研究可进一步丰富“国际制度该如何设计”这一课题

国际制度研究正经历从“为什么国际制度重要”到“国际制度如何设计”的研究议程转换，而 G20 作为一个近年兴起并日益显示出重要性的国际机制，无疑具有重大的研究价值及意义，笔者希望通过对该主题的分析研究进一步丰富相关理论内涵。

（2）G20 机制研究可反映出国际格局最新变化并推动重要国际经济机构改革进程

冷战结束后的 20 年，尤其是 21 世纪之初的 10 年间，新兴大国群体性崛起，其中“金砖五国”的发展更是有目共睹。虽然美日欧等西方老牌强国在国际贸易、投资及金融等领域仍然具有绝对优势，但其相对实力已经有所下降，世界经济愈发趋向多极化，国际力量格局已悄然发生改变。

2008 年全球性金融危机使西方国家经济遭受重创，而新兴经济体却迅速走出低迷状态并实现持续稳健增长，显示出在全球经济中不可或缺的重要增长极地位；2009 年匹兹堡峰会更是确定国际货币基金组织和世界银行两大机构的份额分别向发展中国家转移 5% 和 3% 。新兴大国的群体性崛起势不可挡，国际格局演变的大幕业已缓缓拉开。深入研究 G20 的机制化建设，对解读和预测国际格局变化和国际体系改革意义深远，并有望及时填补相应领域的理论空白。

（3）G20 机制研究可反映全球治理机制发展趋势及相关发展理论

金融危机暴露出现有全球经济治理机制效力严重不足的问题。传统治理机制 G7 和 IMF 面临着发展瓶颈，两者的合法性和行动能力都遭到了质疑。匹兹堡峰会后，G20 成为国际经济合作首要平台。“不少人对其寄予厚望，将其视为后危机时代改革全球经济治理框架、建立国际经济新秩序的有效载体”。①

随着经济全球化程度不断提高，全球治理的难度和复杂性与日俱增，如何构建全球治理的有效机制，如何在既有基础上改革与创新，均系学界面临的重大课

① 王国兴，成靖 . G20 机制化与全球经济治理改革 . 国际展望，2010（3）.

题。鉴于G20在全球治理中不断凸显的作用与地位，本研究可以为有关课题提供丰富的理论借鉴和实践参考。

（4）G20机制研究可为国际宏观政策协调机制建设、国际货币体系改革等现实操作提供新思路

“经济全球化的加深增强了各经济体宏观经济政策的溢出效应，各国宏观经济政策制定与执行难度不断增加。国际宏观经济环境的变化催生了G20，并在政策协调领域发挥着重要作用”。① 目前，G20已成为全球经济合作的首要平台，G20的机制化建设必然会在一定程度上左右宏观经济政策的制定与协调。G20应当如何发展才能最大限度地促进宏观经济政策向有益方向发展，这一问题值得深入探讨。

同样，如国内一位国际经济学者所言：“以美元为中心的现行国际货币体系存在着严重的内在缺陷和系统性风险，特别是2008年全球金融危机爆发后，现行国际货币体系的负外部性更加突出，各国对国际货币体系改革的呼声日益高涨。”② 而G20已成为国际货币体系改革的重要平台，如何发挥其在国际货币体系改革中的作用值得深思。

2. 研究的实践意义

G20机制化研究不仅具有丰富的理论意义，也具有十分紧迫的实践意义。

（1）G20机制研究可为其未来的发展方向和方式提供新思路

如今G20正处于从危机应对机制向长效治理机制转型的关键时期。G20内部依旧存在许多问题，如：西方发达国家之间、西方发达国家与新兴国家之间分歧严重，达成共识难度较大；随着金融危机的阴霾逐渐散去，八国集团（G8）复兴论甚嚣尘上。G20如何进行机制化，如何确定未来发展方向，如何处理与联合国（UN）、IMF、G7等国际组织的关系，如何走出合法性与效率困境，种种问题亟待解决。G20前方的道路仍然遥远漫长，未来会有诸多往复和曲折。笔者希望通

① 徐洪才．充分发挥二十国集团作用，加快推进国际货币体系改革．经济研究参考，2011（9）．
② 李晓，冯永琦．国际货币体系改革的集体行动与二十国集团的作用．世界经济与政治，2012（2）．

过对其他一些国际组织机制化建设进行比较研究，为G20机制化建设提供有益的经验参考，促进其稳健发展。

（2）对G20机制的研究有利于中国积极地参与国际事务，实现国家利益

“中国是G20创始国之一和重要参与者。作为世界第二大经济体，中国在G20机制化建设中的战略抉择，将深刻影响到G20机制的作用与前途”。[①] 与此同时，G20的发展也将对中国产生极大的辐射影响。

中国应该抓住历史机遇，积极推进G20的机制化建设，展示大国形象，力争凭借G20这一平台进入国际经济治理的核心，以提升自身的话语权。此外，中国也应注意规避风险，促使G20机制化向有利于国家利益的方向发展。因此，对G20进行深入研究符合国家发展战略，具有深远的实践意义。

1.2 国内外研究现状及文献综述

1.2.1 国外文献综述

2008年金融危机爆发，传统国际治理机制G7及其决策执行者IMF在危机处理方面显得力不从心，而一直处于边缘化地位的G20却迅速升级为首脑级峰会，并在解决金融危机过程中发挥了重要作用。匹兹堡峰会之后，G20正式取代G7成为国际经济合作首要平台。这一转型吸引了国内外学者的广泛关注。自2008年以来，学界关于G20的研究持续升温，总体而言，国外学者在G20问题上的研究更加系统深入，角度独具匠心。笔者希望通过对近年来国外文献的收集、整理、分析和综述，为此课题的进一步研究提供更为丰富的多元分析视角及思考。

目前，国外关于G20问题的研究主要集中在以下几个方面：G20的作用；G20面临的困境；G20的议题设置；G20的角色定位和前景；G20与现实经济问题（如欧债危机）的关系。笔者将从这几方面进行综述并给出简要评论。

① 赵瑾．G20：新机制、新议题与中国的主张和行动．国际经济评论，2010（5）．

1. G20 的作用

大部分国外学者都肯定了 G20 在处理金融危机方面起到的正面积极作用。如 Andrew F. Cooper（CIGI，2010）形容 G20 为“危机破坏者”（crisis breaker），并指出通过各国首脑之间的直接交流，G20 成为了刺激经济和为 IMF 等机构提供新资金来源的有效催化剂。与此同时，G20 相较于 G7/G8 而言，代表性有了明显提高，G20 成员不仅包括传统西方大国，而且涵盖了中国、印度、巴西等新兴经济体，并且两者占有相同席位，这是一个历史性的突破。G20 成员国贡献了全球产出的 85%，世界贸易量的 80%，拥有全球 2/3 的人口。很多研究者认为 G20 代替 G8 成为国际经济合作的首要平台，体现了国际格局的演变和国家间实力的相对变化。Florin Bonciu（Romanian – america University，2009）指出，G20 取代 G8 并非仅是金融危机的结果，其深层原因是二三十年来世界格局由单级向多级的转变，如金砖五国近年来的高速发展。

再者，G20 也对 IMF 等组织的改革起到了推动作用，IMF 一直因为其代表性而饱受诟病，很多国家批评它为少数发达国家实现自己利益的工具，近年来 IMF 的威信力和执行力不断下滑。而西方大国和新兴国家通过 G20 这一平台成功地在投票权转移等方面达成共识。Lukas Menkhoff（CESifo）和 Reeno Meyer（University of Hannover，2010）就这一问题进行了详细阐述。

G20 机制的另一先进意义在于它打破了传统国际治理中的二分结构——发达国家和发展中国家，考虑到了新兴大国群体性崛起的现实。尽管许多学者认为 G20 并非一个完美机制，但它为未来世界经济的协调与合作机制创新提供了崭新可能，这一点不容否定。

2. G20 面临的困境

尽管 G20 的积极作用备受肯定，但更多国外学者认为 G20 正面临着严峻挑战，G20 前方的路并不平坦。土耳其学者 Kibritçio ğlu Aykut（Ankara Üniversitesi，2012）就列出了以下几方面的问题：（1）议题复杂化且缺少连续性，议题设置受峰会主办国影响。G20 成立之初只是一个经济协调与合作平台，但随着 G20 的不断发展与重要性的不断提高，其议题也呈扩大化的趋势，这在一定程度上降低了

G20 成员国达成经济共识的效率。此外，由于 G20 并没有秘书处等常设机构，而是每次在某一成员国举行，其议题无法避免地会缺少连续性，同时存在受主办国影响的问题。（2）G20 的自身局限。虽然较之 G7/G8 有所进步，但 G20 依旧受到合法性的困扰，非 G20 国家和世界贸易组织（WTO）等组织在决议实施的过程中也应扮演重要角色。（3）后金融危机时代成员国间分歧加剧。这是制约 G20 进一步发展的重要因素。许多观察者认为随着金融危机逐渐过去，G20 成员国间的共同利益在不断减少，如果 G20 成员国不能找到新的共同目标，而是任由分歧不断扩大，那么 G20 的前景着实令人担忧。（4）G20 达成的共识不能有效落实。由于 G20 没有自己的执行机构，其达成的协议对各成员国也没有法律约束，到目前为止，许多 G20 的决议并没有真正落实。现阶段与其考虑 G20 达成了多少协议，不如关注达成的协议有多少落到了实处，这样才能避免 G20 成为一个清谈场所。

3. G20 的议题设置

在 G20 的议题设置问题上，国外学者的意见并不统一，但大体可以分为两种观点：

一是认为 G20 应把主要精力放在有关经济问题的探讨和协商上，这样才能提高效率，有助于尽快做出成绩，取得成员国与非成员国的普遍信任和重视。Badar Alam Iqbal（Aligarh Muslim University，2012）就指出 G20 的主要议题应集中在：（1）国际失衡（global imbalances），如怎样促进贸易盈余国家与贸易赤字国家间的平衡，现阶段国际发展失衡严重，若不能及时解决这一问题，将给未来的经济发展埋下隐患。（2）汇率（currencies）。汇率问题一直是 G20 峰会讨论的重点。在近几次峰会中，美国一直极力争取人民币升值，但却很难取得实质性进展，因为大多数新兴国家担心此举会损害它们的利益。（3）金融治理（financial regulations）。G20 成员国就巴塞尔协议Ⅲ（Basel Ⅲ Agreement）在银行监管方面的作用达成共识，并在金融监管、降低金融风险、防范金融危机方面取得了一致意见。（4）国际贸易（global trade）。欧美保护主义有抬头之势，多哈回合谈判陷入僵局，国际贸易远没有恢复到金融危机前的水平，因此促进国际贸易向健康方向发展也是 G20 必须考虑的问题。

二是认为 G20 应扩大议题范围，以求向国际经济长期治理机制或综合性全球治理机制转型。Paul Heinbecker（CIGI，2012）就认为 G20 应该涉及发展、气候变化、核研究、反恐等问题。但就现实而言，在过去的几次峰会中，G20 也涉及了发展、气候等问题，但并没有获得实质成果。在 G20 发展的起步阶段就盲目地扩大议题范围无疑有很大的风险，并且可能以效率损失和威信下降为代价。不过在分清主次的前提下，G20 的确可以在关注经济问题的同时也对其他问题有所涉猎。

4. G20 的角色定位和前景

自从 G20 机制在金融危机中发挥重要作用，并取代 G7/G8 成为全球经济合作首要平台以来，关于 G20 的角色定位及前景一直是国外学者最关注的话题。G20 应该定位于短期危机处理机制，还是长期经济协调合作机制，还是综合性全球治理机制？怎样看待 G20 和其他国际组织之间的关系？G20 是否应该机制化？G20 如何走出现阶段的诸多困境？在这些方面许多国外学者都发表了自己的观点。

Andrew F. Cooper（CIGI，2010）对 G20 是定位于临时性的危机处理机制（improvised crisis committee）还是一个长期的经济合作主导机制（steering committee）进行了分析。他指出，尽管 G20 存在许多缺陷，而且在后金融危机时代决策效率降低，但到目前为止，并没有一个成员国领导人表示不愿参加 G20 峰会，也没有人提出 G20 应该恢复为财长级会议，这表明 G20 并不会让位于 G7/G8，因为多数核心成员国领导人，无论是西方国家还是新兴国家都认识到 G7/G8 已经过时。因此 G20 所面临的最坏的前景就是成为一个“鸡肋”的机制——成员国领导人定期非正式会面，议题趋于广泛但缺乏深度。但实际上 G20 机制还蕴含着丰富的可能性，如果能够处理好现阶段问题，它有望成为国际经济治理的引领机制。至于 G20 能否成为综合性全球治理机制，大部分国外学者都认为现在下定论为时过早。G20 的进一步发展还有很多不确定性，仍需持续关注和进一步研究。

在研究 G20 与其他国际组织的关系时，大部分学者都着眼于 G20 与 IMF 和 WTO 之间的关系。WTO 是传统的国际治理机制，虽然决策效率较低，但其代表性和权威性都要远远超过 G20，正确处理与 WTO 的关系，可以为 G20 将来的发展提供更广阔的空间。同样，IMF 作为布雷顿森林体系的重要构成，虽然近年来执行力不断减弱，但在世界经济治理中依旧作用显赫。Uri Dadush（Carnegie's International Economics Program）和 Kati Suominen（CSIS，2012）提到在某些领域，WTO、IMF、世界银行（World Bank），比 G20 有更强的技术竞争力，如果 G20 过度地侵占这些组织的议题，那么很可能使自己的有效性大打折扣。因此，G20 需谨慎处理与众多国际组织的关系，以求降低发展风险。

至于 G20 机制化的问题，国外学者的意见并不统一。一种观点认为 G20 应该坚持其非正式性，这样才能最大限度地提供一个自由协商的平台；另一种观点认为 G20 应该机制化，或者说是部分机制化，比如建立常设秘书处和执行机构等，这样可以提高 G20 峰会的连续性，保证决议的贯彻执行。

在 G20 如何走出困境方面，许多国外学者也提出了新的思考。比如 Barry Carling、Paul Heinbecker、Gordon Smith 和 Ramesh Thakur（CIGI，2012）对 G20 在有效性和合法性方面提出了意见：使欧洲的声音更为统一，同时峰会主办国也可邀请非成员国首脑参加会议。

关于 G20 的定位与前景众说纷纭，以上部分只是国外学界的代表性观点。

5. G20 与现实经济问题的关系

近一年来国外学界关于 G20 与欧债危机的研究不断增多，已成为 G20 研究的一个方向，故笔者对这方面文献进行了综述，希望能为下一步研究带来帮助。

总体而言，世界经济正在不断复苏。但纵观欧洲，金融危机的阴霾却始终没有散去。希腊、意大利、西班牙等国家深受债务危机困扰，2011 年末举行的戛纳峰会意在出台欧债危机应对方案，但峰会结果差强人意，许多国外研究由此而对 G20 的前景深表担忧。Badar Alam Iqbal（Aligarh Muslim University，2012）指出欧洲债务危机可能会导致欧洲国家贸易壁垒增多，而 G20 包括中国、巴西、印度、南非等发展较为稳健的新兴大国，它们有望在抑制全球范围失业、防止下一次金融危机等方面起到关键作用。

上文提到的国外学者都有各自不同的背景和研究方向，笔者希望通过整理不同国籍、不同教育经历、不同视角的学者观点，为国内 G20 研究者提供全面客观的国外研究现状、问题及未来趋势参考。

以上这些观点多来自于《国际事务》（International Affairs）、《全球化与发展》（Journal of Globalization and Development）、《经济问题》（Journal of Economic Issues）等国际事务和国际经济学刊物，以及国际经济研究所（Institute for International Economics）、《国际治理创新中心》（CIGI）等国际组织和机构的网页和电子期刊。由此也可以看出，目前国外学者在G20方面的研究主要集中在国际组织和国际经济等领域，这或许可以在寻找新的研究视角方面为国内学者提供有益借鉴。

6. 评论及启示

自2008年以来，国外学者已经对G20做了相当深入的研究，极大丰富了我们对G20机制的理解，为国内学者的研究提供了新的思路。从理论基础来看，现有成果主要是通过对G20的研究，阐释了国际格局的变化、全球治理机制的演变、宏观政策协调等问题。从实践方面来看，现有研究主要集中于G20的作用、困境及前景等方面。在研究路径上，国外学者主要是从国际机制建设、国际格局演变以及宏观经济调控等方面入手，运用定性与定量相结合、实证与诠释相联结的研究方法进行研究。但从上文综述中可以看出，目前国外关于G20的研究还主要围绕着国际机制、宏观经济、国际格局这几个视点，缺少新的切入角度。G20作为一个国际经济论坛，历经产生、被边缘化到正式成为全球经济合作首要平台的演变过程。其间，多数国外学者着重关注于国际格局演变等宏观经济动因，而对于G20内在矛盾冲突、发展动力等因素研究较少。这种不足为我们提供了新的切入角度及深入研究的可能性，比如从G20的内部机制架构角度（分析其结构性要素）、动力机制角度（G20发展的内在动因）或G20作为一个国际机制的演进逻辑角度，详细分析G20框架内各成员国的角色定位、成员国之间的利益关系、成员国间的整体与局部对话模式以及G20与其他国际组织的异同和相处模式，揭示出G20作为一个国际机制有什么独特之处或在哪些方面急需进一步改进。

1.2.2 国内文献综述

2008年金融危机爆发后，G20迅速升级为领导人峰会，并在匹兹堡峰会后取代 G8 成为全球经济合作首要平台。G20 取代 G8 的原因是什么？有什么积极的历史意义？近年来 G20 发展迅速，但同时也面临着越来越多的挑战，G20 现在存在哪些问题？它的未来有哪些可能性？2008 年以来国内关于 G20 机制化的呼声越来越大，G20 该如何机制化？中国作为 G20 的成员国之一，G20 未来的发展和中国的核心利益息息相关，中国该如何看待 G20 的发展？又该扮演什么样的角色？笔者对国内相关领域的文献进行了整理和分析。

1. G20 取代 G8 的原因及历史意义

大部分学者都认为 G20 取代 G8 是一种必然结果，具有积极的历史意义。如张海冰（2010）指出金融危机是 G20 取代 G8 成为全球经济合作首要平台的转折点。而其深层原因则在于世界经济发展、国际力量格局和国际关系发生巨大变化，全球发展失衡只是表象，上层建筑（全球治理机制）与经济基础（世界经济结构）脱节才是关键因素。

崔志楠、邢悦（2011）从国际金融治理机制变迁的角度对 G20 的形成和发展作了理论上的分析。他们总结出国际金融治理机制从“G7 时代”到“G20 时代”的变迁受很多原因的影响，远非单一逻辑可以解释。同时，他们也指出 G20 能够取代 G7 成为治理金融危机的核心平台的主要原因为：（1）该机制适应了国际经济权力结构的变迁，正式承认了新兴国家在国际金融治理中的制度地位；（2）它具有相对较低的国际交易成本；（3）它松散的论坛式制度形式可以满足大多数成员国的制度偏好。

林利民（2009）从国际体系转型角度进行了分析。他认为 G20 的诞生和崛起具有重大的意义：（1）反映了国际力量在政治上的相对变化；（2）显示了国际体系主导权新一轮“周期性转移”进程的正式启动；（3）标志着国际制度根据变化了的力量对比图谱进行调整的起点。

黄范章（2012）则从宏观调控的角度研究了 G7 发展到 G20 的重大历史意义。他指出，经济全球化使得各国经济与金融网络之间的联系更为紧密，一国若发生经济危机便会很快地传导到其他国家和地区，故单靠各国独立地致力于本国的宏观经济管理已不足以确保本国经济的稳定，更难于维持本地区经济和世界经济的稳定，因此当今世界需要一种超国家的“宏观调节”机制，而G7和G20便是这种形式的代表，而从G7到G20的演变更体现了新兴经济体的高度参与性与话语权。

在G20取代G8及其历史意义这一方面，国内学者的研究角度丰富，也比较深入，得出了很多创新性的成果，基本达到了国际先进的研究水平。这也为我们的进一步研究提供了坚实的基础。

2. G20面临的问题

后金融危机时代，G20的发展遭遇瓶颈。G20能否真正取代G8成为全球经济治理的首要平台，还面临着主导权、动力、合法性、决策效率、执行效力、议题设置等诸多问题。

王国兴、成靖（2010）就指出，由于金融危机并没能撼动美国的霸主地位和美元作为世界货币的格局，体现发展中国家参与度的G20依然无法与被发达国家控制的G8、国际货币基金组织抗衡，只能作为现行框架下的一种技术性修正。

孙丽丽（2010）也指出，虽然G20峰会在全球协调应对金融危机中具有不可替代的作用，但由于其机制化十分匆忙，无法避免地存在一些局限和不足，比如G20现有机制架构不足以承担建立国际经济新秩序的重任，发达国家主导G20的局面没有改变。

张海冰（2010）认为G20在发展过程中存在以下问题：（1）从权利看，G8仍将在G20机制化进程中占据主导力量；（2）G20机制持续发挥作用的动力在后金融危机时代面临削弱的趋势；（3）相比于G8，G20的合法性获得了实质性的改善，但是面临提高机制效率的难题；（4）G20议题的拓展能力是否能够与时俱进面临考验。

崔志楠、邢悦（2011）则认为G20未来还有很多挑战：（1）松散的机制使其缺乏更加强有力的政治支持，这在增加了组织灵活性的同时，也加大了组织的无效性；（2）决策及行动能力有限；（3）会遭遇传统治理机制的强大竞争。

3. G20未来发展的可能性

目前，国内学界关于G20未来的发展主要有两种观点。

一是认为G20应保持其非正式性的特质。朱杰进（2011）指出非正式性是G20缔造者关于新机制形式的一个基本设想，也是对当时历史经验的总结。与国际货币基金组织等正式国际组织不同，G20是布雷顿森林体系内一种新的非正式对话机制。正是由于其非正式性的特点，才能使各国首脑进行更直接、更灵活、更有效的交流并达成共识。崔志楠、邢悦（2011）也认为，考虑到国际金融领域治理的敏感性，G20不宜采用较高程度的制度化组织。由此，他们建议，为了在未来实现更加有效的国际金融治理，G20必须进行更加富有智慧的制度设计。

二是认为G20应该尽快进行机制化建设。黄梅波、胡建梅（2011）认为G20不仅是应对危机的产物，更应为日后的国际经济格局的重建提供强有力的支持。为了实现这一目标，G20应尽快进行机制化建设。杨洁勉（2011）则对G20未来的机制化建设提出了以下可能。在组织机制方面，有三类设想：第一类认为G20的机制尚需强化，包括设立秘书处、相对固定的议题和完善约束机制等；第二类认为传统的G7国家与金砖国家在G20中发挥不同的作用，共存但不融合；第三类认为在完成对金融危机的使命后，G20可以退出历史舞台。在议题方面，究竟是继续深入讨论金融问题还是兼顾政治和环境问题，也同样需要商榷。

王晶（2012）在总结了众多学者的研究成果后，提出要想在提高G20机制合法性和有效性的同时，又不降低该机制的效率，目前有两种可能的办法：一是增强一些国际组织领导人在该机制中的作用；二是扩大地区集团以及联盟领导人在G20中的影响力。他还认为从职能和规划角度，另一种机制化的途径是，使G20逐渐发展成属于联合国下属的，与安全理事会并列的经济安全理事会，这样不仅解决了G20的合法性问题，同时也促进了安全理事会的改革。

4. G20如何机制化

G20在合法性和有效性方面的不足制约了其进一步发展，后金融危机时代，G20如何才能由危机处理机制转变为长效的经济治理机制，这一问题引起了国内学者的极大关注。

曹玮、王俊峰（2011）认为推进G20机制化建设，目标是将其从“应对危机型机制”转变为“增长保障型机制”，从“危机的反击者”转变为“危机后的经济掌舵者”，从“工具性存在”转变为“制度性存在”。

黄梅波、胡建梅（2011）对G20机制化提出的方案有：（1）G20应准确定位为协调各国宏观经济政策的平台，首要任务应是发展，尤其是国际金融监管与稳定、环境保护、减贫与经济增长等；（2）在内部设立常设智囊机构，并建立正式的互评机制；（3）拉近新兴国家和G8成员国之间的关系，重视G20框架下加强新兴大国之间联系的制度化，加强与各国议会、政策研究机构的合作；（4）加强与本地区非G20国家的对话与合作。

王天龙（2010）指出G20机制化建设可从以下几方面进行：一是建立G20常设机构；二是推行投票等议事机制；三是推动改革国际金融机构决策权体系来落实G20决策，以此使得G20发挥更大效力。

5. G20的发展与中国

在中国参与G20机制建设这个问题上，国内意见比较统一，大部分学者都认为中国应该积极参与G20的建设，维护国家核心利益，实现国家战略目标。但部分学者也指出，在保证积极参与的同时也要注意规避风险。如赵瑾（2010）指出，中国应本着互利共赢的原则推进G20机制化建设，妥善处理矛盾和分歧，确保G20峰会机制在健康轨道上向前发展。G20也需要中国以全球第二大经济体的身份共谋G20机制化建设。王国兴、成靖（2010）也提到在通过G20参与全球经济治理改革的过程中，中国既要态度积极，又要坚持改革的渐进性和在原有框架内进行的原则，谨慎看待中国的作用与责任，以妥善应对挑战。

6. 评论及启示

2008年至今，国内学者已经做了很多关于G20的研究，主要集中在G20的历史意义领域，在G20如何机制化和G20与中国等方面也取得了长足的进展。但综合国内外研究来看，国内有关G20的研究相比国外还是有一定的差距。首先在研究选题上，国内选题范围比较狭窄，大部分都集中于G20如何机制化和中国如何参与G20的建设，缺少新的视角，创新方面也需进一步提高；其次在研究内容上，国内研究还存在不够深入这一问题，很多研究停留在“背景+过程+展望”的简单叙述模式，变成了国际事件追踪或是较深刻的国际评论，而关于内在理论的探究比较少；最后在研究方法上，部分国内学者的研究缺少科学的研究方法，或是过分倚重定性分析，或是单一地运用历史分析法和诠释分析，而定量分析等科学研究方法却鲜少运用，这造成了有些研究成果过于主观化及学术性不强。上述国内文献综述部分大部分选取的是国内有代表性的成果，但同时笔者也注意到国内还有很多重复性的一般研究。这主要是由于缺少科学的研究方法，无可否认，国内在国际问题研究方法的教育和普及方面存在一定的不足，因此笔者认为若想超越局限有所创新，就必须在研究过程中注意科学研究方法的学习与运用。

1.2.3 国内外文献综述评述

综合对国内外文献的整理分析以及本书设定的思路框架，笔者认为进一步研究中应注意如下几点：一是寻找新的切入点，如从国际政治经济学、国际法等跨学科的角度进行思考。力求从一个有新意的角度重新审视 G20 的成立、发展、机制化建设，填补国内相关领域的空白。二是着重关注 G20 作为一个国际机制的内在发展规律，如其内部矛盾（成员国间的利益诉求博弈）、内在动力（成员国共同利益）、与其他国际机制的关系、机制化的理由问题，以此丰富有关国际机制的研究。三是注意使用科学的研究方法，如定性分析与历史分析相结合、经济视角和政治视角相结合的方法，还可尝试运用利益分析等研究方法，尽量避免研究出现深度不足、过于主观化等问题。

在系统总结 G20 国内外文献的基础上，下文将对 G20 机制化建设研究所采用的思路、方法等进行阐述。

1.3 研究思路与框架

G20 机制化含义的解读涉及两个层面：首先，这个政府间论坛性质的组织如何构成及这样构成的理由；其次，该组织如何运行以及为什么如此运行。本书重点研究如何设计 G20 的未来机制框架，以及如何通过具体运行方式协调 G20 构成要素之间的关系，使其真正履行首要国际经济合作平台这一职责。

机制化的标志体现在主导权、动力、合法性、决策效率、执行效力、议题设置等诸多方面的演化进程中，这意味着 G20 具体运作方式的建立不可能一蹴而就，G20 机制化建设势必要与时俱进，经历一个累进的动态过程，这是理解和制定 G20 机制化建设路线图及时间表的一个根本前提。

在国际形势纷繁复杂的今天，全球政治经济治理为什么需要 G20？G20 代表了新兴大国的集体性崛起，其先进性与积极意义无须多言。除此之外，G20 机制还有哪些优越性？这个问题也值得深入探讨。为解决合法性与效率上不足的问题，G20 需要进一步机制化，那么它应该如何机制化？本书将从 G20 的意义、演进、现状及问题与挑战四个方面切入 G20 机制化建设研究，依据 G20 各主要成员国官方及民间智库的观点、立场，结合历届财长会议及峰会的代表性公告及宣言等一手资料，解读各方对于 G20 机制化建设的态度和主张，对 G20 机制化的必要性、可能性和可行性进行系统分析和准确把握，进而提出 G20 机制化建设的阶段性具体方案。

此外，与 G20 相关的国际体系、国际机制理论与实践也值得进一步研究。其中涉及对如下问题的思考：为什么国际货币基金组织（IMF）、世界贸易组织（WTO）等原有国际组织不能满足维持国际政治经济秩序的治理需求？这些旧机制有哪些弊端？G20 又该如何突破现在的困境？IMF、WTO 与 G20 均由发达国家和发展中国家共同构成，为什么 G20 仍未机制化？这些国际机构的制度演变历程中能够得出哪些结论以佐证机制化建设的弊端或必要性？准制度化的关税及贸易总协定（GATT）向机制化的 WTO 过渡过程中都经历了哪些理论及现实的论证及考量？WTO 机制化的结果是否符合当初的机制化建设愿景？作为与 G20 性质类似的国家间论坛性组织，G7/G8 为何至今未进行机制化建设？其中是否存在适用于 G20 未来发展方向定位的理论和实践参考？G20 作为现今中国参与国际治理最有效的平台，中国应如何推进 G20 的机制化建设，过程中又该注意哪些问题？

可以看出在对 G20 机制化建设进行研究的过程中，关于国际机制与国际组织的理论占有重要地位，因此笔者决定从国际机制理论综述入手，在研究相关理论的基础上，在更深刻的层面上阐述 G20 问题，进而形成本书各章节的主要内容。

1.3.1 全球经济治理理论框架

世界秩序及其发展规律的相关理论、与G20机制化建设相关的国际政治经济学理论、国际法理论等在对国际组织的研究中发挥着重要作用。这些理论或视角会对G20机制产生什么影响？这一部分笔者将着重从理论上厘清G20机制化的原因、目的和结果。主要分为三个方面：

一是以世界体系的相关概念为原点展开理论框架的阐述，具体涉及世界秩序及其发展规律的相关理论，重点讨论国际关系学三大主流思想，即以权力为中心的现实主义理论、以合作为中心的理想主义理论、以“文化认同”为核心的建构主义理论，同时论述三者对于世界秩序构建原则的认知差异及所共同隐含的客观规律，并对三种思想的实践运用方式提出建议。

二是从国际政治经济学角度研究G20为什么要机制化。G20作为一个政府间的非正式论坛组织，在世界体系里面扮演了重要的超国家行为体角色，它的出现并非偶然，而是世界体系内各行为主体根据世界秩序发展规律和自身利益而做出的顺应世界秩序发展的决策。为了深入探讨G20的内在矛盾与发展动力，本部分结合霸权稳定论、相互依存论和依附理论等国际政治经济学相关理论，以当前国际政治、经济发展局势为背景，阐述G20机制化演绎下的国际经济格局和国际政治秩序，为G20机制化的必要性提供理论与现实依据。

三是从国际法角度研究该机制应如何设计，是设计成硬性的还是软性的国际机制，以及为何这样设计，选择软法机制的意义何在，软法曾经应用于哪些国际经济治理机制及效果如何。

G20机制化建设是一个复杂的问题，在机制化路线的设计过程中，不能只依据理论，而应该广泛吸取其他国际机制的经验和教训。因此下一部分，笔者将回顾一些国际机制的建立、发展、存在的问题，对硬法和软法，以及硬法性质为主的WTO和软法性质的G7、亚太经济合作组织（APEC）做出系统比较，为G20机制化建设的性质定位提供更加丰富的实践背景。

1.3.2 全球经济治理机制实践背景

2008年金融危机之前，在全球治理方面处于领导地位的主要是布雷顿森林体系和G7这两类国际机制，世界贸易组织（WTO）、国际货币基金组织（IMF）和世界银行（WB）三大国际经济组织即隶属于前者。对三大经济组织和G7进行深入探讨无疑可以促进关于G20的研究。本部分拟重点选取WTO、G7以及APEC为研究参考标的。作为一个硬法性质为主的国际组织，WTO的代表性得到广泛承认，但在效率方面却遭到了越来越多的质疑。WTO是如何设计的？是什么内在原因使它不能走出现有的困境？G7作为一个软法性质的国际组织，它在议题设置、决策执行、内部建设等方面有什么经验和缺陷？G20可以看作是G7的延伸和扩展，在G20的发展过程中应如何吸取G7的经验和教训？

G20涉及国际政治、经济的治理，它尚不是一个真正意义上的经济组织，而是一个国际机制，那么在其机制化建设过程中应注意哪些问题？为突破现有机制的局限，有效解决合法性和效率之间的矛盾，G20必须建成一个既硬又软的机制，这个过程该怎样实施？中国在其机制建设过程中又该扮演怎样的角色？这些问题都关系着G20未来的发展。

在研究了相关国际机制理论和其他国际机制的经验教训后，笔者将正式转入对于G20的研究。

1.3.3 G20的形成、现状与困境、性质定位、机制化的理由及软法与机制设计

这部分笔者将系统阐述G20成因、发展历程、重要事件，主要运用定性分析与历史分析相结合、经济视角与政治视角相结合的研究方法，深入分析G20作为一个国际机制的历史背景、存在基础及内在矛盾与发展动力。在研究了G20的形成与发展之后，笔者将关注G20现今存在的问题及面对的困境，并结合上一章论述，提出本研究的一个核心命题：G20的性质如何定位。

IMF等布雷顿森林组织、G7/G8等治理机制的局限性，以及2008年金融危机

背景下的G20国际经济治理实践，均凸显出G20机制化建设的必要性和紧迫性。在对G20机制化的相关理论、机制、现状及困境等进行总结和深刻提炼后，本章将对G20机制化建设的可能性及可行性进行论证分析，本着客观与创新原则对G20未来的机制化路线提出具体设计，其中涉及不同阶段及各自的不同方案，先期以贸易和投资等经济议题为重心，渐次向金融监管、国际金融体系改革、汇率、反恐、环境等领域延伸转换。

国际法中的软法和硬法哪一种更适用于G20机制化建设是该章的另一论述核心，G20现有成员国的不同利益诉求、G20机制的权力结构、G20机制的目标定位等因素是本研究选取软法进行机制设计的关键参考要素。

分析G20内部的矛盾与外在的困境，离不开对其成员国的深入探究，因此在下一部分笔者将着重阐述G20成员国在G20机制化建设过程中的利益诉求及竞合博弈。

1.3.4 G20成员国利益诉求分析

在后金融危机时代，G20成员国共同利益逐渐减少，分歧加剧，严重制约了G20机制的发展。将G20成员国具体划分，分析其各自特点、利益诉求及竞争博弈关系，无疑对研究G20具有重要的意义。G20成员国主要可以划分为哪些小集团或者说是同盟？这些集团中的代表国家是哪些？G20未来机制化到底面临着怎样的国际关系基础？笔者将参考峰会宣言、成员国领导人讲话等一手资料，运用利益分析等研究方法对G20成员国进行深入探讨，以此形成G20机制化建设可能性和可行性分析的重要实践参考。

1.3.5 G20机制化建设与中国战略

中国对于G20的态度和立场如何？运用软法是否符合中国利益？中国将提出哪些软法机制设计具体方案？如是否会争取秘书长职务抑或支持他国执掌这一权力？不同选择对中国意味着什么？在G20的机制化建设中，中国抱有哪些理念？G20的机制化能为中国带来什么？在参与G20的机制化建设中，中国应怎样实现国家核心利益，又面临着哪些制约因素和潜在风险？这部分笔者提出了中国对于G20机制化建设的战略性应对方法。

1.3.6　G20机制化建设方案设计

有了以上这些研究作为基础，本书最后一章阐释G20应该如何机制化。除了对学界已有的研究成果——G20的议题建设、常设秘书处建设、决策机制、执行机构等方面进行补充，该章更是从国际软法角度论证G20作为国际治理机制的法律框架选择，提出一个较为完备、具体、科学的G20机制化路线。国际政治经济学视角涉及G20机制化建设的内容和实质，而国际法视角则是国际政治经济学的具体外在形式，此内容适合于此形式，G20研究框架下二者的结合相得益彰。

虽然本研究围绕“背景+过程+展望”这一框架展开，但这主要是由于在此结构上可以更好地分析G20作为一个国际组织的内部结构和动力机制，因为要研究一个国际组织，把握其发展的时间脉络及内在演化逻辑无疑十分重要。G20机制化建设研究不仅要讨论与G20有关的国际事件，更要讨论这些事件的深层原因；不仅要讨论G20是一个什么样的国际组织，更要讨论它为什么和怎样成为了这样的国际组织，并在此基础上本着科学原则对其未来发展作出合理预测。但这也为我们提出了更高的要求——注重理论研究的深度与创新，避免无用重复。

中国作为G20成员国之一，其行为将对G20机制的发展产生重要影响；同样，G20作为中国参与国际事务最有效的平台，其发展也将对中国产生深远影响。因此，笔者将着重从有中国参加的金砖国家角度对G20机制进行阐述。

1.4　主要研究方法

本书力求运用科学的研究方法，抓住理论研究这一重点，避免研究在较低水平上重复，在研究过程中做到科学、客观、创新。综合对国内外文献的整理分析以及本书设定的思路框架，笔者运用复合式研究方法对G20机制化建设进行全方位阐述，如定性分析与历史分析相结合、经济视角与政治视角相结合的方法，并尝试运用利益分析等研究方法，尽量避免出现研究深度不足、过于主观化等问题。

1.5 主要创新点和不足之处

1.5.1 主要创新点

目前国外关于G20的研究还主要围绕着国际机制、宏观经济、国际格局这几个视点，缺少新的切入角度。G20作为一个国际经济论坛，历经产生、被边缘化到正式成为全球经济合作首要平台的演变过程。其间，多数国外学者着重关注国际格局演变等宏观经济动因，而对于G20内在矛盾冲突、发展动力等因素研究较少。这种不足为本书提供了新的切入角度及深入研究的可能性：

一是运用创新切入点，如从国际政治经济学、国际软法等跨学科的角度进行思考。力求从富有新意的角度审视G20的成立、发展、机制化建设，同时填补国内相关领域的研究空白。

二是运用比较研究方法探讨国际组织的发展规律，重点研究布雷顿森林机制下的硬法性机制WTO及软性全球治理机制G7，总结分析二者在议题设置、决策执行、内部建设等方面对G20机制化建设可能提供的经验和教训。

三是从国际机制的内在动力机制视角，探讨G20未来机制化建设的国际关系基础，并以此丰富相关国际机制研究。具体涉及G20内部矛盾（成员国间的博弈）、内在动力（成员国共同利益）、与其他国际机制的关系等领域。

1.5.2 不足之处

（1）本书从G20及其他国际组织的发展进程中总结出国际组织变迁规律，但如何将内在规律上升到理论高度还有待后续深入思考。

（2）本书从G20的内部机制架构角度（分析其结构性要素）、动力机制角度（G20发展的内部动因）详尽分析了G20作为一个国际机制的内在演进逻辑，但

G20框架内各成员国的角色定位、成员国之间的利益关系、成员国间的整体与局部对话模式，以及G20与其他国际组织的异同和相处模式等层面的探讨仍难免偏离本质核心，加强对于相关研究标的一手数据的挖掘与解读是突破的关键点。

（3）定性与定量、历史分析与实证分析之间的结合仍显不足。笔者曾尝试运用博弈理论等量化方法透析历届G20峰会中各成员国的真实态度及立场，但受制于核心会议文献匮乏，无从得知峰会台前幕后领导人之间的互动细节，因此在行文中的些许主观化臆断在所难免。

第2章　全球经济治理理论框架

2.1　世界秩序及其发展规律的相关理论

世界秩序及其发展规律的相关理论、与G20机制化建设相关的国际政治经济学理论、国际法理论等在对国际组织的研究中发挥着重要作用。这些理论或视角会对G20机制产生什么影响？本章将着重从理论上厘清G20机制化的原因、目的和结果。

本章以世界体系的相关概念为原点展开理论框架整理，具体涉及世界秩序及其发展规律的相关理论，重点讨论国际关系学三大主流思想，即以权力为中心的现实主义理论、以合作为中心的理想主义理论、以“文化认同”为核心的建构主义理论，同时论述三者对于世界秩序构建原则的认知差异所在，并对三种思想的实践运用方式提出建议。

2.1.1　与世界格局演变规律相关的国际政治概念

1. 世界体系概念

英国现代著名历史学家杰弗里·巴勒克拉夫提出了要以“全球性目光”放眼世界才能真正理解和解释当代历史。他说：“当代史的一个显著的事实，即它是世界史，而不是某些地区的历史。因此，如果我们不采用全球性的眼光，就不能够理解塑造世界史的诸种力量……这意味着要对有关整个世界格局的各种传统看法和论断以重新审视与修正。①”因此本书不局限于仅仅讨论G20问题，而是从国

① 杰弗里·巴勒克拉夫．当代史导论．上海：上海社会科学院出版社，2011.

际政治基本理论切入，先确定世界体系概念和世界秩序演变规律，然后结合相关理论和现阶段国际政治、经济发展趋势，讨论当今世界秩序的主要特征。

“世界体系”概念由美国社会学家伊曼纽尔·沃勒斯坦首次提出，他在著作《现代世界体系》一书中提到，“世界体系”是一个社会体系，这一体系有不同界限、结构体、群体、法律条例以及相互依赖性，其机体包括相互矛盾的各种力量，有时通过压力在这一体系中结成一体，有时却由于不同力量的竞争使这一体系四分五裂。“这一体系具有生物体的特征，在其生命周期内，有些特征不断变化，而另一些特征则表现为平稳的发展。因此，这一体系的结构根据其功能内部的逻辑变化，在不同时期表现的强弱程度不等”。① 沃勒斯坦主要从经济学的角度分析了资本主义世界体系自15世纪末期以来的发展历程，揭示了资本主义世界体系发展规律及其背后的影响要素，其理论贡献极大地推动了政治经济学的发展。但是，沃勒斯坦将世界体系定义为资本主义世界体系，忽略了社会主义国家在世界秩序中发挥的作用，因此是有失偏颇的。如同肯尼斯·华尔兹对沃勒斯坦提出的批评，他认为沃勒斯坦混淆了理论与现实，并将理论模型等同于现实世界。②但是从其理论中我们可以清晰地看到，资本主义在过去近600年世界体系形成期间扮演了非常积极的角色，以至于许多当代学者至今仍将资本主义体系等同于世界体系。

相较于沃勒斯坦对“世界体系”的定义，莫顿·卡普兰的阐述更加系统全面，也获得了更为广泛的认可。他认为，国际体系可被看作是一个没有约束力的政治体系，国际行为体是国际体系的组成部分，分为“国家行为体”和“超国家行为体”两种类型。卡普兰据此提出著名的国际体系六大模式，即“均势体系”“松散的两级体系”“牢固的两级体系”“全球体系”“等级体系”“单位否决体系”。③ 卡普兰的理论更多关注不同时期的国际力量对比及国际格局演变，并未真

① Immuel Wallerstein. The modern world system: capital agriculture and the origins of the European World - Economy in the sixteenth century. New York: Academic Press, 1974: 347.

② Kenneth Waltz. Theory of international politics. New York: McGrawHill, 1979: 38.

③ Morton Kaplan. System and process in international politics. New York: R. E. Krieger Publishers, 1975.

正涉及世界体系的描述，但其分析方法和思路对于总结国际格局演变规律具有重要借鉴意义。

2. 世界体系与世界格局

中国学术界更多使用“世界格局”而非西方常用的“世界体系”，但二者本质含义类似。对于“世界格局”概念有诸多不同版本的定义，比较常见的包括：

（1）世界格局是世界各种政治力量之间在一定国际环境下形成的结构或态势。①

（2）世界格局是由国际上各种基本力量之间形成的一种结构和形态。②

（3）世界格局是国际关系体系在一定时期内形成的相对稳定的力量对比结构。③

以上各种定义均包含三个基本要素：行为主体、历史时期、力量对比。归纳而言，本书采用复旦大学国际关系学博士潘忠岐在其著作《世界秩序：结构、机制与模式》中所做的定义：“世界格局是世界上或国际上主要行为主体（如国家、国家集团和政府间国际组织）在一定历史时期内所形成的一种力量对比态势或结构。世界格局具有相对稳定性、客观性和历史性等特点。”④ 潘忠岐的定义不但涵盖了世界秩序三大要素，还总结出了世界格局的重要特征，是对国内现有研究之集大成。笔者将借鉴潘忠岐的定义作为全书论述的重要理论基础。

3. 世界秩序与国际秩序

世界秩序与世界格局概念密切相关，世界秩序指国际行为体在相互交往及处理国际问题过程中，在既有国际体系基础之上按照一定的原则、规范与机制行事，从而形成的一种总体上相对稳定、和平、有序的状态。国际秩序是国家和国家集团的利益、实力和对外政策相对作用的统一。⑤ 国际秩序与世界秩序在很多

① 王有才，李效民．战后的世界政治经济与国际关系．哈尔滨：黑龙江人民出版社，1987.

② 宦乡．当代世界政治经济基本问题．北京：世界知识出版社，1989.

③ 王义德．“世界格局”应作何解释？．当代世界与社会主义，1997（2）.

④ 潘忠岐．世界秩序：结构，机制与模式．上海：上海人民出版社，2004.

⑤ 赫德利·布尔．无政府社会——世界秩序研究．张小明，译．2版．北京：世界知识出版社，2003.

国内学者的论述中经常出现混淆，严格意义上，国际秩序主要指各主权国家间的关系，而世界秩序则既包含主权国家间的关系，又包含各类国际组织间的关系以及国际组织与国家间的关系，内容更加丰富和广泛，更适用于讨论 G20 这类非主权行为体相关议题。

英国学派重要代表人物赫德利·布尔对于秩序的定义及影响因素也进行过深入剖析。他经过研究认为，秩序由下面几种因素共同维系：在追求那些基本或主要目标的过程中所形成的共同利益观念；规定行为模式的规则；使这些规则发挥效力的制度。这种共同利益观念的产生，可能是畏惧心理的产物，也可能是理性的深思熟虑的结果，即认为人们在追求社会生活的基本目标或主要目标时应该受到同等限制。合法性意味着某种政治秩序被认可的价值，并通过其规范地被遵循而实现。

4. 世界秩序主要特征

对于世界秩序的特征，各国学者的认识存在一定差异。日本学者星野昭吉认为世界秩序如同体系一样，总是在不停地变动。① 而新古典现实主义学者兰德尔·施韦勒认为“稳定性”和“可预见性”是世界秩序的基本特征。② 德裔美国心理学家、拓扑心理学创始人、实验社会心理学的先驱科特·勒文则进一步指出稳定性和可预见性是世界秩序的总体特征，而不是局部特征。③ 这些学者的研究各有创新之处，但是笔者认为，在分析世界秩序规律性时不妨从长期和短期两个层面着手，以发展和动态的视角进行论证。世界秩序在短期和微观层面不停变化，长期而言虽然在无政府状态下看似无序运行，事实上却遵循着特定逻辑和规律，而规律一旦形成即具有一定程度上的持续稳定性。

世界秩序形成于国际行为主体解决各种国际问题的过程当中，而世界秩序主体，即构成世界秩序的基本单位，指对世界秩序能够有效提出要求，参与世界秩

---

① 星野昭吉．全球政治学——全球化进程中的变动、冲突、治理与和平．刘小林，张胜军，译．北京：新华出版社，2000.

② Randall Schweller. The problem of international order revisited：a review essay. International Security，2001，26（1）.

③ Kurt Lewin. Resolving social conflicts，New York：Harper and Brothers，1948.

序构建、维护、变革等事项的行为主体。“国际行为主体主要分为两类：国家行为主体和非国家行为主体”。其中，非国家行为主体包含政府间国际组织、非政府组织、跨国公司等。国家行为主体在世界秩序运行中发挥着至关重要的作用，各主权国家的利益诉求与实力对比对世界秩序的变迁具有决定性影响力。由主权国家构成的国际组织大多试图通过加强国际沟通与合作，协调主权国家之间的利益与纷争，从而对世界秩序产生影响。经济全球化进程使跨国公司、非政府组织在国际合作中日益扮演重要角色，但其于世界秩序构建的影响力与主权国家相比依然不能同日而语。

2.1.2 与世界秩序发展规律相关的国际关系理论

为深入探讨G20从诞生到成长中的内在矛盾与发展动力，对世界格局相关概念系统阐述之后，笔者将结合现实主义、理想主义、功能主义、建构主义等国际关系理论，深入探究世界秩序发展规律及构建原则，不但为G20机制化建设的原因、目的提供解释与指导，亦为G20机制化建设的必要性提供理论依据与支撑。

1648年《威斯特伐利亚和约》（The Peace of Westphalia）签署，西方主权国家时代大幕缓缓拉开。现代国际体系自形成以来就确定了以主权国家为主体的国际格局（叶江，2013）①，而《威斯特伐利亚和约》也因此被视作现代国际体系原点，人类历史上成文的世界秩序构建原则由此发端、演绎。

1. 以权力为中心的现实主义理论及其发展

现实主义理论初现于第一次世界大战之后，源自霍布斯（Thomas Hobbes）、马基雅维利（Niccolò Machiavelli）等学者的性恶论及国际无政府主义思潮，主要代表人物有修昔底德、霍布斯、马基雅维利、马丁·怀特、汉斯·摩根索和华尔兹。现实主义理论认为，国家之所以稳定是因为有一个强有力的政府，而国际社会多爆发冲突是由于没有任何国际政府管理国际争端。各国纷纷增强自身军事实力的结果是，所做政治决策均以保障自身安全与利益为前提。现实主义相信“性

① 叶江．论当前国际体系中的权力扩散与转移及其对国际格局的影响．上海行政学院学报，2013（2）．

恶论”，认为主权国家只有足够强大，才可能彼此相安甚至削弱他国实力。世界秩序因此常常面临安全困境，甚至陷入永无休止的战争。

摩根索的《国家间的政治——为权力与和平而斗争》一书堪称政治现实主义代表作，其所概括的政治现实主义基本原则体现了现实主义者眼中利益与权力的共生关系，把权力政治学说推向一个新高度，被西方学术界称为“最重要的国际关系准则”。

现实主义的一个重要特征是以国家力量确认国际关系格局，即全球秩序由综合实力最强的国家决定，世界性大国为掌控秩序制定权展开激烈争夺，世界秩序随国际力量格局的盛衰而演变，上层建筑取决于经济基础并随经济基础的变动而调整。对于国际经济治理机制的创建和变迁，现实主义论者又做如下阐述：霸权国家通过负面和正面的权力手段，对国际经济治理机制的创建、发展、变迁发挥了主导性作用（Krasner，1976）①。英国的金本位制和美国的布雷顿森林体系这两种国际经济治理机制均由当时世界霸主英、美所创建并掌控。

G20 机制化建设的内在动力在现实主义者看来亦遵循类似逻辑，他们认为当今世界格局与之前相比发生了显著变化，欧美等老牌资本主义强国虽仍拥有较强经济、军事实力，但世界已进入“一超多强”时代，个别发达国家不再能够独霸天下。在经济全球化的趋势中，发达国家与新兴国家的经济实力显现出此消彼长的态势，世界经济只有各国携手共进才可能永续发展，这种力量格局的演变要求权力结构与时俱进地相应改变，G20 遂于 20 世纪末在 G7 的筹划与推动下应运而生，这是现实主义视域下 G20 兴起的一个重要成因。

与此同时，现实主义者并未放弃信守国家实力决定论，认为 G7 创立 G20 的最终目的是维护和延续其国际体系主导权，并非真心顺应经济全球化、世界多极化这一时代趋势。G8 通过一系列论证及内部协调，主动邀请重要新兴经济体加入这一全球经济治理核心机制，这比日后对方崛起甚至成为西方挑战者之后再予以

① Stephen D. Krasner. Structural causes and regime consequences：regimes as intervening variables，International Organization，1982，36：186.

接纳更为现实。这一战略抉择符合现实主义信奉国家利益的思想本质，即如果大国之间的力量对比不变，那么世界权力格局也不会发生重大转变，G20 实质上是发达国家审时度势最大化国家利益的一种途径。由此得出结论，G20 机制化结果之于现实主义者而言，不是决定结果的原因，国际力量的对比变化才是真正的动力源泉。

2. 以合作为中心的理想主义理论及其发展

理想主义思想渊源可追溯到柏拉图所撰写的《理想国》，书中讲述了人们对于国家的一种乌托邦式理想，其后罗马西塞罗的《自然法思想》以及近代的洛克《契约论》都折射出理想主义理念。现代理想主义起源于第一次世界大战结束之后，经历过战争的惨烈与创伤，各国自然而然弥漫着厌战心理，人们渴望拥有一个和平的国际环境，现代理想主义在此条件下应运而生。理想主义学派的代表人物有英尼斯・克劳德、格伦威尔・克拉克、路易斯・索恩等，最著名的应属美国第 28 任总统托马斯・伍德罗・威尔逊（Thomas Woodrow Wilson），集体安全和民族自决是威尔逊《十四点计划》的核心思想。

理想主义，顾名思义，是与现实主义相对应的一种思想体系。理想主义者也承认国际无政府状态，但相信这种状态可以通过种种努力加以改变。他们信奉“性（可）善论”，也即主权国家通过适当引导可以和平共处，战争可以通过建立国际组织、制定国际公约及塑造国际舆论而规避或减少。现实主义理论认为权力结构决定国际秩序，而理想主义者则强调国际制度、道德、舆论等因素在国际体系塑造与变迁中的巨大作用，他们笃信合作是实现共同利益的基本保证。表 2.1 归纳出了现实主义理论和理想主义理论在人性、国家关系、国际法和国际组织，以及对国际社会的认知等方面的区别与联系。

表 2.1　现实主义理论和理想主义理论的区别与联系

	人性	国家关系	国际法和国际组织	对国际社会的认知
现实主义	恶	无政府主义、强调权力和利益争夺	权力为基础	利己主义
理想主义	善	道德、民主为基础，建立公正的国际关系	维护秩序的有效工具	利他主义

理想主义者相信安全困境可以解决，只要共同遵循国际法或通过自觉等方式，主权国家能够互利共赢。就 G20 机制化建设而言，理想主义者更倾向从国际合作和规则角度进行解释：随着自身实力日渐增强，新兴经济体开始挑战美欧发达国家的全球治理主导权，要求参与制定国际规则，建立新型的公正、合理的国际秩序①；而对于发达国家而言，世界经济高度融合的现实使它们承认，接纳群体性崛起的新兴经济体进行全球共治势在必行，重要新兴经济体缺席的国际宏观经济政策协调根本无法应对各种全球性金融危机，系统性全球影响力正在使这些后来者成为制定国际规则的前台人。笔者认为 G20 机制化建设对于理想主义者及新兴经济体而言都是一个莫大鼓舞，它颠覆了传统的“中心—外围”全球治理决策理论，将发展中国家纳入世界经济核心话语体系之中，这无疑为理想主义“用规则打造和平、平等的世界”理念平添了有力注脚。

显然，理想主义者将 G20 机制化建设归因于主权国家解决纷争的一种途径，这同时符合晚近金融危机背景下的全球共治需要。G20 机制化建设的目的之一是维护世界和平与平等，借由将更多新兴国家纳入国际规则话语体系，推动改进全球性问题的解决方式。在理想主义者眼中，G20 机制化的现阶段成果符合先前预期，G20 机制化建设的未来前景也会更加光明，有望开启一个高效全球共治的全新时代。

然而，理想主义理念在国际机制治理中尚未经历足够的实践验证，人类历史的前车之鉴值得铭记。1919 年成立的国际联盟是理想主义的一次艰难践行，但由于美、日、德、苏等强国缺席等现实因素，国际联盟及其体现的理想主义信仰最终走向破灭。理想主义者用自由资本主义价值观理解帝国主义时代的强国政治，其失败在所难免。联合国、世界贸易组织等国际组织不乏完善的机制设计、合法性及约束力，但在国际政治、经济治理实践中的效力仍与成立初衷相去甚远。

笔者认为，在 G20 机制化建设问题上理想主义所秉持的合作和规则理念尚不

① 刘树芹，李春林．探析 G20 崛起的原因、影响及其面临的问题．湖南工业职业技术学院学报，2010（2）．

能完全满足现阶段G20的全球治理使命。鉴于“布雷顿森林体系之下非正式国际合作机制”功能定位，G20目前尚不急需建立一套规范的组织架构和规则流程，虽然这使其有效性大打折扣，但快速、灵活、高效等特性更符合G20突发性危机应对机制的治理使命。即便未来G20机制化建设最终完整落实，其全球治理实效会否重蹈诸多全球治理机制之低效覆辙仍然有待观察，况且至今G20成员尚未对理想主义理念下的完全机制化建设路线达成共识。据此判断，理想主义在G20机制化建设短期规划中的指导作用将十分有限，理想主义或将是长期全球治理实践的一个好视角，但实效性很大程度上取决于G20机制化建设过程中对于其他国际治理机制经验教训的有效借鉴，全球经济治理机制实践背景将在本书第3章做系统论述。

在国际关系领域，自由主义基本等同于理想主义。新自由制度主义被视为自由主义的延伸，是国际机制理论之于世界政治经济实践的一个重要分析工具，国际机制通过降低不确定性来促进国际合作是其核心观点之一。基欧汉和奈（1977）的复合相互依赖思想恰到好处地契合了新自由制度主义理论，认为国际制度的创建是由合作需要所推动，而并非仅仅依靠权力驱使，制度变迁与权力转移有时并非一致。一个现实例证是，关贸总协定向世界贸易组织的变迁即非单纯由权力结构变迁所引起。G20部长级会议创立的一个根本原因，是既有G7机制已不能满足国际经济治理需求，这促使旧机制成员国理性地主动推出一个辅助性新机制以治理、预防国际金融危机，并最大限度地协调成员国之间的利益，该现象亦折射出新自由制度主义关于相互依赖加剧国际合作需求的基本思想。

3. 以职能外溢为核心的功能主义理论及其发展

关于国家对合作的需要如何导致国际制度的创建、变迁以及成员国基于利益而选择某种特定制度的解释仍不够清晰，因为仅有国际合作需求并不一定就能建立符合“成本效益”原则的制度形式。以“职能外溢”为中心的功能主义理论提出，在某一领域内一旦建立起超国家合作，由于各领域的职能性相互依赖，这种超国家合作必然向外延伸，国际合作也因此从一个领域扩大到其他更多领域。最初只在某一领域进行的决策当外溢到新职能领域时，一体化所涉及的行为体便越来越多，官僚机构之间的接触和磋商也相应增加，这有助于解决一体化初期妥协带来的新问题（Ernst Haas，1980）①。第二次世界大战后欧洲一体化进程常常被视为功能主义应用的典型例证，功能主义为欧洲煤钢共同体、欧洲原子能共同体和欧洲共同体等国际机制的诞生提供了可行性理论指引，即在某一特定领域率先建立的一体化机制将触发并带动更多其他领域的一体化进程。

与国际贸易治理机制有所不同，现实中全球层面的国际经济治理具有相对独立性，主权国家在国际经济治理领域发挥着核心的作用，因此国际经济合作中议题领域之间的内在外溢性并不明显，功能主义职能外溢理论之于区域经济一体化的有效性尚未在国际经济治理实践中充分得以体现，这从一个侧面映衬出 G20 机制各领域之间内在的传导性不足的缺陷及深化 G20 机制化建设的必要性。唯有逐步实现机制化，历届 G20 部长级会议及峰会议题才可能具有连续性和延续性，其中的峰会核心议题是否获得持续关注并取得实际成果，业已成为 G20 有效性的一个重要衡量标准。就 G20 机制中长期规划而言，提高决策效率、强化约束功能、扩展议题范围以及增加成员国数量等诸多领域建设将变得更加不可或缺。

4. *以文化认同为核心的建构主义及其发展*

建构主义产生于20世纪八九十年代，建构主义兴起的一个背景是其他主流学派无法有效解释苏联解体成因，学界需要更多理论创新填补时代空白，代表人物有亚历山大·温特、奥勒夫和约翰·罗吉。建构主义认为世界分为物质世界和观念世界，物质世界只有借助观念世界才有意义，因为归根到底政治决策由人作出，人并不是一架没有思想和情感的机器，无法总能严格遵循客观规律进行理性决策。建构主义本质上以“人”作为决策中心，强调“观念建构身份”。就国际体系的互动模式而言，主权国家在博弈过程中形成不同意识形态并萌发出三种特定文化，即霍布斯文化、洛克文化和康德文化。霍布斯文化将主权国家彼此视为敌人，承认国际社会处于无政府状态及资源的稀缺性，认同主权国家为了争取各

① Ernst Haas. Why collaborate? issue link age and international regimes. World Politics，1980，32（3）：357－405.

自利益只能对他国采取敌对态度；在洛克文化中，人们在观念上将彼此构建为对手，认为世界虽然处于无政府状态，但各国可以竞争合作并行不悖；康德文化则把主权国家彼此视作朋友，认为合作大于竞争甚至能够化解分歧。

建构主义认为，一国所采取的国际行动取决于对他国的身份构建，也即一国对外决策的依据是其观念中的别国形象，如果认定对方是非理性的好战之国，那么可能会作出开战决策；若认为对方是一个负责任的和平爱好者，就有可能出台邦交策略。对于建构主义者而言，别国眼中的对方形象是身份建构的基点。在现实层面，这种构建出来的他国身份往往并不属实，一国的真实面目在某种程度上甚至被有意忽略。

建构主义视角之下的G20机制化成因当属康德文化，在2008年世界金融海啸面前，各国不约而同地将彼此身份构建为合作者，共铸G20峰会机制以通力合作。冷战结束之后，人类的安全、和平诉求已经基本解决，发展问题一跃成为时代主题。要解决发展问题，以邻为壑的零和博弈思维很难奏效，霍布斯文化和洛克文化显然已与时代大势格格不入。当A国为B国提供生产原材料，同时B国为A国提供消费必需品时，紧密的互补依存关系往往使双方将彼此身份构建为合作者，虽然两国也许在其他国际领域处于竞争或敌对关系。经济全球化语境中国际贸易与国际投资的高度一体化现实，则正是康德文化当下获得广泛国际认同的一个重要基础。建构主义者因此将G20机制化现象理解成一种友好文化或秩序的产物。笔者认同这一关于G20成因的分析假设，但认为G20机制更像是一个顺应历史规律与潮流的水到渠成的结果，并非完全由于主要国际行为体间基于朋友认同而刻意发起。

与对于成因的解释力相比，建构主义之于G20机制化目的的解释力并不显著，如果一定要与目的有所结合，那么一个可能的启示是，G20机制应以国际经济治理实践为基础，在发达国家与新兴经济体之间就世界秩序构建原则求同存异，与时俱进地培养文化与制度上的相互理解，铸就多边身份认同及利益共同体，在意识形态、文化制度、身份认同、利益共同体等多个层面为G20向世界经济长效治理机制转型奠定坚实的国际关系基础。

从建构主义视点观察，G20 机制化的结果将有助于国际体系维持稳定，成员国间的彼此身份构建的良性互动叠加结果必然是 G20 机制的日臻完善，直至最终演化为一个正式的全球治理核心机制。然而以史为鉴，现实并不像理论构建那样完美，主权国家彼此的身份构建往往受到领土争端等诸多客观因素的制约，加之国际环境风云变幻，各国的认知观念及立场都难免因时因势而变，因此建构主义理论的现实指导意义仍需时间的严格检验，但我们有理由对建构主义理念框架下的 G20 机制化建设保持乐观预期。

以上四种国际关系理论的主要差异集中在对于世界秩序构建原则的认知上，现实主义学派认为世界秩序的构建原则是均势或者霸权，理想主义相信世界秩序的构建原则是合作与制度约束，功能主义则强调职能外溢之于秩序构建的牵引作用，而建构主义提出世界秩序的构建原则是观念共享和集体认同。

现实主义认为物质财富是影响一国外交政策的关键变量，国际行为主体围绕财富的获取展开博弈，并以权力结构体系为基础塑造国际秩序。现实主义于 20 世纪深受其他流派影响而衍生出新现实主义，新现实主义认为人的悲观性根植于国际体系深层，人性视角对于国际体系本质的理解与分析不可或缺。近 20 年以来，新现实主义在国际关系理论中愈发占据重要地位，其与传统现实主义相比，另一个显著的特征在于结构概念的运用、对权力诠释的相对视点以及对单元层次的认知差异，认为结构概念延伸出因果转换，从而将影响国际政治体系的内、外部因素分开，科学地将世界格局聚合成为一个有机整体。新现实主义学派代表人物肯尼斯·N. 沃尔兹认为国内政治体系是上下级关系，而国际体系则为同等关系，即不存在合法的集中控制力量。因此，就全球层面而言，沃尔兹反对成立一个世界政府进行全球治理。

相较于现实主义，基本等同于理想主义的自由制度主义认为世界秩序的构建原则是制度约束，如若能够建立一个信息透明度高、畅通无阻的国际机制，即可避免以邻为壑的损人利己行为并形成共赢及多赢的国际格局。自由制度主义者呼吁成立世界政府对各类国际事务进行裁决，制定法令并实施有效监管。两个学派之间的另一差异体现在，现实主义认为相互依赖有损国家主权独立，而自由制度主义则认为相互依赖能够促进互利合作进而强化国家主权。

相比上述两种理论，建构主义否认国际格局由物质力量构成的观点，认为共有观念才是世界秩序的决定性因素，强调为了实现真正的秩序、稳定与和平，世界各国应从培养共同文化观念着手构建国际集体认同，并“在此基础上形成多元安全共同体，即通过安全共同体建立世界秩序”。建构主义理论从一个全新角度对世界秩序进行诠释，并在国际秩序演变历程中曾经获得佐证，譬如冷战时期东西方阵营的长期对峙即根植于意识形态的深刻分歧，而20世纪90年代俄罗斯被八国集团所接纳则很大程度上源于其市场经济变革及对于西方自由民主价值观的认同。

现实主义、自由制度主义和建构主义三种思想流派都无法全面阐述当代世界秩序的构建原则，且尚未在实践中经受过严格验证并获得广泛接受，国际学术界对它们的普世性一直存在争论，因此最妥当的办法是综合运用以使其互相制约，防止某种理论出现非理性繁荣。① 鉴于三者对于未来G20机制化建设的重大理论意义（鉴于功能主义更适合解释区域经济一体化机制的构建原则，此处不表），笔者认为，综合运用三种理论对于阐述G20机制化建设的构建原则不失为一种求是态度。

2.2　国际政治经济学理论基础

为了深入探讨G20的内在矛盾与发展动力，本节结合霸权稳定论、相互依存论和依附理论等国际政治经济学相关理论，以当前国际政治、经济发展局势为背景，阐述G20机制化演绎下的国际经济格局和国际政治秩序，为G20机制化的必要性提供理论与现实依据。

在G20机制化建设研究过程中，笔者发现国际政治经济学理论的解释作用不可或缺，这些理论或视角可能对G20未来机制效力产生深刻影响。本节着重结合

① 杰克·斯奈德．同一个世界，互相竞争的理论．美国：外交政策（双月刊），2004（11/12）．

与 G20 机制相关的国际政治经济学视角，在理论上更深入解读 G20 机制化建设的成因、目的和结果。

2.2.1 国际政治经济学三个主要特征

国际政治经济学是国际关系学的一门分支学科，主要研究国际体系中经济因素与政治因素之间的相互影响与制约关系，它具有三个主要特征：

（1）国际政治经济学更多研究的是“有什么问题”，而非“如何解决问题”。国际政治经济学起源于 20 世纪 40 年代，它没有政治学那样复杂的理论，也没有经济学那般深奥的模型。根据国际政治经济学家的说法，“国际政治经济学是指一个研究领域，一些特殊问题，以及一系列关于国际体系的假设和我们如何理解这个体系”。其研究方法更多体现为政治学和经济学的综合，重点在于设置假设和提出问题，并从国际政治经济学视角加以解释，此外尚无更多的特殊研究方法。

（2）国际政治经济学研究权力和财富的互动关系，即财富如何形成权力，以及权力又如何吸收财富，因此是政治学和经济学相互交叉的一门学科。① 早期国际政治经济学的代表理论包括：霸权稳定论、相互依存论和依附理论。

（3）国际政治经济学与时俱进，紧贴时代跃动脉搏。战争与和平一度是现代国际关系的关注重心，国际关系学与国际政治学具有广泛交集已是学界共识。而长期以来，国际政治与国际经济分属两个独立范畴，各具特定研究对象和方法。20 世纪六七十年代以来，世界政治、经济格局发生巨大变化，经济全球化与以主权国家为主体的世界格局之间的矛盾日趋尖锐，历来主宰世界秩序的军事力量逐步让位于经济实力，时代主题亦随之悄然发生改变。面对经济危机、贫困、发展、生态平衡和人口控制等相互交融的全球性问题，相互分立的传统西方经济学、政治学、国际经济学、国际政治学等学科很难单独做出解答，国际政治经济学的问世为突破这一困境提供了一条有益探索途径。

---

① 陈俊杰．国际经济政治学范式论．北京：中国书籍出版社，2013：4.

2.2.2　国际政治经济学三大传统理论

1. 霸权稳定论

霸权稳定论始于20世纪30年代大萧条时期，由查尔斯·金德尔伯格首创，后经罗伯特·吉尔平等学者逐步完善。该理论认为，只有拥有强大实力并能提供稳定货币市场等公共产品的世界性大国，才有助于维持世界格局的稳定。金德尔伯格强调大萧条的根源之一是当时世界上没有一个强势“稳定者”，即便在和平时期，世界秩序也需要一个强大力量维持稳定。罗伯特·吉尔平后来对这一理论进行了补充修正，其代表作有《国际关系政治经济学》和《霸权之后——世界政治经济中的合作与纷争》。

2. 相互依存理论

相互依存理论发端于20世纪60年代，首创者是理查德·库珀，该理论提出“敏感性”和“脆弱性”概念对国际政治、经济关系加以阐述。敏感性指一国对他国政策反映的敏感度，即世界体系中一国对外政策出现调整之后，他国获得感知的迅速程度，敏感性高的国家通常能够迅速做出回应；脆弱性指一国对他国政策变化的承受力。20世纪80年代两极格局开始瓦解，美国的世界经济霸主地位初现松动迹象，加之信息技术和多元跨国行为体的迅猛发展，国际政治、经济往来联动性愈发紧密，相互依存理论所受关注逐渐上升。该理论的代表性著作有约瑟夫·奈的《跨国关系与世界政治》和罗伯特·基欧汉的《权力与相互依存——转变中的世界政治》。

3. 依附理论

依附理论本质上更接近于马克思主义理论，始现于20世纪六七十年代的拉丁美洲，重点研究资本主义的殖民扩张后果、宗主国对当地社会经济结构的冲击，以及殖民地国民经济的内在变化规律，目的在于揭示外围国家不发达的原因及出路①。代表人物有劳尔·普雷维什、特奥托尼奥·多斯桑托斯和费尔南多·恩里克·卡

① 孙若彦．依附理论对国际关系研究的影响．山东师范大学学报：人文社会科学版，2005，50（4）．

多佐。拉美国家很早即被殖民者入侵，沦为西方的原料生产地和商品倾销市场，在寻找出路时它们发现自身对于发达国家的依附性过强，自此探索出一套民族经济自主发展理论，国家中心论和国际力量改变国内政治论是其中最具代表性的两种研究路径。

上述三种国际政治经济学理论对于G20机制化现象的解释力和适用性各有不同。相比较而言，相互依存理论和依附理论更适合于解释G20机制化问题。众所周知，G20机制化的一个重要原因是G8已无法有效应对种种全球性问题，国际事务不再能够由少数发达国家掌控，霸权稳定论显然与当今全球化宏观背景相背离，如若缺少新兴经济体对于全球治理的普遍参与，世界秩序很难持久稳定。相互依存理论和依附理论均强调国际体系的相互联结性，两相比较，相互依存理论更适合诠释G20机制化现象，因为依附理论偏重研究弱小国家如何谋求民族自强及自主发展，而相互依存理论则强调世界格局中主权国之间的博弈互动，并为G20成因、目的以及未来机制化建设结果提供了宝贵的理论支撑和可行性论证基础。

2.2.3 世界秩序及其发展规律的相关理论与国际政治经济学理论的内在关联

首先需要明确一个区分，即国际政治经济学是国际关系学的一个分支学科，而现实主义、理想主义和建构主义则仅仅是“某某主义”，罗伯特·吉尔平曾言，“现实主义本身并不是科学，不能用可证伪性进行检验，它只是一种观察世界的方式”①。主义是一种抽象概念，而国际政治经济学则是一门具体学科，有其自身的理论逻辑与分析框架。与此同时，国际政治经济学与三大主义之间又拥有很深的渊源，国际政治经济学演进历程中的一次重要研究方法转向可以诠释这种内在关联性。

现实主义的起源可以追溯到古希腊时期，直到20世纪50年代现实主义才发

① 罗伯特·吉尔平．温和现实主义视角下的国际关系研究．世界经济与政治，2006（4）．

展成为一种主流国际关系理论，而国际政治经济学成型于20世纪六七十年代，二者之间虽并无直接启承关联，但后者无疑受到现实主义的深刻影响，早期国际政治经济学甚至受到现实主义的无形支配。20世纪90年代，在经济全球化大势之下，国际政治经济学研究突破传统范式，从之前的由内而外研究路径转向由外而内的研究路径。

由内而外的研究路径是典型的现实主义主导思想，即主张以国家利益为根本目标，一国在国际体系中的权力取决于国家硬实力，即经济与军事实力，早期国际政治经济学与现实主义的一个主要区别仅在于前者将经济作为变量纳入国际体系分析当中。随着时间的推移，国际政治经济学不但研究权力与财富的互动转化，而且开始关注国际之于国内的深刻影响，之前所忽视的国际因素恰好契合全球化时代特征。此时，理想主义的合作与制度理念日益融入国际政治经济学研究视野，但关注重心依然是国家和国家利益。

20世纪90年代之后，国际政治经济学深受冷战终结和全球化影响，研究视角开始转向国际体系如何影响国内政治这一路径，相伴而行的是现实主义、理想主义的渐进演绎以及建构主义的迅速升温。由外而内研究路径将国际体系因素视为主权国家战略决策的重要外围变量，众多其他利益主体亦据此进行各种政策权衡。该路径突破了现实主义传统思维，不再遵循国内影响国外这条单一研究路径，其中暗含了对建构主义思想的认同，即对同一事物的不同观念建构，将导致对外决策上的差异性判断。以日本和朝鲜之于美国的国际战略含义为例，与朝鲜相比，日本国力显然更为强大，但美国与日本的关系更加稳定，而与朝鲜则频频处于冲突对抗边缘。按照现实主义思维分析，美国似乎更应对国力强大的日本严加防范，但事实并非如此。在国际政治经济实践过程中，美国对二者的观念建构存在本质区别。显然，不同观念建构产生不同的文化、规则、制度认同，进而形成不同的利益同盟，直至最终影响一国的对外政策导向及国际利益的获取。

虽然国际政治经济学的这次研究路径转轨与建构主义思想在时间和理念上高度契合，但其由外而内的研究路径目前尚难以自成体系，至今仍未脱离现实主义分析框架和理论视野。毋庸置疑，与所有其他世界秩序建构原则相比，现实主义对于国际政治经济学的影响最为深远。

2.3 国际软法理论基础

2008 年以来，在挥之不去的全球金融危机阴影之下，G20 峰会机制以国际经济协调者姿态亮相全球治理舞台中央。除了加强国际宏观政策协调、推动国际货币体系改革等使命外，G20 还与金融稳定理事会（Financial Stability Board）等众多国际金融机制共同推动升级各类行业标准，逐步带领世界经济走出危机。G20 的全球经济治理合作伙伴包括巴塞尔银行监管委员会、国际证监会组织等跨政府网络及私人标准设定机构。G20 机制下的全球经济治理不但打破了传统政体间的条块分割格局，还创造性地构建出了经济法与金融、气候、环境等社会问题间的协作式链接，经济法语境下的国际经济新秩序由此破茧而出。

2.3.1 软法的概念

在法律领域，国际法学者对于“软法”的概念长期以来未达成统一意见，霍夫曼认为，软法“这一术语指的是不具有任何约束力或者约束力比传统的法律即所谓硬法要弱的准法律性文件”。① 1993 年施耐德教授曾给出了一个经常得到援引的定义，即“软法总的来说是不具有法律约束力但可能产生实际效果的行为规则”。② 逊登提供了一个比较复杂且比较规范的软法定义，即软法是“以文件形式确定的、不具有法律约束力但可能具有某些间接法律影响的行为规则，这些规则以产生实际效果为目标或者可能产生实际效果”。③与此相似，日本国际法学者位

① Magi Hoffman, Mary Rumsey. International and foreign legal research basic concept: a coupe book, Martinus Nijhof Publishers, 2007: 7.

② Francis Snyder. Soft law and institutional practice in the European Community//Steve Martin (ed). The construction of Europe—Essays in honour of Emile Noel. Kluwer Academic Publishers, 1994: 198.

③ Linda Senden. Soft Law, Self - regulation and Co—regulation in European Law: where do they meet? . Electronic Journal of Comparative Law, 2005, 9: 13.

田也认为："从形式上说，（软法）是指在没有法律约束力的国际文件中，实质上具有某种约束力或者正在超越单纯的事实或者道德、政治层面的约束而成为硬法的（那些规则）。"① 罗豪才教授认为，软法是指那些效力结构未必完整，无须依靠国家强制保障实施，但能够产生社会实效的法律规范。② 王铁崖先生则指出，国际法中的软法"是指在严格意义上不具有法律约束力，但又具有一定法律效果的国际文件。国际组织和国际会议的决议、决定、宣言、建议和标准等绝大多数都属于这一范畴"。③ 综合以上学者观点，笔者将"软法"界定为虽然不具有法律约束力，但却会在实践中产生某种实际效果的行为规范。

2.3.2　软法的特征

在国际金融领域，软法具备以下特征：（1）制定主体。包括国家、政府间国际组织以及国际非政府组织，如巴塞尔银行监管委员会、国际证监会组织、国际保险监督官协会、国际会计准则理事会、国际会计师联合会、金融行动特别工作组和金融稳定理事会等。（2）表现形式。各种宣言、建议、意见、指南、标准、原则和最佳做法，有关信息交换和执法合作的国际文件，如谅解备忘录。（3）调整范围。以国际条约为主要形式的国际金融硬法目前调整领域较为有限，仅及于国际货币体系安排以及金融服务贸易多边纪律等有限事项。在银行业、证券业、保险业、支付体系、会计、反洗钱和反恐融资等领域，国际硬法存在大量调整真空，这些都需要由国际金融软法加以补充调整。④

2.3.3　软法的范畴

国际软法是指在国际社会中，各种主体在利益平衡基础上，为了达成某种共

① Ryuichi Ida. Formation des normes internationales dans nn monde en mutation – Critique de la notion de soft law//Le Droit International Au Service De La Paix, De La Justice Et Du Developpement: Melanges Offerts A Michel Virally, Paris Pe · done, 1990: 333 – 348.

② 罗豪才，宋功德．认真对待软法——公域软法的一般理论及其中国实践．中国法学，2006（2）．

③ 王铁崖．国际法．北京：法律出版社，1995：456.

④ 漆彤．国际金融软法的效力与发展趋势．环球法律评论，2012（2）．

同目标而形成的自愿遵守的共同行为准则。在国际实践中，这个术语包含以下文件：国际组织决议、国际会议决议或宣言、政府高官峰会宣言、双边会谈成果、单边声明以及国际贸易组织争端解决程序框架下的建议等。① G20 会议上通过的公报、宣言、声明、行动计划等即属于软法范畴，这些文件通常只反映成员国之间的政治共识，并不具有任何法律约束力，对成员国只发挥着方向引导的作用，文件的生效既不需要在联合国秘书处登记，也不需要经过各自国内行政和立法机构的批准。②

2.3.4 软法与硬法

软法是相对于硬法（指由国际社会主体创设、推行并依靠国家强制力保障实施的法律制度）而提出的一个概念，指原则上没有法律约束力但有实际效力的行为规则③。笔者通过表 2.2 对硬法和软法做一比较。

表 2.2　　软法与硬法的比较

类型	软法	硬法
形式	国际组织决议、国际会议决议或宣言、政府高官峰会宣言、双边会谈成果、单边声明以及国际贸易组织争端解决程序框架下的建议等	国际条约、协议等
制定方式和立法程序	不需要经过国内立法部门同意	经过国内正式立法方式和程序
效力	自愿遵守，依靠它的内容以及制定的背景	依靠国家强制力，依靠制裁机制，尤其是国家责任
特点	灵活性、开放性	强制性

与软法的方向性引导作用和相对实际效力相比，以条约为基础的硬法是否具有更大可行性？就国际金融监管操作方式而言，理论上的第一选择是建立国际规

① 马亮文．浅论国际法中的软法．吉林广播电视大学学报，2006（5）．
② 朱杰进．非正式性与 G20 机制未来发展．现代国际关系，2011（2）．
③ 罗豪才．公域之治中的软法．中国检察官，2006（2）．

范条约和监督条约执行的国际组织，然而这个方案即使在国内或区域层面都难以付诸实施，因为多数国内金融监管往往青睐以监管机构公布执行的规则进行监管，而非通过立法形式。欧洲早在19世纪80年代就摒弃了立法监管方式，这说明当时以硬法为导向的金融监管并不和谐。

不过，国际经济机构的一些现行硬法机制仍可提供诸多有益借鉴：

首先是WTO模式。WTO争端解决机制是否可被视为一个约束性危机管理协议模式？答案是肯定的，WTO确实给成员参与金融服务提供了约束性执行框架，但与货物贸易不同，金融服务领域的承诺是排外而非包容性的，即WTO成员虽然掌握自由控制权，但在多数情况下将受到限制。这种架构为成员参与金融服务领域竞争提供了准入支持，但框架关注点主要局限于协商自由化和双边争议解决，因此并非解决金融稳定和金融规范问题的最佳途径。况且WTO已经肩负了过多职责，将金融监管纳入WTO体系即便可行，但实际执行效果却难以保证。

其次是IMF模式。与WTO的法律框架基础大相径庭，IMF的主要职能涉及监督保障国际汇率机制稳定性、协调全球宏观经济政策、提供技术、资金援助等，本质上是一个汇率监管机构，因此当前尚未采纳自由化的硬法框架或双方争议解决机制。虽然IMF可以为国际金融协商提供办公场所，然而至今尚未表示任何承担责任的意向。如若IMF朝一个国际金融监管机构方向发展，IMF章程必须有所修改，即将IMF的目的从保障国际汇率机制稳定性和支付平衡问题转移到金融稳定主题，而目前这种修改的可能性较小。

第 3 章　全球经济治理机制实践背景

3.1　布雷顿森林机制建设分析（以 WTO 为例）

3.1.1　布雷顿森林机制概述

第二次世界大战结束后，美国主导建立了“以美元为核心”的金汇兑本位制，从而确立了美元在国际金融领域的霸主地位。其具体内容是：黄金与美元相挂钩，其他国家的货币与美元相挂钩。根据 1944 年 7 月布雷顿森林会议签订的《国际货币基金协定》，国际货币基金组织（IMF）于 1945 年 12 月 27 日在华盛顿成立，与同期成立的世界银行并称为两大全球性金融机构，其职责是监察货币汇率政策和各国贸易情况，为成员国提供技术和资金协助，确保全球金融体系正常运作。作为 WTO 的前身，关税及贸易总协定（GATT）是布雷顿森林会议的重要补充，与其各项协议一并统称为“布雷顿森林体系”。

由于资本主义市场经济的非平衡性，以美元为中心的国际货币制度缺陷日益显露，金汇兑制、储备制度、国际收支调节机制等内在缺陷，合力将布雷顿森林体系推向崩溃。美元停止兑换黄金和固定汇率制的解体，标志着第二次世界大战后以美元为中心货币体系的最终瓦解，但之后国际货币基金组织、世界银行以及关税及贸易总协定仍然各司其职。1995 年，关税及贸易总协定晋升为世界贸易组织（WTO），统领多边及诸边贸易协定的制定、监督、管理及执行事宜，成为解决全球性贸易问题的首要机制。

3.1.2 WTO的机制设计特点

1. WTO的组织架构

《马拉喀什建立世界贸易组织协定》（以下简称《WTO协定》）对WTO内部的机构设置、职责范围及议事规则进行了规定，其组织架构具体包括：

（1）部长级会议

部长级会议是WTO的最高决策机构，由所有成员方的代表构成，可对多边贸易体制下的所有议题作出裁决，至少每两年召开一次会议。《WTO协定》对决策机制的规定如下："WTO将继续GATT 1947所循的以共识作决策的做法。除另有规定外，凡以共识无法作出决定时，所争议的问题应以投票表决来决定。在部长会议和总理事会的会议上，WTO每个成员方有一投票权。欧盟在行使其投票权时，它拥有的票数相等于其成员国兼为WTO成员方的数目。部长会议和总理事会应以所投多数票作出决定。"① 概括而言，WTO的决策机制为"以达成共识为原则，以投票表决为辅助"，在尊重各成员利益的同时，也保证了决策的效率。

（2）总理事会

总理事会是WTO的第二层决策机构，由所有成员方的代表组成，一般为大使或者常驻代表。其职责是在非部长级会议上代表部长级会议作出决定。

（3）争端解决机构和贸易政策审议机构

争端解决机构和贸易政策审议机构直接隶属于部长级会议，与总理事会平行，为第二层机构。争端解决机构下设专家组和上诉机构，负责处理成员方之间基于各有关协定、协议所产生的贸易争端；贸易政策审议机构定期审议各成员的贸易政策、法律和各项具体措施是否与各项协定与协议符合，并就此作出指导，以增加透明度，并督促成员方遵守《WTO协定》及其附件的规定和履行其所承担的义务。

---

① 《WTO协定》第9条。

（4）理事会和附属机构

总理事会下设货物贸易理事会、服务贸易理事会、与贸易相关的知识产权理事会，三个理事会分别处理各自不同领域内的问题，直接向总理事会报告。

综上所述，WTO的组织架构图如图3.1所示。

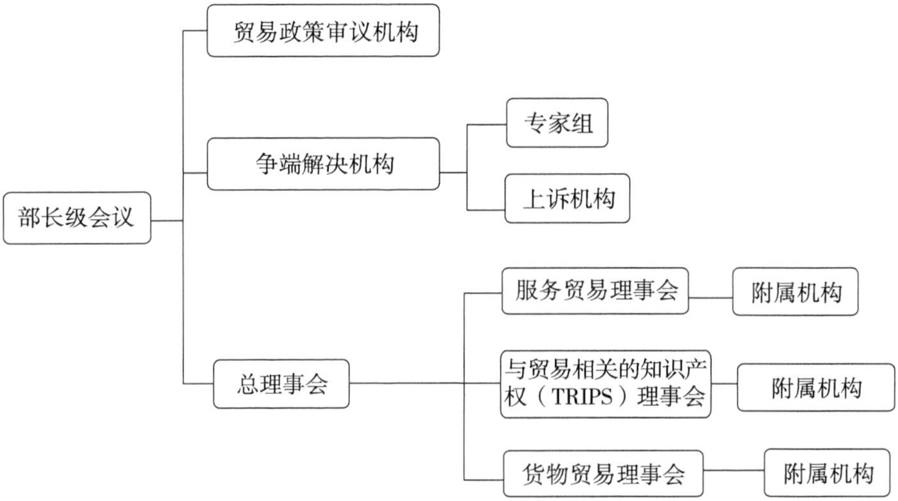

图3.1　WTO组织架构图（根据www.wto.org数据整理而得）

2. WTO的决策机制

（1）协商一致

“协商一致”是1947年关税及贸易总协定确定的决策机制，具体指在讨论一项提议决定时，所有缔约方都支持或者没有缔约方反对，即为协商一致通过。在某一事项表决中，任何一成员都拥有否决权，这导致在争端解决实践中容易产生效率问题：一是败诉方利用自己的否决权封阻专家组的报告，使争端解决陷于“专家组裁决—封阻—再裁决”的无限循环中，导致专家组报告裁而不决，无果而终；二是起诉方根本无法预见其诉求的结果，由于被诉方拥有否决权，专家组的报告能否在争端解决机构获得通过由被诉方决定，起诉方无能为力；① 三是协

① 费赫夫．论WTO争端解决机制的决策规则．全球视野，2006（7）：147.

商一致规则暗含着实力的较量，一些大国可能利用它们在政治、经济上的优势操控争端解决机制。

（2）投票表决

当决议不能“协商一致”时，《WTO 协定》允许投票表决。在部长级会议和总理事会会议上，每个成员方有一票，通常采用多数通过的原则。根据决策事件的重要性程度，对于表决比例的要求有所不同。对 WTO 协定或多边贸易协定的解释由部长级会议或者总理事会成员 3/4 多数通过，豁免 WTO 成员方义务由部长级会议 3/4 多数通过，多边贸易协定的修正由部长级会议 2/3 多数通过。

（3）反向一致

反向一致指以协商一致方式作出否定的表决，即要求在否决某项决策时，必须所有的成员方协商一致表示不赞同，把通过权置于一人或者少数人手中①。主要适用于 WTO 争端解决机构的决策。这一规则适用于通过专家组、上诉机构的报告等文件，有效克服了传统的 GATT 争端解决机制在争端处理上的软弱无力。

1997 年 12 月 19 日，欧共体及其成员国指控加拿大法律（尤其是专利法）缺乏对药品的保护，与其《与贸易有关的知识产权协议》（TRIPS）规定下的义务不相符，双方的磋商没有达成一致。1998 年 11 月 11 日，欧共体单方提出要求设立专家组，对争议事项进行审查。争端解决机构于 1999 年 2 月 1 日设立专家组，专家组由 Robert Hudec、Mihaly Ficso 和 Jaime Sepulveda 组成。该案就是对反向协商一致的运用。

3. WTO 的谈判机制

WTO 的谈判机制有正式谈判和非正式谈判两种形式。正式的会议是成员方交换观点、记录成员方各自立场以及最终形成决案的场所。非正式磋商谈判在成员方最终达成协议中发挥了重要作用。一些备受争议的问题首先在非正式会议上进行谈判，最后在正式会议上交换观点，达成协议。如 2005 年 7 月 12 日在中国大连举行的 WTO 非正式小型部长会议，该会议是为 2005 年 12 月在中国香港举行的

① 范涛. WTO 概论. 北京：清华大学出版社，2008：48.

第六届世界贸易组织部长会议做准备。本次非正式会议的参会对象为WTO成员的经贸部长、WTO总干事、WTO总理事会主席以及农业、非农、服务贸易、规则等谈判委员会主席，参会人员超过350人。部长们对重点议题进行了充分讨论，为日内瓦谈判进程予以政治性指导，推动了7月底“协议初稿”谈判取得实质性进展，并为12月在香港成功举行WTO第六届部长会议创造了条件。

4. WTO争端解决机制和执行程序

（1）鼓励成员通过双边磋商解决贸易争端

磋商是世界贸易组织争端解决机制处理贸易问题的最主要方法。“尊重协商，以谋求世界贸易组织各项协定的有效实施”是世界贸易组织争端解决的首要目的。通过磋商解决贸易争端，比通过专家组裁决成本要低，见效快，更有利于长期贸易关系的发展。2012年9月6日，欧盟正式宣布对中国光伏组件、关键零部件如硅片等发起反倾销调查，涉案金额超过200亿美元，是迄今为止欧盟对中国发起的最大规模贸易诉讼。中国商务部代表秉承磋商的原则，在布鲁塞尔与欧盟代表就此案进行了磋商。2013年7月27日，经过谈判，中国与欧盟就光伏贸易争端达成“友好”解决方案。

（2）严格的争端解决程序

出现贸易争端时，双方可以自行磋商解决，如在接到磋商请求之日后60日内未能解决争端，要求磋商方可以请求设立专家组，在成立后6个月内完成审理并提交最终报告。如争端一方对专家组报告不服，可以提起上诉，上诉机构作出最终裁决。

（3）允许交叉报复

如果WTO成员在某一领域的措施被裁定违反WTO协定或协议，给另一方造成了损害，或者阻碍了协议目标的实现，且该成员未在合理期限内纠正，经争议解决机构授权以后，利益受损方可以进行报复。

报复应优先在被裁定违反WTO协定或者协议的措施领域内进行，称为平行报复；如不可行，报复可以在同一协定或者协议下跨领域进行，称为跨领域报复；如仍然不可行，报复可以跨协定或协议进行，即实行跨协议报复。

3.1.3 WTO 等机构未能走出现有困境的原因分析

WTO 运作机制效率低下的本质原因在于其是一个正式的国际组织，条约、协议必须通过成员自身的立法系统才能生效，这也是区别于 G20 “非正式性” 和 “包容性” 的最大特征。“一揽子承诺” 的谈判方式、“协商一致” 的决策方式加大了达成协议的难度。“一揽子承诺” 指 WTO 会议达成的协议必须作为一个整体为缔约方所接受，各缔约方只能全面接受达成的协议，不能接受部分内容。WTO 第九届部长级会议通过了 “巴厘一揽子协议”，实现了 WTO 成立 18 年来多边谈判的 “零突破”，标志着多哈回合谈判 12 年的僵局终于获得了历史性的突破。

为什么非正式国际机制更有利于达成政治共识？非正式机制对成员方没有法律约束力，非正式国际机制达成的国际协议不需要经过成员方国内立法部门的批准，而是依靠各成员自觉予以执行。同时在外部环境发生变化的情况下，非正式国际机制达成的协议更容易进行修正或重新达成协议，以灵活地应对新的情况，这些都是非正式国际机制比正式国际组织更能促进成员国达成政治共识的原因①。

WTO 和 IMF 均存在重大的代表性和有效性问题。作为超国家机构，虽然两组织的日常工作相对独立，但 IMF 在重大决策上仍然采取加权表决制度，即成员国的投票权与其份额大小成正比。新兴国家在其中的投票权虽然略有上升，但仍然反映着第二次世界大战后延续至今的金融权力格局，因此难以适应新时代的权力结构变迁。在 IMF 份额改革前，西方七国拥有 46% 的投票权，工业发达国家整体拥有 60% ，这种类似于股份制公司的运作机制使得布雷顿机制更多反映了美国和欧盟的意志。然而，当前的金融稳定不仅依靠霸权国家，也依赖于中国及其他新兴国家，G20 应该争取那些代表不足的成员信任，以保证组织的代表性和有效性。②

---

① Charles Lipson. Why are some international agreements informal. International Organization，1991，45（4）：495 －538.

② 奈瑞·伍茨. 全球经济治理：强化多边制度. 曲博，译//国际公共产品与地区合作（复旦国际关系评论第九辑）. 上海：上海人民出版社，2009：59.

另外，全球金融环境的演进也使得IMF愈难发挥作用。有研究指出，新的金融衍生工具增加了体系风险，也降低了国际货币基金组织缓解风险的能力。① 作为布雷顿森林体系遗留下来的机构，IMF本该在2008年的金融危机中发挥金融灯塔与危机处理的作用，但事实上，当国际金融体系的核心国家遭遇危机时，IMF却束手无策。因此，世界各国只能转向新的全球治理机制G20，寻求拥有巨大发展潜力的新兴国家的援助。

3.2 七国集团（G7）机制建设分析

3.2.1 G7机制的演进

1. G7诞生的背景

第二次世界大战后世界经济失衡发展及美国霸权的相对衰落是G7诞生的历史基础。由于朝鲜战争、越南战争等巨大开销及美元过度外流等因素，美国经济在20世纪60年代末初显疲态，随着以美元为中心的布雷顿森林货币体系解体，美国的全球霸权逐步衰落，而西欧和日本则在美国经济援助及科技革命的助推之下迅速崛起（表3.1、表3.2、表3.3分别体现了西方主要国家在不同领域内的经济实力消长状况）。

表3.1　西方主要国家占资本主义世界工业总产值比重　单位:%

年份＼比重＼国别	美国	日本	联邦德国	法国
1948	54.6	1.2	3.6	4.6
1970	37.8	9.5	10.1	6.5

① Edwin Truman. Reforming the IMF for the 21th Century. Peterson Institute for International Economics, U.S., 2006.

表 3.2　　西方主要国家占资本主义世界工业出口贸易比重　　单位:%

年份＼比重＼国别	美国	日本	联邦德国	法国
1948	32	0.5	1.4	3.7
1970	15.2	6.9	12.2	6.4

表 3.3　　西方主要国家占资本主义世界黄金外汇储备比重　　单位:%

年份＼比重＼国别	美国	日本	联邦德国	法国
1950	49.6	1.2	0.4	1.6
1970	15.5	5.2	14.6	5.3

数据来源：《国际关系史（1945—1980）》，法律出版社，1986 年第 1 版，第 296 页。

2. G7 成员国的演变

布雷顿森林体系瓦解后不久，法国总统德斯坦与美国总统福特倡议，美国和欧洲共同体政府之间必须采取协调一致的经济政策，以有效消除危机并遏制通货膨胀。1975 年 7 月底，德斯坦在参加欧安会时向英国、联邦德国、美国提议召开有法国、英国、美国、联邦德国和日本参加的首脑会议，三国首脑表示赞同并提议应把讨论范围扩大到与经济危机有关的所有问题。

意大利总理莫罗强烈要求与会，德斯坦考虑到莫罗同时兼任欧洲共同体委员会主席，于是同意邀请意大利总理莫罗正式加入。但美国总统福特希望加拿大也参加的提议却遭到拒绝，德斯坦给出的理由是加拿大经济总量与五国的差距较大，而真正的原因在于加拿大在固定汇率制度问题上与法国对立。最后，美国考虑到照顾东道主的面子，就没有继续坚持。

1976 年，第二届首脑峰会在美国召开，美国以一己之愿邀请加拿大成为 G7 正式一员。这次会议标志着 G7 机制化的开端，决定此后峰会将于每年 7 月定期举办，实行轮流坐庄制，排序为：法国、美国、英国、德国、日本、意大利、加拿大。2006 年 G8 俄罗斯峰会之后，顺序调整为：法国、美国、英国、俄罗斯、德国、日本、意大利、加拿大。

起初，峰会只有各国首脑和财长、外长及私人代表参加，从第三届峰会开始，欧共体主席受邀列席。1994年，外长及财长会议改为在峰会前夕召开。1996年，首次有国际组织受邀列席首脑峰会。

20世纪90年代以来，人类日益面临粮食安全、恐怖主义威胁等全球性问题的严峻挑战，G7机制的全球治理有效性大为削弱。90年代后期以来，G7开始加强与其他国家（主要是发展中国家）的对话，其间俄罗斯被吸纳为正式成员，首脑会议发生了从G7到G8、“G8 + N”等的变化。2001年，G8首度邀请非成员国列席当年峰会。2003年的法国埃维昂莱班峰会再次邀请国际组织参加，并同时与中国等11个发展中国家（E11）展开非正式对话。此后，几乎每一届G8峰会上都会出现国际组织及发展中国家的身影。

但在G8框架之下，受邀与会国毕竟是客人身份，难以完全平等、充分地参与重大议题的讨论和决策。① 而且，国际金融事务讨论仍然在G7框架内进行，国际金融体系并未取得任何重大的制度性改进。

3. G7议题的演变

G7的最初宗旨是以“炉边谈话”的形式讨论经济问题及协调发达国家的宏观经济政策。七国首脑会议实行轮流坐庄制和民主协商制，美国在国际事务中的主导作用不影响会议的总体民主性，会议通常比较尊重东道主国家的立场和态度②。冷战的终结意味着世界格局的重大演变，甚至有学者将其比喻为时代的分水岭，七国首脑会议的政治色彩渐趋浓厚。1997年俄罗斯加入G8峰会的政治讨论，此后的G8峰会宣言开始越来越多地触及政治问题，全球化浪潮冲击亦使G7/G8会议议题从国际经济协调向政治、信息化等更加宽广的领域延伸，显示出问政全球综合治理的进取愿望。

---

① 刘青建．八国集团框架下的南北对话探析．现代国际关系，2007（11）．

② 根据张向晨、胡兆明《冲突与合作：西方七国首脑会议透视》整理所得（杭州人民出版社，1990年）。

3.2.2 G7 的组织架构及会议机制

作为一种国际会议机制，G7 的组织架构大致分为四个层级：首脑会议、部长级会议、首脑私人代表会议和专家小组与工作小组。

1. 首脑会议

各国首脑直接进行面对面的沟通和磋商。在与会成员国数量方面，1975 年朗布依埃会议共有六个国家参加；1976 年六国首脑会议正式演变为七国首脑会议；1994 年俄罗斯开始参与七国集团的外交政策讨论，形成“政治八国”；1997 年丹佛峰会上俄罗斯参与了除有关全球具体经济问题之外的所有讨论，并首次与 G7 首脑以“G8 首脑会议”名义共同发表“最后公报”；1998 年伯明翰峰会完成了 G7 向 G8 的转变，俄罗斯成为 G8 的正式成员国，参与 G8 的所有讨论；2001 年之前的每届八国集团峰会都发表两套不同的文件：一份是涉及所有经济、金融问题的八国集团公报；另一份是只针对国际金融问题的七国集团宣言。2002 年 G8 加拿大峰会正式宣布，俄罗斯有资格担任八国集团的轮值主席国并将举办 2006 年八国首脑会议，但俄罗斯始终未获邀参加任何经济问题的正式会晤。尽管外长会议升级到 G8 外长会议，但财长会议也始终是保持 G7 财长会议。

2. 部长级会议

部长级会议在 G7 体系中占有重要地位。1975—1981 年期间，G7 财长和外长均陪同各自首脑出席一年一度的首脑会议；1982—1988 年期间，G7 增设了定期贸易部长会议（1982 年）、外交部长会议（1984 年）和财政部长会议（1986 年）；1989—1995 年期间诞生了“G7 + 10”会晤模式，1992 年增设定期环境部长会议，此外还出现了一些针对特别问题的部长会议，如 1994 年 3 月在底特律举行的就业高峰会议，1995 年 2 月在布鲁塞尔举行的关于全球信息社会的部长会议，1995 年 12 月在渥太华举行的关于恐怖主义的部长会议等。① 根据国际形势的

① Guido Garavoglia, Pier Car lo Padoan. The G-7 Agenda: old and new Issues. The International Spectator 29, 1995 (2): 66.

发展，不同领域的部长级会议定期或不定期地召开并为峰会做出准备。G7 财长会议和 G7 外长会议设立得最早，财长会议在众多部长级会议中最为重要。

（1）G7 财长会议

1986 年之前，G7 财长会议为五国财长会议机制（美、英、法、德、日），一般为一年一次，随七国集团峰会而召开。1986 年东京首脑会议决定，G7 财长会议设立独立的财长会议制度，会议次数也上升至每年 3 ~ 4 次，参加者除财政部长之外，还时常包括七国央行行长和国际货币基金组织总干事，同时在财长会议之下还设有七国财长助理会议。另外，G7 财长还可在国际货币基金组织会议、世界银行会议、经济合作与发展组织年会上见面。①

（2）G7 外长会议

G7 外长也是每次峰会的参与者，1984 年以来 G7 外长会议开始独立运行，一般在联合国大会期间举行会晤。1998 年开始，外长会议在首脑会议举行前一周进行会谈和磋商；同时，G7 外长会议达成协议，在七国认为需要时可以召开外长特别会议。

（3）G7 贸易部长会议

美、欧、日、加等四国贸易部长（亦称为四方贸易部长）参加了 1978 年 G7 峰会，从 1982 年起，就成为一年举行 3 ~ 4 次的独立会议制度。②

3. 首脑私人代表会议

各国首脑指派私人代表进行相互磋商，为峰会做准备。私人代表在 G7 早期权限很大，涉及峰会日程设置、各领域议题选择、向领导人建言和最终文件起草等诸多方面，因此私人代表会议的数量和质量会直接影响首脑会议成果。1976 年第二届 G7 会议效果不佳的主要原因即为峰会前只举行过一次私人代表会议。私人代表会议从第三届开始逐渐机制化，每年先于首脑会议 3 ~ 4 个月举行 3 次准备会议，并在首脑会议之后 6 个月举行一次跟踪会议。但是随着峰会议题范围的不断扩展，私人代表会议的局限性日益显露，主要体现在私人代表在能力、学识及经验上的不足，这

① 吕有志，沈国权，查君红．西方七国集团在冷战时期的角色再思考．国际论坛，2002（2）．

② 陈钺．西方七国首脑的经济政策协调．贵阳：贵州人民出版社，1996：64.

导致私人代表会议的权限受到相应削弱。冷战结束后，私人代表会议机制进一步发生演变，外交部、财政部各派出两名助理列席会议，并各自与私人代表进行单独讨论。私人代表均为非政府官员，由首脑亲自指定，以避免本国政府官僚机构的干扰及提高会议效率。这种方式有助于各国加深相互了解及提出易被接受的议题。①

4. 专家小组与工作小组

首脑会议遇到的专业性问题通常需要专业知识及长时间谈判才能解决，专家小组因此特别成立，包括 1985 年成立的撒哈拉非洲专家组、1989 年成立的金融行动任务小组、1995 年成立的有组织跨国犯罪专家小组、2001 年成立的非洲工作小组等，这些小组均曾在首脑会议文件中有所提及。此外，还有其他专家小组鲜为人知或从未公开，其中有些是暂时的，有些则为永久性质，如 1982 年凡尔赛峰会上设立的外汇干预工作小组是暂时的，而反恐怖主义小组则是永久性的。

七国集团内部运行机制如图 3. 2 所示。②

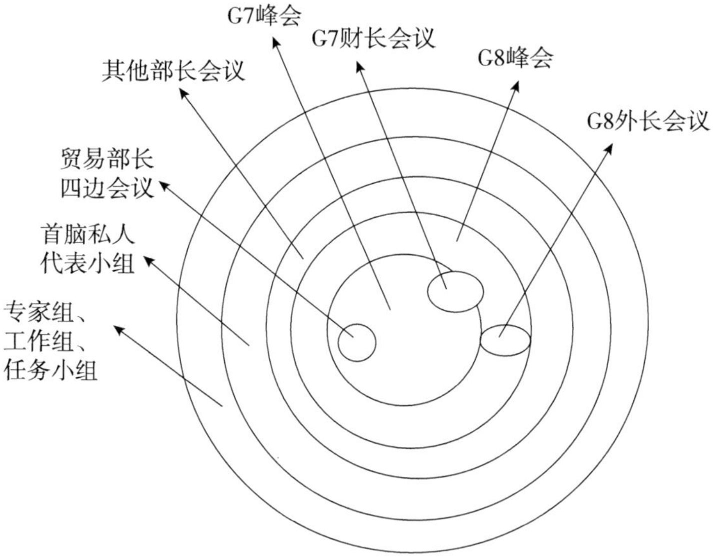

图 3. 2　七国集团内部运行机制示意图

---

① 王道云．八国集团国际协调机制研究．上海：华东师范大学，2009：81.

② 吕有志，查君红．G7/G8 角色转型与全球治理．现代国际关系，2001（12）.

首脑私人代表通常在峰会前召开一次或多次小组会议，商讨制定适当议题以供峰会讨论。部长级会议独立于首脑峰会之外，财长及央行行长会议等常在首脑峰会前举行，部长级会议也会根据国际经济形势为峰会制定议题或提出建议，会议结果将交由部长会议或专家工作组落实，首脑峰会未能充分讨论的议题也将由特定专家组后续商讨和解决。

3.2.3　G7 的决策机制

第一届首脑会议采取非正式的小型“炉边谈话”方式，每位领导人配备两名助理，从第三届伦敦会议起，每位首脑的随员比第一届增加了一倍，并开创了将争议性问题交给专家小组讨论的先例。会议还决定成立一个常设机构，负责监督执行首脑会议所达成的协议。随着时间推移，G7 逐步形成了一套以首脑会议为核心的较为完整的组织架构，就众多具体问题设立了一系列政策协调和实用机制。除一年一度的首脑会议外，自 20 世纪 80 年代中期以来，每年还举行独立的外长会议以及 3 ~4 次的财长会议。20 世纪 90 年代开始定期或不定期地举行贸易、环境、劳工、内政、司法、能源等部长会议，近年来又创建了十余个专家工作组。组织机制逐渐覆盖了经济、政治、安全、社会等各领域，并且在不停地分化和细化。

经过不断拓展和调整，G7 成为了一个以首脑峰会为核心，辅之以部长级、首脑私人代表、专家工作组会议等的国际协调机制，以应对全球重大经济、政治、安全等问题。相对于其他国际协调机制主要依照事先确定的规则，通过投票对某一具体国际事务作出协调决策，七国集团更注重在重大决策前形成基于共同利益基础的基本共识。它通过设置议题，提出决策建议，明确规则，并引导、推动围绕在其周围的国际协调机制网络按照 G7 所确立的规则作出决策或执行其所形成的决策建议，G7 决策机制运作机理如图 3. 3 所示。

G7 决策机制总共有四种方式：其一是由部长会议根据国际经济事务发展需要提出相应的议题和建议，交由首脑会议讨论通过，然后交付部长会议或者专家工作组执行；其二是首脑私人代表经过多次筹备小组会议，向首脑会议提出议题和

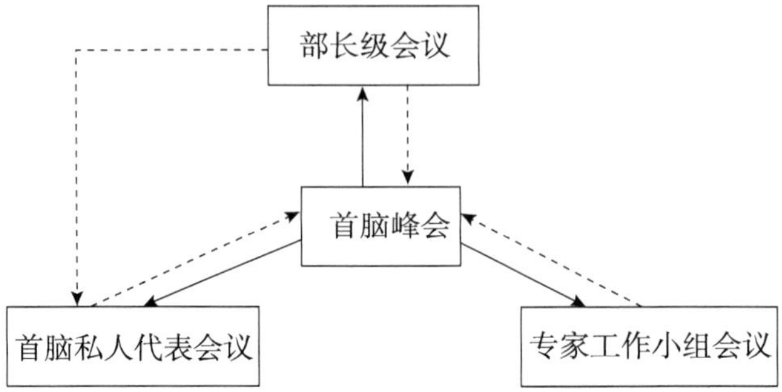

图 3.3　G7 决策机制运作机理示意图

建议，在首脑会议通过后，由部长会议或者专家工作组执行；其三是专家工作组直接向首脑会议提出建议方案，首脑会议通过后，由部长会议或者专家工作组执行；其四是部长会议自身选择议程并代表 G7 作出决议，目前使用此项决策权限的主要是财长会议。①

3.2.4　G7/G8 机制的国际经济协调实践

1. G7/G8 机制的成功经验（20 世纪 70 年代和 80 年代）及原因探究

（1）G7/G8 机制的成功经验

G7/G8 机制诞生于 20 世纪 70 年代的西方美元危机、石油危机以及经济危机之中，自成立之初至 20 世纪 80 年代，G7/G8 作为软法性国际经济机制，在治理危机和协调国际宏观经济政策领域发挥了重要作用。G7 在此期间的成功实践经验具体涉及以下内容：

①处理经济危机。1973—1975 年，中东石油危机引发西方经济大幅衰退。1974 年，美国汽车工业产值下降幅度高达 32%，1975 年第一季度，美国通货膨胀率达到 12%，国民生产总值下降达 10% 以上，失业率达到 8.3%，经济形势恶化，直到 1976 年才缓慢回升。而日本因为对进口石油的巨大依赖性，国内需求萎缩，国际收支出现困难。欧洲也同样深受冲击，通货膨胀率一度达到了 8%。西

① 陈晓进．八国集团 30 周年发展回顾．世界经济与政治，2005（12）．

方国家开始意识到，现有国际机制已经无力处理危机，必须寻求一种新的合作方式以加强资本主义各国间的协作，于是推出西方首脑会议治理模式。1975 年首届朗布依埃首脑会议之后，西方经济出现了明显回升势头，1976 年，美国、日本、联邦德国、法国、英国和意大利的国民生产总值分别比 1975 年增长 6%、6.3%、5.7%、5.2%、2.1% 和 5.5%，[①] 但是经济回升的同时也带来了通货膨胀加剧、国际收支不平衡等新问题。

②协调财政政策。为了解决西方经济发展不平衡问题，1978 年，G7 波恩会议就财政政策协调达成一系列具体政策协调措施，提出“护舰队计划”，虽然并未即刻取得良好效果，但在其后的 20 年中，财政政策协调成为 G7 促进国际经济增长、保障国际收支平衡的重要手段。

③干预外汇市场。20 世纪 80 年代上半期，美元汇率平均升值 72%，高汇率给西方带来了严重经济失衡，美国认为日元和德国马克对美元汇率偏低是主要问题根源。1985 年 9 月，美国、日本、联邦德国、英国和法国 5 国财长和中央银行行长签署“广场协议”，促使日元、马克对美元升值。G7 联手对国际汇率市场的干预随即取得了公认效果。

④应对金融危机。1987 年 10 月 19 日，华尔街股市遭遇“黑色星期一”，一天内道琼斯指数跌幅高达 22.6%。西方七国迅速展开宏观经济政策协调，甚至充当了国际金融市场最后贷款人角色，有效避免了全球性经济危机的爆发，并向世界展示了雄厚的财政实力、坚定的救市意愿及高效的组织能力。

⑤协调贸易政策。七国领导人还以峰会政治决议形式促进国际多边贸易谈判取得进展，这种贸易政策协调取得了积极影响，被誉为“朗布依埃效应”。在 GATT/WTO 贸易谈判东京回合期间，四届七国首脑峰会均促进了多边贸易协议的达成；在其后的乌拉圭回合期间，七国首脑峰会都通过宣言等方式敦促各方达成协议，尤其在 1993 年东京峰会上促成美日就一揽子商品的市场准入达成框架协议，使乌拉圭回合谈判取得了突破性进展。

---

① 美国《1977 年总统经济报告》和经济合作与发展组织《主要经济指标》（1978 年各期）。

（2）成功经验原因探究

就G7/G8曾经取得的国际经济协调的显著效果，笔者总结出以下几点原因：

首先，G7/G8拥有强大的经济、军事实力及政治影响力。七国集团成立之初确定的成员准入标准为国内生产总值排名。G7/G8的国内生产总值和贸易总量的世界占比均超过50%；在国际货币基金组织、世界银行的加权表决制中，G7/G8拥有重大份额及表决权；联合国安理会五个常任理事国之中的四席（美国、英国、法国、俄罗斯）归属G7/G8；军事上，G8中有六国均属于北约，美国、英国、法国、俄罗斯还均为核武器国家。强大的综合实力是G7/G8重大国际影响力的先决条件。

其次，成员国之间拥有高度一致的价值观及利益诉求基础。七国集团最初成立的一个主要原因是合作应对1973—1975年经济危机，演进历程中虽然有众多矛盾纷争，但建立在共同理念之上的共同利益保证了成员之间高度的身份认同，使集团易于对内协调共识，对外统一立场，从而产生强大的合力。

再次，G7/G8机制设计简洁、高效，尤其适合冷战期间东西方对峙下发达国家间的经济政策协调，既保证了成员间迅速达成协议，又确保了会议共识在成员国内得以切实推行。峰会机制拥有至高对内、对外行政权限，首脑能够直接统筹本国的内政与外交战略。首脑会议组织架构大致可分为4个层次：首脑会议、部长级会议、首脑私人代表会议和专家小组与工作小组，各层级之间的高效沟通与协作确保了机制的有效性。此外，G7/G8还结合时代特征及全球治理客观要求采取开放式的交流机制，酌情邀请相关国际组织及经济体参与对话。

最后，G7/G8机制的软性特征使其协调的灵活性强、治理的范围广。七国集团不属于国际法人，因此不受既定章程或规则等的约束，相比GATT/WTO、国际货币基金组织等机构更具有灵活性。同时，G7/G8的议题范围还与时俱进地逐步涉及国际贸易、外汇、环境等诸多层面，对于全球性问题具有高度统筹能力。

2. G7/G8机制的治理失灵（20世纪90年代至今）及原因探究

（1）G7/G8机制的失灵教训

G7是布雷顿体系崩溃后，西方为应对危机及管理国际金融秩序而建立的一种国际经济协调“软机制”。在20世纪七八十年代，七国首脑会议在宏观经济政策协调方面成效显著，但大多只停留在经济问题的处理层面而非预防层面。

20世纪90年代以来，随着新兴经济体群体性崛起及对于国际话语权的更高诉求，G7/G8的核心全球治理地位日益受到冲击。

此外，在G7/G8保守的软机制协调之下，区域性金融危机在全球范围内时有发生，如1992—1993年的欧洲货币危机、1994—1995年的墨西哥金融危机、1997—1998年的亚洲金融危机、1998—1999年的俄罗斯金融危机、1999—2000年的巴西金融危机等。面对全球化趋势及国际力量格局的演变，G7/G8的协调治理效力已今非昔比。“将G7/G8改造成为领导人层次的G20是理性的、恰当的，至少在理论上是这样的，这一改造将帮助弥合当前G7/G8面临的合法性危机”。[①] 而G7/G8的治理缺陷也提示G20，当软性机制遇到全球性问题及大规模危机之时往往效力不再，适当的硬法性机制化建设是时代大势所趋。

（2）治理失灵原因探究

20世纪90年代以来，虽然全球性金融危机并不多见，但是频繁爆发的区域性金融危机预示着G7/G8全球经济治理能力已不如从前，笔者为其归纳出如下原因：

第一，政治、社会、历史等方面的客观差异使成员国各有不同的利益诉求，进而阻碍各国在政策制定、效果评估等领域达成一致。各种矛盾主要体现在：各发达国家的宏观经济政策取向各有侧重，甚至南辕北辙。比如，就对于财政政策作为反周期工具的依赖程度而言，美、德之间素有分歧，前者更倾向于刺激经济增长，而后者则一向坚守财政纪律；就国际收支失衡的调整措施而言，美国与日、德之间差异显著。总体而言，美国长期属于贸易逆差国，而德、日则多年属于顺差，因而对于政策工具的选择各国各有偏好；就对于外汇市场干预作用的认知而言，欧美之间对立观点明显。欧洲偏向于采用协调干预方式，而美国认为此

① Richard Higgott. Multilateralism and the Limits of Global Governance//John English, et al. Reforming from the Top: A Leaders' 20 Summit. Tokyo: United Nations University Press, 2005: 72 -96.

举通常无益于解决经济问题甚至可能适得其反。

第二，G7/G8 对非成员国的关注日益增加，一方面，这引起集团内部的某些观点分歧，例如，美国认为 G7/G8 应该对任何区域性金融危机都承担相关义务，而欧洲和日本则持有“有限金融危机影响范围”态度，主张美、日、欧应只负责其“后院国家”；另一方面，这也体现出 G7/G8 对自身问题的回避，每次峰会都达成了一系列协议，但对于成员国之间的矛盾分歧却少有实际成果。

第三，国际资本日益加速的跨国流动导致汇率波动频繁，全球经济协调操作难度更趋增加。有国际学者认为，经济全球化下的任何国际协调措施都难以抵挡资本市场的力量。

第四，G7/G8 成员的国际政治、经济地位变迁加大了内部协调难度。20 世纪 80 年代末至 90 年代初，美国的国际影响力有所降低，德国等欧盟国家的作用则相对上升，日本也日益表达出更强烈的国际政治诉求，美、日、德三方在贸易等方面亦长期存在分歧。另外，独立央行、立法机构、特殊利益集团等国内因素也对 G7/G8 的政策协调构成制约。

第五，新兴经济体的强势崛起考验着 G7/G8 左右国际政治、经济格局的能力。按购买力平价计算，它们对世界经济增长的贡献率已超过 50%，但在国际金融体系中并无对等话语权，巴西财政部长曼特加表示：“类似七国集团这样的机制根本没有能力预测金融危机的发生，并进而提出解决办法。”①

第六，机制性缺陷正日益制约着全球化下的治理效力。G7/G8 目前仍未设有常设性机构，首脑峰会及部长会议仅有议事场所，每次会晤的议题数量大、范围广且时间短促，因此难以展开实质性充分讨论。此外，软性机制难以有效调节成员间的博弈行为，当他们选择性执行会议决议或者不作为时，峰会成果的有效性势必大打折扣。再者，冷战结束以来，G7 尚未更新行动宗旨，战略目标已从经济扩展到政治、安全、环境、社会问题等诸多方面，广泛的关注范围无疑增加了实

① 陈威华，徐涛．巴西财长认为西方七国集团不足以应对金融危机．（2008－11－08）．http：//news. xinhuanet. com/fortune/2008－11/08/content_ 10326777. htm.

践的可操作性难度。

3.2.5 G7机制化对G20机制化建设的借鉴意义

力量格局的变迁往往导致旧制度不能满足国际合作的需要，新制度因此得以创建；而新制度的形式选择取决于哪种制度能够最大限度地节约制度建设成本（主要指谈判成本和主权成本），进而满足成员国的制度偏好。G7/G8与G20均诞生于经济危机以及国际经济新旧格局的切换点，都是软性特征之下的峰会机制治理模式，诸多共同点使二者之间存在较高的可比性及相互借鉴之处。

第一，G20机制化建设应当秉承G7的精神和传统，坚持一个交流平台的机制化而非一个国际组织的机制化。因为G20的性质及作用都不允许G20作为一个国际组织而存在，或者说G20之所以有存在的必要，就是因为它虽未机制化，但却比一般国际组织更有执行力，这充分体现出“精英政治”的特征，即鉴于最高领导人是经济政策的首要影响力量，也是峰会达成共识的最有力推动者，各国最高决策者直接进行交流，会议上所制定的政策将直接影响其政治前途。反观一些国际组织达成的决议并没有太大的实际效力，原因就在于会议共识难以传达给最高决策者。普通的国际组织之所以效率低下，还因为参与国众口难调以及缺少执行推动力。而G20峰会机制不存在这个顾虑，原因之一为其成员国只有20个，且具代表性；原因之二为各国首脑可以直接影响本国政策，是当下最为行之有效的一种解决国际问题的方式。因此，G20应坚持沿袭G7这一模式，在保留其优势的基础上进行机制化。

第二，G20有必要成立一个常设的秘书处。G7有私人代表提前为会议进行准备，这其实即是一个秘书处功能，但秘书处毕竟是一个常设机构，比每年各国派出不同成员构成一个临时组织更加高效，可以承担筛选议题、安排议程、服务会议、整理文件等责任。但考虑到G20是一个“非正式性”对话平台，秘书处将不设立常任理事国职位。而设立轮值主席既能满足G20这一特征，又能弥补秘书处缺少常任理事国的不足。G20峰会每次由不同国家主办，因此“轮值”对于G20而言并不陌生。为了简化程序，可以将秘书处主席的选举机制与每年的轮值国家选举相合并，也即按照 G20 之前确定每年主办国的方式来确定秘书处轮值主席。

第三，G20 峰会决策高效的前提是与会代表均为各国首脑，但缺点是当出现不可调和的矛盾时，会议可能面临僵持局面，因此健全会议规则可以保证僵局及时化解。本书认为不妨借鉴 WTO 争端解决机制，即按照“磋商—专家讨论—执行”的程序进行，在会议僵持时启动该机制。我们也注意到，联合国机制十分完善，但僵持局面仍然时有发生。而 G20 峰会本身只有 2 天议程，一旦出现争执就启动解决机制势必将拖延会议日程，因此最可行的方案是在议题选择和会前准备上下功夫。首脑会议本身即为确定宏观性命题，因此部长级会议、私人代表会议及小组会议应就细节问题先期展开充分磋商，并且前瞻峰会可能发生的各种状况。这一点契合了 G7 发展之初设立的“朗布依埃精神”，其因 G7 第一次首脑会议——朗布依埃会议而得名，会议确定“小而精”模式，即会议议题及成员规模应尽量小，与会代表应为各国高级别决策者。此外，笔者认为会议共识应尽量量化，例如当会议决定各国需收紧货币政策以度过经济危机时，就应当量化各国利率应当调整到什么样的程度，贷款应当收紧多少，以便国际舆论等后续跟踪监督。

3.3 APEC 机制建设分析

3.3.1 APEC 机制的演进

亚太经济合作组织（简称“APEC”）于 1989 年成立，成立之初是一个区域性经济论坛和磋商机构，旨在促进亚太地区经济成长、合作、贸易、投资。通过非约束性的承诺和成员自愿原则执行决议，强调平等地尊重各成员的意见，保证开放性对话。1993 年至 2014 年，APEC 已经举办了 22 次领导人非正式会议。

第二次世界大战后，区域经济一体化开始兴起。欧共体、北美自贸区先后建立，虽然亚洲经济发展相对缓慢，但在日本、“亚洲四小龙”等带动下，20 世纪 80 年代到 90 年代，经济飞速发展。另一方面，全球化也开始兴起。随着科学技术的发展，地理上的局限被突破，各国间贸易往来愈发频繁。两者的发展同时也产生了矛盾，区域经济一体化要求区域内各国对内开放，对外征收高额关税，并通过建立国际组织加强区域内经济合作；然而全球化是希望各国展开多边贸易、降低关税、发展自由贸易。在这种情况下，1989年1月，澳大利亚总理访问韩国时提出"汉城倡议"，建议召开部长级会议来讨论亚太经济合作问题。经各方磋商，1989年11月首届部长会议在澳大利亚首都堪培拉召开，澳大利亚、美国、加拿大、日本、韩国、新西兰和东盟（马来西亚、泰国、新加坡、菲律宾、印度尼西亚、文莱）的外交部长和经济部长参加会议，从此诞生了亚太经济合作组织①。

APEC和G7虽然都是软法机制，都是通过达成宣言来促进区域或全球政治经济的发展，但从成立背景而言，亚太经合组织诞生在冷战即将结束的年代，国际形势日趋缓和，经济全球化、贸易投资自由化和区域集团化的趋势成为潮流，而G7诞生于20世纪70年代布雷顿机制崩溃之后。就成员组成而言，G7都是发达国家，属于全球性组织；而APEC包括发达国家（地区）和发展中国家（地区），是区域性组织。由于所处时代不同，二者的具体议题也有所不同。

3.3.2　APEC机制的设计特点

APEC是软法机制运行的代表。其内部成员包括发达国家、新兴工业化国家以及发展中国家。主体间利益的多样化注定了冲突与合作在运行过程中并存，因而各方难以通过谈判达成一致，但其运行模式具有多样性和开放性、灵活性与渐进性相结合的独特优势。

自主自愿与评估机制相结合②是APEC机制的另一重要特征。APEC以自主自愿、互惠互利为原则，通过修订和评估机制强化对目标的监督。APEC定期举行高官会议、部长级会议及首脑非正式会议，以声明、宣言等形式作出承诺及开展合作。虽然这种方式不具有法律性质，但是与评估机制相结合（如单边行动计划的滚动式修订和落实评级制），强化了监督的"硬"约束力。

① 方华．亚太经济合作组织．国际资料信息，2001（8）．

② 宫占奎．APEC方式的调整与改革．南开学报：哲学社会科学版，2004（5）．

APEC 定位于一个区域性经济合作论坛，其运作机制根基于非约束性承诺及成员自主自愿，强调开放对话及平等尊重各方意见。这决定了其只能是一个非强制性政府间协商合作机制，而不适合效仿 WTO 等条约性政府间组织的完整组织架构。APEC 在新加坡设立有秘书处负责日常事务管理，秘书长任期一年，由部长级会议东道国委任，同时设有"首脑会议—部长级会议—高级官员会议"决策机制①。

首脑会议是 APEC 的最高权力机构，就成员关注的议题进行磋商讨论。自 1993 年成立以来每年举行一次非正式会议；部长级会议是具体讨论议案的提出者，包括外交部长、财政部长、环境部长、贸易部长会议。部长级会议就各自领域的专门问题提出议案交由首脑会议讨论，下设名人会议、APEC 商业代表顾问会议、贸易和投资委员会、经济委员会、预算运作委员会②；高级官员会议不定期举行，负责具体方案执行，落实首脑会议和部长会议达成的协议，下设专题工作组分管各项工作，配合推动相关决议的落实和执行。

当前的 APEC 机制大致可划分为两大类别：一是决策机制，主要指 APEC 领导人非正式会议及部长级会议，负责具体议案的讨论与决策；二是执行性职能机构，例如高级官员会议及专题工作组，负责具体方案、决议的落实与执行。

3.3.3 APEC 的主要成就

APEC 作为一个国内生产总值占到全球一半以上、贸易总额世界占比超过 40% 的区域性组织，自成立以来取得了显著成就。APEC 的最大成功在于其有力推动了亚太地区贸易与投资自由化进程。在 2010 年的茂物目标评估中，参与评估的 13 个成员的关税自 1996 年起逐步下降，2008 年 5 个发达国家的平均关税是 3.9%，8 个发展中国家为 6.4%，而世界贸易组织世界范围内的平均关税是 10.4%。经济技术合作是另一个 APEC 成功推动的重要领域。

---

① 赵涯．论 APEC 的组织结构及未来发展趋向．国际经贸探索，1996（3）．

② 中村民雄．以电信业为例看 APEC 决策、执行过程的灵活性和法规的作用．国际政治研究，1998（2）．

1993 年，西雅图会议通过了《贸易和投资自由化框架宣言》，各成员在推行贸易和投资自由化方面统一了认识。

1994 年 11 月，印尼茂物会议通过了标志地区贸易和投资自由化的《茂物宣言》，此外还批准了在贸易和投资委员会之下，设立标准与合格认证分委会以及海关手续分委会的决议，在建立 APEC 海关数据联网系统，规范化、简化成员间通关程序，促进商品技术标准和规定的统一化等方面达成了一定共识①。

1995 年，日本大阪会议通过了保障 APEC 实现贸易和投资自由化及便利化的《执行茂物宣言的大阪行动议程》，提出了 9 项原则、7 个具体领域及其行动计划、总的执行框架等，还将“发展合作”具体定义为经济技术合作，并列出实施合作的 13 个具体领域。

1996 年，菲律宾宿务会议上，各成员提交了实施自由化的单边行动计划，并罗列出在 2000 年、2010 年及 2020 年之前采取的措施和大致计划。

1996 年 11 月，菲律宾马尼拉会议通过了《马尼拉行动计划》，以促进各成员进一步采取行动，分阶段实现 APEC 贸易和投资自由化目标；会议还发表了《亚太经济合作组织加强经济合作与发展框架宣言》，确立了 APEC 经济技术合作的目标、指导原则、合作特点、合作主题及优先领域，为新世纪亚太经济技术合作奠定了基础②。

1997 年，加拿大温哥华会议通过了在若干部门提前实现自由化的决定，并同时决定成立亚太经合组织高官会议技术合作分委会。

2000 年，文莱斯里巴加湾会议通过了帮助发展中成员执行 WTO 协议议案和“增强市场力量的行动方向”议案，以期加强多边贸易体制建设。

2003 年，泰国曼谷会议发表了《领导人宣言》，决定加强伙伴关系，推动贸易投资自由化与便利化，保障民众和社会免受安全威胁，并能从自由开放的贸易中充分受益。

---

① 方华．亚太经济合作组织．国际资料信息，2001（8）．

② 方华．亚太经济合作组织．国际资料信息，2001（8）．

2010年，日本横滨会议发表了《横滨宣言》，就继续推进地区经济一体化进程、切实推动亚太自由贸易区建设达成一致。

3.3.4 APEC机制存在的问题

1. APEC机制化进程缓慢

当前APEC仍然以论坛形式运行，尚未形成机制化模式，正是这种“非正式”的方式，维持了APEC的运转，维护了成员的团结，也是APEC今后发展的有效保障。同样作为非正式机制，G20和APEC的机制化建设虽不适合完全引进WTO运作机制，但可以借鉴WTO监督和评估机制，从而促进APEC成员的贸易、投资自由化与便利化，以及保障G20宣言有效执行。

不同于WTO通过法律建立的强力运行机制，以APEC和G20为代表的软法性国际机制采用不具有法律约束力的灵活合作方式，但此种方式强调政治性自主合作，如若成员间的互利共赢基础不复存在，经济合作随时可能分崩离析。如何强化APEC内部的多边合作机制？怎样才能稳固内在执行力？此类问题制约着G20、APEC等所有软法性国际组织的可持续发展。

2. APEC议题庞杂

APEC创立之初，将“推动全球贸易自由化，促进各成员之间的贸易、投资和技术领域的经济合作”确定为APEC的宗旨①。若在APEC进程中加入过多非经济因素，必然将冲击APEC的经济技术合作论坛性质，并加深成员之间的利益矛盾。APEC应该紧紧围绕“经济”议题拓宽、加深协商的范围及层次。

G20成立之初的关注重点多为世界经济面临的最重大挑战，议题从经济、金融领域扩大到政治、外交、能源安全等领域是时代的必然趋势，但是在机制尚未成熟的情况下，议题的盲目扩展势必会偏离原有的经济治理宗旨。笔者认为APEC、G20等非正式机制的议题设置应当运用循序渐进原则，分阶段逐步推进、完善。

---

① 张睿锋．论APEC方式及APEC的机制化．世界经济情况，2001（14）．

3. 协议难以有效贯彻执行

有效性问题是困扰非正式机制的首要问题。APEC是亚太地区最高级别的政府间经济合作机制，但由于缺乏配套执行机制，成员之间达成的协议难以有效贯彻，往往停留在口头承诺、自觉履行层面。如1997年温哥华会议最后宣言声称，支持“马尼拉框架协议”，支持国际货币基金组织帮助东亚国家渡过难关，但是最后却未见采取任何具体行动。

同样的问题存在于G20，有观点认为“G20始终也只会是一个论坛，它主要承担建立共识的作用，但是对于具体如何落实并不具有强制力”。在后金融危机时代，G20可能面临治理乏力的困境，所提出的种种改革尚缺少相应的执行力。反对贸易保护主义是G20九次峰会的共同立场，但现实是全球贸易保护非但没有减少，反而愈演愈烈，执行力缺失在一定程度上削弱着G20的效力和信誉。

4. 发达成员与发展中成员的矛盾难以调和

经济发展程度不同往往带来利益目标不同。APEC发展中成员所希望的是从发达成员引进更先进的科学技术，即渴望实质性经济技术合作，而发达成员更垂涎于发展中成员的广阔市场，美国、日本等发达国家对于推动贸易、投资自由化一向青睐有加。这种矛盾在短期内很难得以解决，G20等类似国际机制也面临着同样困境，发展中成员及发达成员之间不同利益诉求之下的博弈根深蒂固。有鉴于此，APEC发展中成员应谨防发达成员以贸易自由化为由，将发展中成员当作拉动外需的商品市场。

3.3.5 APEC机制面临的挑战

1. 机制现存问题

APEC仍缺少严密、规范的组织机制，主要表现在：第一，缺乏有效的争端解决机制，APEC并没有任何有效机制协调成员间争端，仅能以协商方式，依赖非对抗及自愿原则避免或解决内部争端。第二，APEC的表决机制存在效率缺失。一般国际经济组织通常采用一国一票制、集体表决制和加权表决制，而APEC则采用“自主自愿、协商一致”的议事及行事规则，效率相比其他国际经济组织明显不足。

2. 关于 APEC 性质的争议

APEC 缺乏具有法律约束力的章程，尚非永久的正式国际组织，没有国际法人资格，软性国际机制地位制约着其在区域合作中的权威性及统合能力，APEC 存在的现实意义离不开经济治理的实际效力，而增强有效性意味着机制化及性质定位的转变。与此同时，APEC 的软法性质亦使成员得以根据其自身利益需求左右 APEC 的议题安排，尤其是对于实力较为强劲的成员而言。APEC 性质上的争议影响其机制化进程：一方面，部分成员对其性质转变存在异议；另一方面，想成为机制化的国际组织必须要具有实际意义的决策、执行、管理三类基本的机构①。

3.3.6 APEC 机制的发展方向

从长远和发展角度来看，一个区域性国际经济组织不可能也不应该是一个空谈俱乐部，尤其当 APEC 进程现已推进到务实阶段，机制化对实践承诺及保持权威性不可或缺，APEC 向“硬机制”方向演进是大势所趋。

APEC 的“强结构”式机制化发展之路，是指在软法原则下建立完善的运行监督机制，其目的并不是为了改变开放性、灵活性和非强制性等基本原则，而是通过“建立经常性的协商和工作机构、设立长期连续的合作计划和合作项目”来实现其目标。② 很显然，APEC 选择“强结构”式机制化道路，不但可以克服因机制匮乏所面临的前所未有的挑战，还可充分展示“APEC 方式”旺盛的生命力。G20 当前正处于机制化建设探索时期，不妨以 APEC 实践经验为借鉴，将完善常设机构、议事机制及监督机制纳入机制化建设初级阶段的规划蓝图。

---

① 饶戈平．国际组织法．北京：北京大学出版社，1996：155－158.

② 彭育园，钟莉．APEC 方式的缺陷和改革取向．环球经贸，2005（10）．

第4章　G20的形成、现状与困境、性质定位、机制化的理由及软法与机制设计

4.1　G20作为一个国际机制的历史背景

二十国集团（G20）机制的诞生有着深刻的历史背景。第二次世界大战后，以国际货币基金组织（以下简称“IMF”）、世界银行、关贸总协定为代表的三大国际经济组织构成了全球经济治理的基石，也构成了西方发达国家在全球经济治理中的主导地位，发展中国家经常处在“被治理”的尴尬位置。冷战结束后，经济全球化的迅猛发展和一批新兴经济体的崛起，促使发达国家逐渐形成一种共识：没有发展中国家的积极参与，尤其是没有新兴经济体的参与，有效的全球经济治理就无法实现。正是在这样的背景下，G20机制应运而生。

4.1.1　G20机制的雏形：马尼拉框架小组

“马尼拉框架小组”可以看成是G20机制的雏形。1997年7月，一场始于泰国的东南亚金融危机爆发，随后危机蔓延到整个亚洲地区，韩国、印尼等新兴市场国家损失尤其惨重。导致危机爆发的因素很多，其中一个重要诱因是新兴市场国家金融监管未能跟上金融全球化的步伐，如监管不透明、监管标准不统一等。危机还表明，在全球化时代，一国的金融风险很容易蔓延到其他国家，甚至扩展为整个国际金融系统的风险，而且任何单一国家力量都不足以应对这种风险，因而必须在国家之间建立起有效的国际金融政策协调机制。

第二次世界大战结束以来，IMF就一直承担着国际金融协调的重任。根据《国际货币基金组织协定》的规定，IMF应帮助成员国克服短期性国际收支失衡，

以提供政府间贷款的方式来缓和成员国的外汇短缺困境，维持币值稳定及协调国际货币秩序。但当面对亚洲金融危机现实时，IMF 的救援显得迟缓、软弱，并且附加了苛刻条件，遂遭到亚洲国家的激烈批评和抵制。例如，IMF 在与韩国签订贷款协议时，要求韩国大幅度开放其金融市场，允许外国银行或非银行金融机构进入韩国市场，并规定在韩国的外国银行或企业可以全面参与韩国证券交易活动。这些附加条件受到韩国民众的强烈抵制，以致有人把韩国与 IMF 签订贷款援助协议日定为“国耻日”。又比如，IMF 与印尼签署贷款协议时，不仅要求其削减财政开支、紧缩通货、扩大并开放金融市场，同时还要求其政府实行政治体制改革，最终导致印尼大规模的社会动荡和政府更替。实际上，在应对亚洲金融危机的救援中，无论是接受贷款国，还是资金援助国，都对 IMF 这一正式国际组织的危机应对方式和效果表示质疑①，这样就客观上迫使成员国开始思考其他政策协调渠道。

1997 年 11 月 18—19 日，14 个太平洋国家（地区）② 的财政部、央行官员与 IMF、世界银行、亚洲开发银行官员在菲律宾的马尼拉召开非正式会议，共同商讨金融危机应对之策。他们以谋求共识而非达成法律协议为目标，交流信息，坦率争论，会后一致认为会议取得了良好效果。与会各方也因此逐渐认同了这种与 IMF 完全不同的“恢复地区金融稳定的新型协调方式”，并将这种非正式国际政策协调方式命名为“马尼拉框架小组”③。

值得注意的是，马尼拉框架小组的成员构成中，美国、加拿大、日本都是 G7 国家，对于 G7 这一非正式机制的运作十分熟悉，因而很快就能适应并主导了“马尼拉框架小组”的非正式运作模式。同时，由于中国、韩国、印尼、澳大利亚等亚太重要国家的加入，“框架小组”对本地区金融稳定议题的讨论更加彰显

---

① 万国华. 从亚洲金融危机看 IMF 法律机制亟待改革的几个重要问题. 南开学报，1999（2）.

② 14 个国家（地区）分别是：澳大利亚、文莱、加拿大、中国、中国香港、印尼、日本、韩国、马来西亚、新西兰、菲律宾、新加坡、泰国、美国。

③ The Manila Framework, Meeting of Asian Finance and Central Bank Deputies, A New Framework for Enhanced Asian Regional Cooperation to Promote Financial Stability, Agreed Summary of Discussions, Manila: 18 - 19 November 1997.

平等性、代表性和有效性。“框架小组”机制运作的非正式性和机制构成中新兴经济体平等参与的包容性是该机制区别于IMF等正式国际组织的主要特征，也是后来“框架小组”演变成G20机制的主要因素。

4.1.2 G20机制的前身：G22和G33

尽管“马尼拉框架小组”在应对亚洲金融危机的最初阶段取得了显著成果，但随着危机持续蔓延，地区性“框架小组”很快显露出诸多不适应，危机随即从亚洲扩展到全球大多数新兴市场，并对发达国家的信贷市场和原材料价格构成冲击。1997年11月25日，在加拿大温哥华召开的APEC领导人非正式会议上，与会领导人对金融危机形势进行了深入讨论，并一致认为，IMF在应对金融危机中发挥了重要作用，但未能实现各方的普遍预期；“马尼拉框架小组”对于缓解本地区金融危机发挥了显著作用，但由于成员构成的地域限制，因而未能及时阻止危机的全球蔓延。

正是在这种背景下，美国总统克林顿指示财长罗伯特·鲁宾（Robert Rubin）发起召开一次全球范围重要国家参加的非正式财长会议，讨论亚洲金融危机对世界经济造成的挑战以及如何应对①。美国财政部为此分别于1998年4月和10月邀请全球22个主要发达国家和新兴经济体财长与央行行长，利用出席IMF年会时机参加了这个在IMF之外举行的会议，也就是后来统称的G22会议。②

在两次G22会议上③，与会的财长和央行行长非正式地交流了对当前世界经济形势的看法，并一致认为需要改革国际金融治理架构，加强发达国家与新兴市场国家在全球经济治理中的政策协调，为此成立了三个工作组：提高透明度工作组、加强金融体系和市场结构工作组、促进私营企业在应对金融危机中分担责任

① 有媒体报道，克林顿最初这个想法来自于他和新加坡总理吴作栋在会议上的交谈。

② G22的成员包括美国、法国、德国、英国、意大利、加拿大、日本、俄罗斯、阿根廷、澳大利亚、巴西、中国、中国香港、印度、印尼、马来西亚、墨西哥、波兰、新加坡、南非、韩国、泰国。

③ G22会议有时又被称为威拉德会议，因为第一次会议是在华盛顿的威拉德酒店召开的。参见：［加］彼得·哈吉纳尔．八国集团体系与二十国集团．朱杰进，译．上海：上海人民出版社，2010：189.

工作组，以落实部长们达成的这些共识。

尽管 G22 会议撇开 IMF 单独召开招致一些国家的批评，但客观上对 IMF 起到了很大的支持作用，突出表现在 G22 三个工作组所发表的工作进展报告中，其中关于推进国内与国际金融市场改革、增强信息披露和透明度、遵守国际标准和准则等内容，大大推进了 IMF 在相关领域的工作进程。

1998 年 10 月底，G7 财长、央行行长会议召开，讨论了两种 G22 机制化推进方案：一是将 G22 纳入到 IMF 框架内，二是 G22 与 IMF 平行存在。“纳入 IMF 框架”方案主要是将 G22 与 IMF 下属的“临时委员会”① 合并，并通过召开相关成员国财长、央行行长副手会议来对该会议机制提供支持。据此，G22 将演变成 IMF 的一部分。这种方案在会议上遭到一些 G7 成员国的反对，原因是 G22 采用的是非正式会议形式，这与 IMF 正式国际组织的性质不符；在议题范围上，G22 也已经远远超出了“临时委员会”的讨论范围；同时，“临时委员会”中亚洲新兴经济体的成员构成太少，这也将严重影响 G22 机制的有效性。最终，“与 IMF 平行存在”方案获得通过。会议决定，在 1999 年 6 月 G7 科隆峰会召开前，召开两次扩大版的发达国家与新兴市场国家财长、央行行长对话会议，也即后来所谓的将 G22 升级而成的 G33 会议②。

第一次 G33 会议于 1999 年 3 月在德国柏林召开，第二次 G33 会议于 1999 年 4 月在美国华盛顿召开。两次会议都讨论了加强国际金融监管，尤其是对新兴金融市场监管的问题。这两次会议受到了新兴市场国家（地区）财长和央行行长的欢迎，认为非正式对话加强了国际金融体系的治理架构，但他们同时也认为，G33 仍是临时性的制度安排，具体邀请哪些国家（地区）参加、讨论哪些议题等事宜，仍然由发达国家掌握主动权。因而他们呼吁建立一种更加稳定、更加平等的发达国家与新兴市场国家（地区）对话机制。而在发达国家看来，两次 G33 会

① 有关 IMF 的组织架构，参见郭瑜．国际经济组织法教程．北京：北京大学出版社，2002：37.

② G33 的成员除了 G22 的所有成员外，还新增了比利时、智利、科特迪瓦、埃及、摩洛哥、荷兰、沙特、西班牙、瑞典、瑞士、土耳其。

议充分显示了"与新兴市场国家（地区）进行灵活务实的非正式对话具有重大意义"①，与此同时，发达国家也感到G33的成员构成有明显缺陷，如此大的规模很难保证成员（地区）之间开展"富有成效的非正式对话"。

4.1.3 温哥华会议与G20机制的诞生

正是在新兴市场国家（地区）与发达国家都对继续保持非正式对话具有强烈意愿，同时对G33的成员构成又存在不满的情况下，G20机制诞生了。毋庸讳言，其中起主要推动力的还是发达国家，尤其是G7财长。在科隆峰会后接替罗伯特·鲁宾担任美国财长的劳伦斯·萨默斯（Lawrence Summers）认为，IMF在国际金融体系中只能扮演技术支持的角色，因而需要在IMF之外创建一个新的机构以供主要国家就核心经济、金融议题进行协商和达成共识。② 尽管美国财政部早在20世纪90年代初就有了改善国际金融治理架构、加强与新兴市场国家对话的想法③，但在推动G20机制形成中关键性的一位人物则是加拿大财长保罗·马丁（Paul Martin），他坚信"应该让新兴市场国家成为'问题解决'的一部分④，而非'问题'的一部分"。德国财长汉斯·艾歇尔（Hans Eichel）也对G20机制建立作出重要贡献，尤其是在1999年德国作为G7轮值主席国期间。

1999年6月，G7财长在科隆峰会上提交给G7领导人的一份报告指出，"我们将努力建立布雷顿森林体系框架内具有系统重要性国家之间非正式对话的新机制，以使得现有的国际金融治理体系适应世界经济形势的变化"。9月25日，G7

---

① Gordon Brouwer. Institutions to promote financial stability：Reflections on East Asia and an Asian Monetary Fund // Richard Samans，Marc Uzan，Augusto Lopez – Claros，et al. The International Monetary System，the IMF，and the G20：A great transformation in the Making? New York：Palgrave Macmillan，2007：82.

② John Kirton. The G20：representativeness，effectiveness，and leadership in global governance//Joseph Daniels，et al. Guiding global order. Aldershot：Ashgate Publishing Company，2001：155 – 156.

③ ［美］杰弗里·法兰克尔，彼得·奥萨格．美国90年代的经济政策．徐卫宇，译．北京：中信出版社，2004：178.

④ 保罗·马丁也因此被誉为"G20之父"，参见：Paul Martin. A global answer to global problems：the case for a New Leaders' Forum. Foreign Affairs，2005，84（3）：2 – 6.

财长、央行行长在华盛顿召开会议，会议再次发表声明指出，我们提议建立一个布雷顿森林体系框架内非正式对话的新机制，以推动具有系统重要性的国家之间就核心的国际经济金融议题进行对话。我们坚信这种对话将会补充、强化布雷顿森林体系内的现有国际机构。我们决定 12 月份在柏林邀请其他具有系统重要性国家的财长和央行行长，共同发起成立这个新机制。

至此，虽然 G7 已经就与新兴经济体开展非正式对话达成一致意见，但在邀请哪些新兴经济体参加问题上仍存在分歧。G7 没有明确制定出成员国加入新机制的标准，但达成了下列共识：成员国必须是世界经济中具有系统重要性的国家，能够对全球金融稳定作出重要贡献；成员国构成必须反映世界经济格局的新变化以及地区代表性的均衡；同时还必须确保新机制成员国数量规模较小，以确保各成员之间能开展坦率的、非正式的交流。

正是在这样的共识指导下，G7 认为，20 个成员外加国际货币基金组织、世界银行的代表已经是保持非正式交流的最大容量，从而使部分 G33 成员与之后成立的 G20 失之交臂。在跻身新机制的新兴经济体中，中国①、印度、韩国、印尼②来自亚洲地区，澳大利亚来自大洋洲，巴西、阿根廷来自南美洲，墨西哥来自北美洲，沙特③、土耳其④来自中东，南非来自非洲，俄罗斯横跨欧亚两洲。而在那些新兴经济体，包括西班牙、荷兰、比利时、波兰等欧洲国家，未能进入的原因是欧洲已经占有四席，且欧盟和欧洲央行作为整体已经间接代表了欧洲其他国家。马来西亚、泰国等亚洲国家的加入申请也被否定，原因是经济实力、人口规模相对较小。而非洲国家的代表性至今仍然严重不足，这是 G20 成员构成的一大遗留问题，主要原因是 G20 当时的关注重点为金融稳定，而非全球发展。

1999 年 11 月，G20 财长、央行行长副手会议在加拿大温哥华召开，负责筹备

---

① 邀请中国参加是 G7 成员国当时最大的共识，未遭到任何反对意见。

② 有关是否邀请印尼参加，起初在 G7 内部存有争论，主要是因为当时印尼国内政局不稳，后来到 1999 年 12 月 15 日柏林会议召开时，印尼国内局势基本平息，因而 G7 也就同意印尼成为 G20 成员。

③ 沙特拥有巨额的石油美元，在金融稳定议题上能够发挥关键作用，因而被 G7 吸收进了 G20。

④ G7 决定让土耳其进入 G20，一个重要因素是考虑到短期内欧盟很难吸收土耳其，但又担心土耳其不能坚持向西方“靠拢”的决心，故希望能通过 G20 机制来稳定西方国家对土耳其的影响力。

即将召开的首届G20财长、央行行长会议。温哥华会议就如何创建G20机制进行了广泛的讨论，可以说是G20“建章立制”的一次重要会议。会上讨论了新机制的名称，有成员国提出应称之为“十九国集团”，因为实际上只有19个主权国家参加，但遭到其他成员国的反对，认为“十九国集团”名称会导致该机制面临扩容压力，让非成员国以为还有一个机动名额，会议最终确定新机制的名称为“二十国集团”，给人以成员构成已基本完整的印象，也与19个主权国家加上1个地区组织的数目相吻合。

G20的议题设置也是温哥华会议讨论的一个焦点。一种观点认为，G20应该集中关注国际金融体系中最艰巨的议题，如资本项目开放、私营企业参与等，而将较容易的议题留给IMF；另一种观点则认为，G20应该由易到难，先关注各成员国已有初步共识的议题，然后再去讨论分歧较大的议题。后一种观点被会议采纳，成员国认为先易后难的议题设置有利于非正式交流的舒适性，也有利于会议机制获得持续不断的发展动力。

温哥华会议还讨论了G20与国际货币基金组织、世界银行的关系。一种观点认为，为了加强G20与布雷顿森林体系内其他国际机构的联系，可以由IMF下属的国际货币与金融委员会（IMFC）主席和世界银行下属的发展委员会（DC）主席联合担任G20主席；另一种观点认为，G20的主席还是应该由单独的、G20轮值主席国来担任，但可以固定邀请国际货币基金组织总裁、世界银行行长、国际货币与金融委员会主席、发展委员会主席来参加。后一种观点得到会议的认同，其中，邀请布雷顿森林国际机构领导人参加可以确保G20仍然内嵌于“布雷顿森林体系框架”，同时由G20自身成员国担任轮值主席，尤其是新兴市场国家也有机会担任主席，又可以确保G20相对于IMF、世界银行等正式国际组织的独立存在，从而为非正式性提供有力的制度保障。

最终，各国在温哥华会议上达成了一系列关于未来G20机制运作的具体安排：G20以非正式的部长级会议形式运作，每年召开一次财长、央行行长会议，并召开两次副手会议；G20不设常设秘书处和工作人员，不签订《宪章》，会议过程不搞投票，不达成有法律约束力的国际协议，会议的主要目标是达成共识；

另外，IMF、世界银行也应对G20的工作提供技术支持，包括为G20的会议讨论准备“背景文件”。

1999年12月15日，首届G20财长、央行行长会议在德国柏林正式召开，这是G20的创始会议，标志着G20机制的诞生。在柏林会议一开始，会议主席保罗·马丁就强调这是一个非正式会议机制，会后将只发表一个简短的、没有法律约束力的《主席总结》和《联合公报》，各位与会者在讨论过程中可以随意插话、提问、自由发表观点。虽然会议过程中仍有成员宣读事先准备的发言稿，但是多数成员对这种坦率、开放的非正式交流表示满意。①

在柏林会议上，成员国在讨论国内和国际经济政策的关系时强调，应更多关注全球经济作为一个整体所具有的风险和脆弱性，而非每个成员国自己的经济状况和表现。正是在这种友好、非正式的交流中，会议取得了重要共识：尽管成员国国内良好的宏观经济政策是应对国际金融危机的最有效手段，但是只有国内的宏观经济政策是不够的，还必须在成员国之间开展有效的宏观经济政策协调，包括汇率政策、资本账户开放、债务危机管理、金融监管等，以降低全球化时代各国经济和世界经济的脆弱性。另外，在短期内，G20应主要探讨如何预防和应对金融危机，从长期来看，非正式性仍将有利于G20关注不断涌现的关乎世界经济稳定的议题。

总的来看，柏林创始会议在G20机制发展史上具有里程碑意义，它不仅标志着G20机制的诞生，而且开创了国际经济金融治理的新模式。② 正如保罗·马丁在总结这次会议时所指出的，“会议已经清楚地显示，G20机制成功的秘诀既在于成员构成上的包容性，新兴经济体开始主动地在全球经济治理中发挥作用，又在于会议形式上的开放性和非正式性，成员国可以坦率地交流各自看法，分享彼此应对挑战的经验，从而达到有效政策协调的目标”。2008年全球金融危机爆发，

① John Kirton, Joseph Daniels, Andrea Freytag, et al. Guiding global order: G8 Governance in the Twenty – first Century. Aldershot: Ashgate Publishing Company, 2000: 164.

② 有学者把以IMF等正式国际组织为主要载体的国际治理模式，称为全球治理的2.0版本，而把以G20等非正式国际机制为主要平台的国际治理模式，称为全球治理的3.0版本。

G20 实现了从部长级会议到领导人峰会的升级转型，并迅速成为应对危机的核心国际机制。值得注意的是，尽管 G20 机制的全球经济治理地位发生了显著变化，但保罗·马丁所强调的包容性和非正式性一直是 G20 机制运行中坚持的两大重要特征。

4.2 G20 作为一个国际机制的存在基础

伴随着全球化的深入和全球经济的发展，世界经济结构发生着重大变化：发达国家主导世界经济的格局被渐次打破，发展中国家和新兴经济体的经济活力和增速使其国际影响力大幅攀升，世界经济多极化趋势日益明朗。IMF 相关数据显示，"按购买力平价（PPP）计算，新兴市场占全球产出的比重增加了 9.3 个百分点，由 40.7% 增至 50%，发达国家由 59.3% 降到 50%，南北力量现已平分秋色……新兴市场的跨国公司数量不断增多，而且国际竞争力提升，进军全球 500 强的企业明显增加，特别是在危机前几乎由西方掌控的金融、能源、基础设施等领域，新兴市场企业的竞争优势开始显现……国际资本呈现逆向流动，即穷国资本流入富国，特别是美国"。

然而，传统国际经济治理机制已不适应全球化经济形势及国际经济格局的改变，美国等少数发达国家仍然掌控着领导权，致使发展中国家难以真正融入国际经济治理核心体系。周宇（2011）指出，"（变革）全球经济治理的需要主要源自经济全球化与经济管理非全球化之间的矛盾"，并将该矛盾进一步细化为三个方面，即需求和供给全球化与宏观经济管理非全球化的矛盾、金融全球化与金融管理非全球化的矛盾及贸易全球化与贸易管理非全球化的矛盾。发达国家曾经尝试过作出调整，如邀请中国、印度、墨西哥、巴西、南非参与 G8 峰会讨论，逐步确立"G8 +5"的机制，但这些调整措施从未在根本上扭转发达国家主导的国际经济治理体制，世界格局中的经济基础与上层建筑矛盾甚至已成为金融危机的一大诱因，彻底改革全球经济治理机制势在必行。

G20 即是在此大背景下应运而生的。相比传统国际经济治理机制，G20 更符合世界经济发展趋势，有着不可比拟的优越性和合理性。

第一，传统的国际经济治理机制以发达国家主导，代表少数发达国家的利益，在全球经济发展中逐渐占据重要地位的发展中国家、新兴经济体却被边缘化，而 G20 成员国涵盖世界主要经济体，既有发达国家，也有新兴经济体，其成员国 GDP（图 4.1）总量占全球经济的 85% 以上，人口的世界占比为三分之二，较高的代表性符合全球化背景和世界经济格局的变化，在 G20 框架下达成共识有可能影响到世界更多国家，进而实现全球性宏观经济政策协调。

单位：十亿美元

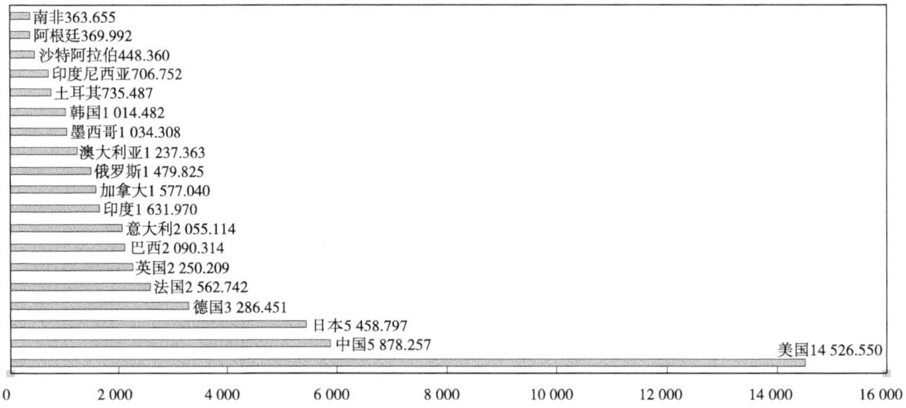

图 4.1　2010 年 G20 成员的 GDP（以国际汇率计算，不含欧盟）

注：图中数据由笔者综合原始数据制作而得，原始数据来源：国际货币基金组织（IMF），http://www.imf.org/external/pubs/ft/weo/2011/02/weodata/weorept.aspx? sy = 2009&ey = 2012&scsm = 1&ssd = 1&sort = country&ds = .&br = 1&c = 213%2C193%2C273%2C223%2C156%2C924%2C922%2C456%2C199%2C132%2C134%2C534%2C536%2C186%2C136%2C158%2C112%2C111%2C542&s = NGDPD&grp = 0&a = &pr.x = 36&pr.y = 14。

第二，传统国际经济治理机制无法应对风险传导和联动的全球化效应，不能有效避免经济危机。而 G20 将经济影响力不断上升的主要新兴经济体纳入全球经济治理体系，与发达国家协调宏观经济政策并统一行动，因此拥有更加强大的抗风险能力。黄梅波、吕朝凤（2010）运用 H－P 滤波法对 G20 成员国进行过比较分析，得出结论：1980—2009 年各成员国的经济增长基本具有同周期性，G20 宏观经济政策协调具有可行性。他们还通过相关数据计算得出，G20 协调机制有利于降低成员国的总体经济波幅，提高经济波动的低谷值，以及促进成员国的经济增长。

由此可见，G20的出现符合世界经济发展规律和治理需要，金融危机的爆发客观上推动其蜕变为全球经济治理核心机制。而即使今天G20并不存在，国际经济治理领域也必然会出现类似具有广泛代表性和参与度的全球经济治理机制。

4.3 G20作为一个国际机制的内在矛盾与发展动力

4.3.1 G20的内在矛盾

2008年金融危机期间，G20作为一个政府间非正式论坛组织，在国际体系中扮演了重要的超国家行为体角色，同时也暴露出诸多不容忽视的内在矛盾，主要表现在：G20代表了新兴大国的集体性崛起，而以G8为首的发达国家在会员国标准、议题设定、共识达成方面仍然占据主导地位。

就G20的起源和代表性而言，其成员国资格是由G7所主导赋予的，新成员国加入标准没有任何明文规定，这是G20合法性始终存在争议的一个内在根源。Colin和Linn（2007）① 认为合法性来源于有效性和代表性。截至2014年1月，联合国共有193个成员，但只有43个进入了这一全球经济治理最高决策机制，因此有国家质疑“为何二十国集团可以决定关乎60亿人口的世界经济大局?”G20的代表性虽然高于G8但却不及联合国、国际货币基金组织等组织，全球仍有90%的国家或地区以及二十几亿人口（世界占比1/3）游离于G20框架之外，而且多为贫穷国家，诸多全球性问题正是在这些国家中泛滥、蔓延。G8曾被诟病为“世界富人俱乐部”，G20在某种意义上也是“富人俱乐部”，其新兴经济体成员在发展中国家中属于“富国”。②而非G20国家绝大多数是最贫穷国家，发展程度

① Colin I Bradford, Johannes F Linn. Global governance reform: breaking the stalemate. Washington D. C: Brookings Institution Press, 2007: 8.

② 金灿荣. G20的缘起与前景. 现代国际关系，2009（11）.

不仅落后于西方，与新兴经济体相比也存在较大差距。对于G20代表性的广泛质疑势必引发对G20“全球治理”身份的认知差异，从而或使G20的首要国际经济合作机制功能大打折扣。

就成员国之间的互动博弈而言，G20内部始终存在着三组矛盾，即发达国家与新兴经济体的矛盾、发达国家间的矛盾、新兴经济体之间的矛盾，纷繁复杂的矛盾背后是各成员国及利益集团的不同利益诉求。基辛格2010年接受中国记者就G20等问题的专访时称，二十国集团现在面临的问题是有太多不同国家拥有各自不同目标，而它们尚未证明自身的实力。他比较客观地从利益诉求分析层面揭示了G20机制化建设所面临的内在矛盾制约。

就G20的内部主导权而言，它在成立之初到金融危机爆发十年间几乎是一个虚设机制，主要充当G7/G8在国际经济治理过程中的合法化工具（Tony Porter，2000）①，并没有为国际经济治理作出实质性贡献。2008年升级为峰会机制后，G20各发达及发展中国家成员名义上是全球共治的参与者，但重要国际机构份额仍然牢牢把持在前者手中，国际金融体系改革远未取得实质性进步。2009年匹兹堡峰会将G20定位为国际经济合作与协调的首要全球性论坛后，机制的掌舵者仍为以美国为首的传统G7国家，新兴经济体成员身影更多出现在向IMF等国际经济组织注资等场景中。

4.3.2 G20的发展动力

从2008年11月到2014年12月，G20先后在华盛顿、伦敦、匹兹堡、多伦多、首尔、戛纳、洛斯卡沃斯、圣彼得堡、布里斯班召开了九次峰会。各方以二十国集团为制度平台进行了紧密的政策协调与合作，在改革既有国际金融机构和国际经济运行规则方面达成了诸多共识，并联手采取了一系列经济刺激计划，使得世界经济没有重现20世纪30年代大萧条那样的严重后果。本部分对历次G20峰

① Tony Porter. The G-7, the Financial Stability Forum, the G-20, and the Politics of International Financial Regulation, Paper prepared for the International Studies Association Annual Meeting, LA., California, March 15, 2000.

会涉及的国际金融改革和治理领域的主要成果作出的系统总结如表 4.1 所示。

表 4.1　　　　历次 G20 峰会的主要成果和共识

峰会名称	九次 G20 峰会的成果和共识
2014 年 11 月，澳大利亚布里斯班峰会	（1）普遍同意增加国际货币基金组织（IMF）资源，以使 IMF 有对抗未来危机的工具 （2）承诺全球经济再增长 2.1%；同意建立全球基础设施中心 （3）反腐、就业与气候成果
2013 年 7 月，俄罗斯圣彼得堡峰会	（1）把握货币政策调整节奏，促进长期投融资增长 （2）2014 年 1 月底前完成国际货币基金组织（IMF）第 15 次份额总检查，落实有关 2010 年 IMF 份额和治理改革的方案
2012 年 6 月，墨西哥洛斯卡沃斯峰会	（1）G20 成员中的欧元区将采取一切必要政策措施维护该地区的完整性和稳定，提高金融市场的运作，并打破主权和银行之间的反馈回路 （2）在货币政策维持中期物价稳定的同时，继续支持经济复苏 （3）G20 正在实施结构性和监管机制改革，改善中期经济增长前景，建立更具弹性的金融体系
2011 年 11 月，法国戛纳峰会	（1）会议主要讨论了欧洲国家的主权债务问题。欧洲国家成员表示将积极落实好有关举措，全力避免危机的扩散和蔓延，确保货币和金融市场正常运行 （2）强调在当前全球经济进入困难时期的背景下，G20 需要进一步加强宏观经济政策协调，共同支持经济复苏，恢复市场信心，并通过了一份“戛纳行动计划” （3）讨论了国际货币金融体系改革并达成了一些重要共识；呼吁建立一个更稳定和更能抗风险的国际货币体系以及扩大国际货币基金组织“特别提款权货币组成篮子”，继续加强国际金融监管，提升金融体系应对危机的能力等
2010 年 11 月，韩国首尔峰会	（1）通过了首尔发展共识和跨年度行动计划，将发展问题定为 G20 峰会的长期议题 （2）继续推动国际金融机构改革，2012 年前将 IMF 份额向新兴市场和发展中国家转移 6% 以上 （3）推进以市场为导向的汇率制度，提高各国汇率的灵活性
2010 年 6 月，加拿大多伦多峰会	（1）继续加强国际合作，确保全球经济快速复苏 （2）发达国家将在 2013 年前将赤字削减至少一半，并在 2016 年前稳定本国的债务与国内生产总值之间的比率 （3）加强银行资本管理和银行监管，银行业提高资本额度
2009 年 9 月，美国匹兹堡峰会	（1）继续实施经济刺激计划，避免过早取消经济刺激措施，直到经济复苏得到明显巩固；准备退出政策，在时机来临时以协调方式退出 （2）对国际金融机构的投票权额度加以适当调整，新兴国家在 IMF 的额度至少增加 5%，在世界银行的投票权增加至少 3%

续表

峰会名称	九次 G20 峰会的成果和共识
2009 年 4 月，英国伦敦峰会	（1）为 IMF 和世界银行等多边金融机构提供总额 11 万亿美元的资金，IMF 资金规模由 2 500 亿美元增加到 7 500 亿美元，IMF 将增发 2 500 亿美元特别提款权分配给各成员，并为区域性的多边发展银行提供至少 1 000 亿美元贷款支持，为贸易融资提供 2 500 亿美元的支持 （2）继续联手进行财政扩张，到 2010 年底总额将达到 5 万亿美元；各国加强金融监管，成立新的金融稳定理事会，强调对对冲基金、评级机构、避税天堂和企业高管薪酬进行监管
2008 年 11 月，美国华盛顿峰会	（1）讨论了金融危机产生的原因，评估国际社会应对危机取得的进展，并决定采取强力措施，稳定金融市场，促进金融市场的公正性 （2）会议在宏观经济合作基础上决定采取广泛必要的应对措施，利用财政措施刺激国内需求，恢复经济增长；改革国际金融机构，增加发展中国家的代表权和话语权等 （3）加强经济监控的制度和建立危机预警机制，强化 IMF 的监管职能

资料来源：根据 G20 峰会声明、宣言、公报整理而得。

2008 年全球金融危机是将 G20 推向全球经济治理核心的直接动力，但各国际行为体根据国际秩序发展规律及自身利益作出顺应时代趋势的政策选择，则是 G20 机制化的最根本动力所在。随着危机冲击波的消退，发达国家参与全球治理改革的意愿随之减弱，发达国家与发展中国家的利益诉求日趋分化。后金融危机时代，G20 能否稳固国际经济合作首要平台地位并演绎为长效全球治理统筹机制，将取决于世界经济走向以及各方对于 G20 性质的重新思考与定位。

4.4　G20 的现实困境及潜在问题

如前文所述，G20 的出现和发展顺应了经济全球化背景之下国际经济格局的变迁和全球经济治理的需要，相比传统的国际经济治理体制而言具有无可比拟的优越性和合理性，它在应对全球金融危机中发挥了重要作用，并被提升到“全球经济治理首要平台”的高度。但必须正视，G20 是否能够在真正意义上成为富有成效的全球经济治理常态机制还存在一些不确定因素和潜在问题，主要表现在以下五个方面：

第一，在后危机时代，各国利益诉求的差异性和协调难度增加，G20 的决策效率和影响力可能随之下降。G20 成员国中既有西方发达国家，也有发展中国家和新兴经济体，各国的经济结构和水平存在显著差异，并且由于历史等客观原因，各国的话语权和国际影响力大相径庭（表 4.2 归纳出 G20 成员国在 IMF 中的份额和投票权，数据更新时间为 2014 年 3 月 2 日）。在共同的利益驱使下，各方容易形成共识并推动落实；而一旦一国利益受到侵蚀或触动，磋商即可能横生变数以至难以善终。在金融危机期间，各国同舟共济致力于恢复经济，政策协调效果显著。随着危机影响减弱，各方在 G20 框架下达成共识的利益基础不再稳固，经济复苏程度不同使各方在是否退出扩张性财政政策等问题上意见相左，发达国家和发展中国家在国际话语权分配和让渡问题上的交锋亦愈演愈烈。

表 4.2　G20 成员国在 IMF 中的份额和投票权（欧盟除外）

国家	份额		投票权	
	特别提款权（百万美元）	占总量的百分比（%）	数量（票）	占总量的百分比（%）
美国	42 122.4	17.70	421 965	16.75
日本	15 628.5	6.57	157 026	6.23
德国	14 565.5	6.12	146 396	5.81
法国	10 738.5	4.51	108 126	4.29
英国	10 738.5	4.51	108 126	4.29
中国	9 525.9	4.00	96 000	3.81
意大利	7 882.3	3.31	79 564	3.16
沙特阿拉伯	6 985.5	2.94	70 596	2.80
加拿大	6 369.2	2.68	64 433	2.56
俄罗斯	5 945.4	2.50	60 195	2.39
印度	5 821.5	2.45	58 956	2.34
巴西	4 250.5	1.79	43 246	1.72
墨西哥	3 625.7	1.52	36 998	1.47
韩国	3 366.4	1.41	34 405	1.37
澳大利亚	3 236.4	1.36	33 105	1.31
阿根廷	2 117.1	0.89	21 912	0.87
印度尼西亚	2 079.3	0.87	21 534	0.86
南非	1 868.5	0.79	19 426	0.77
土耳其	1 455.8	0.61	15 299	0.61

数据来源：国际货币基金组织（IMF），http：//www.imf.org/external/np/sec/memdir/members.aspx。

第二，互利共赢是协调全球经济政策的重要基础，但G20在短期还难以实现真正意义上的平等。黄范章（2010）指出："进行这种国际合作，必须以尊重各国主权、平等协调、互助互利为基本原则，只有在这些基本原则的基础上，这种国际合作才有生命力，才能成功和持久。"而当前G20各成员国并未实现真正意义上的一视同仁，以各国在IMF的份额和投票权为例，发达国家作为既得利益者，虽然已承诺向发展中国家让渡权利，但在实际履行中却百般拖延，并没有也不情愿从根本上扭转IMF的不公平性及弊端根源，美国一股独大、在重大问题上的独断专行特权依旧存在。拥有与经济实力相对等的国际话语权，是一国参与平等协商的基础，也是维护自身合法权益的正当要求。国际宏观政策合作必须秉承平等磋商、互利共赢原则，而非牺牲他国利益来实现本国利益，否则势必降低成员国的参与度和积极性，甚至削弱国际经济治理体制的信誉及权威性。

第三，议题设置原则是G20急需明确的重点领域。当前的议题仍偏向于发达国家关注点，对发展中国家的关切涉及较少或讨论不深。从长远看，这不利于调动发展中国家的参与度和积极性，不利于G20机制的存续发展。赵瑾（2010）指出，目前G20峰会主要解决的是发达国家经济恢复和发展问题，没有深入解决导致全球经济失衡的深层次原因，即发达国家和发展中国家不平衡问题。同时议题涉及的领域、广度的选择也关系到G20是否能由危机应对的临时机制转变为全球经济协调的常态机制。张海冰（2010）指出："随着金融危机的消退，G20在议题上应该朝着更加广泛的经济议题方向发展，并对当今世界经济发展的新潮流和新趋势有所反映。绿色经济是未来世界经济发展的一个重要趋势，G20能否在发展新能源和环保产业方面发挥更多的积极作用，将直接关系到G20机制的长远生命力。如果G20缺乏议题转换和扩展能力，将有可能落后于世界经济发展的潮流，难以避免地位下降的趋势。"

第四，就G20现行轮值主席国机制而言，每年更换轮值主席国，并由主席国在议题设置和议程制定中发挥主导作用，这往往导致机制的可延续性和效率大为降低。

第五，如何确保G20会议成果的有效性也是未来重要挑战之一。G20是一个非正式的合作机制，没有常设机构和具有法律效力的监督机构，不存在相应的惩罚机制，其会议成果对于成员国也不存在法律约束力，无法保证各国按照协商一致的共识执行决议。例如，在全球金融危机中，虽然历次峰会都对反对和打击贸易保护主义达成共识，但美国却打着实现全球经济再平衡的幌子肆无忌惮地推行贸易保护主义，以寻求自身经济的快速复苏。如果会议成果始终难以落实，G20全球经济政策协调目标将沦为空谈。

金融危机发生之前，G20实质上只是附属于G7/G8的一个基于协商一致的对话平台，而非基于投票的决策实体（崔志楠、邢悦，2011），G20部长会议在全球经济治理中处于边缘位置。英国广播公司的国际监测报告也指出，七国集团不谋求将二十国集团提升为一个决策机构，不产生具有法律约束力的决策，这无形中使其决策及行动能力受限。2008年金融危机发生后，G20先后召开了九次峰会并取得一系列共识，但会议成果均采取《宣言》或《声明》的形式，因而对成员国不构成国际法律义务约束。例如，多伦多峰会上发表的《二十国集团多伦多峰会宣言》就反对贸易保护、推进商业和投资等内容达成共识①，但执行状况不甚理想。因此，如何参考现行国际经济治理机构的成熟经验，尤其是借鉴WTO、G7、APEC等相关机制的实践启示，是本书第6章G20机制化建设方案设计的必要前提。

由此可见，以上所有现实矛盾及潜在问题都共同指向一个不可忽视的命题，即如何克服G20未来所面临的持续发展困境。G20各成员国即为困境中的主要国际行为主体，随着此次金融危机的消退，发达国家与发展中国家的利益之争呈现复杂化趋势。总体而言，双方各有不同利益诉求：发达国家更关注金融稳定、气候变化等议题，发展中国家对改善国际金融、经济环境、刺激经济恢复等问题则更为关注。第5章将就G20各主要成员国利益诉求下的小集团间博弈展开详尽论

① The G20 Toronto Summit Declaration [EB/OL]. (2010-06-28). http://www.g20.utoronto.ca/2010/to-communique.html.

述，以此作为 G20 未来机制化建设方案设计的重要国际关系基础。

4.5 G20 作为一个国际机制的性质定位

从理论研究来看，Kirton（2010）① 认为 G20 机制的宗旨决定了其非正式性质。G20 第一份公报对其性质定位做了明确概括："G20 是布雷顿森林体系框架内非正式对话的一种新机制，旨在推动国际金融体系改革，为有关实质性问题的讨论和协商奠定广泛基础，以寻求国际合作并促进世界经济的稳定和持续增长。"②

国际政治学者查尔斯·利普森（Charles Lipson）认为非正式国际机制更有利于达成政治共识的原因在于，非正式机制对成员国没有法律约束力，能够在危机时期快速达成危机管理的协议，其达成的国际协议不需要经过成员国国内立法部门的批准，从而绕开了成员国国内政治阻挠。同时，在外部环境发生变化的情况下，非正式国际机制达成的协议更容易进行修正或重新达成协议，以灵活地应对新的情况，这些都是非正式国际机制比正式国际组织更能促进成员国达成政治共识的原因③。

从实践来看，成员国领导人也已为 G20 机制明确了一个较为清晰的定位。具体而言，《领导人匹兹堡声明》第 19 条"领导人共同指定 G20 成为'国际经济合作的首要平台'"④，表明 G20 在全球经济治理中的核心地位和作用，匹兹堡峰会无疑是 G20 机制化建设的一次里程碑。2010 年 11 月的首尔峰会首次将发展议题

---

① Kirton, John, " The G20, the G8, the G5 and the Role of Ascending Powers. " Paper prepared for the seminar on " Ascending Powers and the International System, " Instituto Matias Romero, Secretaria de Relaciones Exteriores, Mexico City, December 13 – 14, and for publication in Revista Mexicana de Politica Exterior. Version of December 27, 2010.

② 1999 年 12 月 15 日，在德国柏林召开了 G20 创始会议并发表第一份公报．（2011 – 05 – 09）．http: //www. g20. org/pub_ communiques. aspx.

③ Charles Lipson. Why are Some International Agreements Informal? . International Organization, 1991, 45 (4): 495 – 538.

④ G20 Leaders Statement: The Pittsburgh Summit [EB/OL]．(2009 – 04 – 30)．http: //www. g8. utoronto. ca/g20/2009/2009communique0925. html.

设为主要议题，并触及金融监管、汇率问题、国际金融组织改革等核心问题，标志着G20开始从危机应对机制向长效治理机制过渡。戛纳峰会进一步指明了这个“首要平台”需如何完善和发展。《领导人戛纳宣言》第91条指出：“作为我们的首要国际经济合作平台，G20的独特贡献在于将发达经济体与新兴经济体在平等的基础上组织起来，协调它们的政策，凝聚它们的政治共识以共同解决我们当前面临的重大全球经济和金融挑战。G20是一个领导人引领的非正式国际机制，它也应该是一个非正式国际机制。”①

随着危机阴霾渐渐消退，G20的全球经济治理使命终将告一段落，G20在后危机时代何去何从，很大程度上取决于自身机制化建设蓝图，而G20机制化建设的重要基础是今天对于其未来性质的准确定位。综合上述全球经济治理理论、全球经济治理机制的实践经验，以及第5章成员国利益诉求分析所确认的G20未来机制化建设国际关系基础，本书将G20未来性质定位为全球治理长效机制，并以此为G20机制化建设的可能性、可行性分析以及机制化方案的具体设计提供方向性指导。

4.6　G20机制化建设的理由

4.6.1　G20机制化建设的必要性

1. 符合世界秩序发展的客观规律

从理论上来看，全球经济治理变迁的内在逻辑在于权力结构（权力的组织体系、权力配置与不同权力之间相互的关系）变迁导致了旧制度不能满足国际合作的需要，新制度因此得以创建。② 作为一个政府间的非正式论坛组织，G20在世界体系中扮演着重要的超国家行为体角色，它的问世并非偶然，而是经济全球化

① G20 Cannes Summit Final Declaration [EB/OL]. (2011-11-29). http://www.g8.utoronto.ca/g20/2011/2011-cannes-declaration-111104-en.html.

② 崔志楠，邢悦．从G7时代到G20时代国际金融治理机制的变迁．世界经济与政治，2011（1）．

下国际行为体顺应世界秩序发展规律作出的符合各自利益的战略决策。

自 1999 年 G20 部长级会议诞生到 2008 年首次峰会召开，国际经济版图出现了一系列重大改变，新旧力量格局此消彼长并促使权力格局发生调整。世界银行统计显示，1999—2008 年，G7 的 GDP 世界占比由 67% 降至 53%，“金砖四国”同期的 GDP 占世界比重从 8% 上升至 15%（见图 4.2）。近 30 年以来，中国的经济增速始终名列世界前茅，2010 年中国超过日本成为全球第二大经济体，中国等新兴大国已成为世界经济增长的重要引擎。

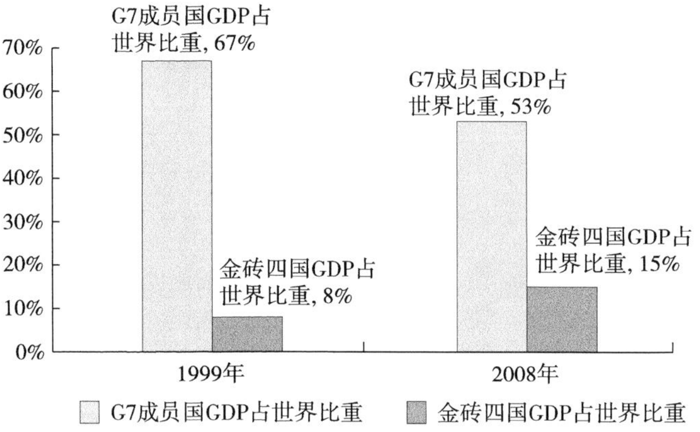

图 4.2　G20 成立 10 年 G7 与金砖四国经济实力变化对比

与此同时，由于资本市场以及资本账户日趋开放，资本跨国流动性逐步提高，新兴经济体的国际储备随之迅速增加，充足的外汇储备通常被当作未来危机的应急工具。G20 新兴经济体的外汇储备全球占比从 1991 年的 14% 提高到 2006 年的 43%，2008 年这一数字又提高了两个百分点，达到 45%（见图 4.3）。这些高额外汇储备国主要分布于东亚和中东石油产区。截至 2011 年年底，中国的外汇储备余额达到 3.2 万亿美元。而新兴经济体的外汇储备正是美国等西方发达国家危机期间的借款来源。

就各国官方外汇储备结构而言，美元在国际储备资产中的比重从 2001 年的 71.5% 下降到 2010 年的 61.5%，欧元的同期比重从 19.2% 升至 26.5%（见图 4.4）。这说明美国主导的国际货币体系正趋衰落。

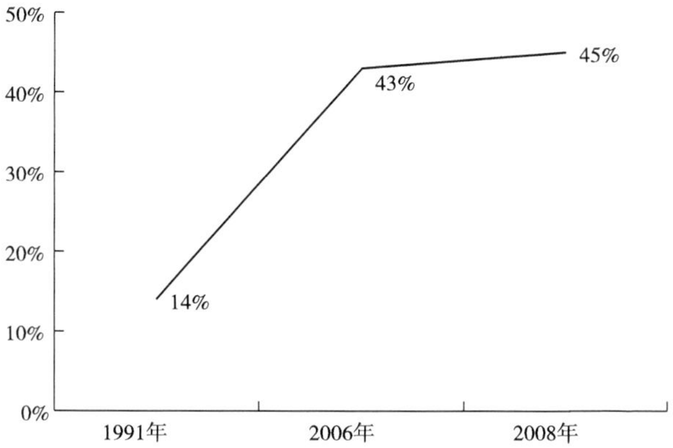

图 4.3　G20 成立前后 10 年新兴经济体的外汇储备全球占比变化

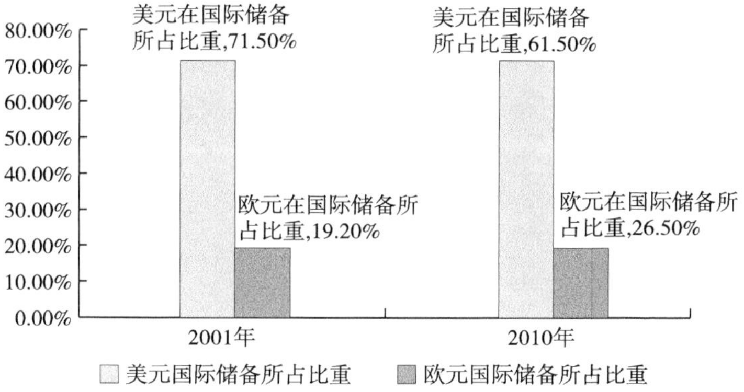

图 4.4　G20 成立 10 年前后世界各国官方外汇储备结构对比

数据来源：世界银行数据中心。

2. *以硬法为导向的现有金融监管不力*

在晚近金融危机阴霾之下，国际货币基金组织、世界银行、世界贸易组织等国际经济组织的内在矛盾及现实治理缺陷，是 G20 等非正式国际机制风生水起的外在动因。

（1）IMF 机制效力缺失

IMF 作为最重要的国际金融协调及监管机构，理应助力克服危机中出现的国际收支失衡，以政府间贷款方式缓解成员国的外汇短缺困境，以维持汇市及国际金融体系稳定。但在应对亚洲金融危机等区域性系列危机时，IMF 面对深陷流动性不足泥沼的新兴市场国家行动迟缓，并且还附加了诸多苛刻的条件予以“胁迫”，因此触发广泛批评和抵制，前文所述的“马尼拉框架小组”即是在此背景之下诞生并演化为了如今的 G20。

（2）WTO 机制举步维艰

多哈回合谈判久拖不决以及屡禁不止的贸易保护主义等事实，彰显了 WTO 机制的低效治理困境。WTO 作为一个正式国际组织，任何协议生效前必须通过各成员的立法系统审议，这是与 G20“非正式性”和“包容性”特征的本质区别。此外，“一揽子承诺”谈判、“协商一致”决策等方式无疑加大了多边贸易协议的达成难度。WTO 作为一个职能完善的国际组织，在组织架构、会议程序以及组织原则上并没有明显缺陷，争议集中来自于监督和惩罚力度，例如在透明度问题上，而 WTO 并不具备强有力的跟踪惩罚措施，一些成员在提交文件时拖沓隐瞒致使信息知情权失衡，从而连带放缓一系列相关事务的处理进程。WTO 现已决定逐渐扩大秘书处权力以对此予以改进。

（3）G7 机制摇摇欲坠

20 世纪 90 年代以来，随着新兴经济体群体性崛起及对于国际话语权的更高诉求，G7/G8 的核心全球治理地位日益受到冲击，虽然全球性金融危机并不多见，但是频繁爆发的区域性金融危机预示着 G7/G8 全球经济治理能力已经今非昔比。机制性缺陷正日益制约着全球化下的治理效力，国际资本加速跨国流动致使国际汇率波动频繁，G7/G8 的全球经济协调操作难度日趋增加。G7/G8 成员的国际政治、经济地位变迁加大了内部协调难度，而新兴经济体的强势崛起则考验着 G7/G8 左右国际政治、经济格局的操控能力。

（4）APEC 机制化进程裹足不前

作为软法机制运行的代表，APEC 机制从 1989 年成立至今取得了诸多国际经济协调成果，但行为主体间利益的多样化使各方难以通过谈判达成一致，APEC 现今正面临着诸多问题与困境，比如机制化进程缓慢、议题内容庞杂、缺少较为严密的组织机制、发达成员与发展中成员的矛盾难以协调等，这无疑将继续制约其区域经济一体化进程及国际经济治理效力。

4.6.2 G20机制化建设的可能性

1. G7等早期软性国际机制的治理实践

从G5到G7，从G8再到G20的非正式协调机制演变，是G20机制化建设的重要国际机制实践基础。

20世纪70年代，美元危机以及固定汇率机制的终结标志着布雷顿森林体系的崩溃。① 接踵而来的石油危机更令西方发达国家意识到政治元素之于国际经济的强烈渗透，以及世界经济之于新兴治理机制的现实需求。在此背景下，美国、英国、联邦德国、法国四国财长在美国白宫图书馆会晤，成立“图书馆集团”②，同年9月日本加入，构成G5对话机制，全新财长磋商协调模式率先在西方问世。此后，随着意大利和加拿大的正式加入，七国集团宣告成立。G7被视为全球经济“指导委员会”，领导人通过年度会晤方式探讨国际经济、金融问题，并在平等磋商基础上达成协议。冷战结束之后，G7为进一步提升合法性，邀请俄罗斯加入。但G8治下的全球经济秩序危机频仍，新兴经济体的国际协调作用日益突出。2008年金融危机为国际经济治理机制变革提供了一个历史机遇，G8顺势而为，主动作出制度性改变，正式接纳新兴市场国家，③ G20峰会机制遂成为发达国家与发展中国家宏观政策对话及全球经济治理的重要平台。从G5到G20，一系列政府间协调机制纷纷问世，它们无一不尝试着非正式国际经济治理实践，为后危机时代G20长效全球治理机制化建设积累了宝贵的国际经济治理经验。

2. G20机制化建设的经济、政治双重收益

从更深一个层面分析，任何制度的产生或变迁都离不开成本和收益之间的理性权衡，也是利益相关方讨价还价的结果，当变迁收益足够弥补变迁成本时，制度才可能得以建立，甚至可能演变成长效治理机制。2008年，G20部长级会议迅

---

① 金中夏．基于G20视角的我国国际经济金融战略问题研究．中国金融四十人论坛，2013（9）．

② Gordon S Smith. G7 to G8 to G20：evolution in global governance. CIGI G20 Papers，2011（6）．

③ Martin Paul，Hell，High Water. My life in and out of politics. Toronto：McClelland & Stewart，2008.

速升级为首脑峰会，世界见证了G20机制化建设的开端，G20机制化收益的逻辑起点就此确立。

（1）G20机制将促进全球经济增长，维护全球金融稳定

就全球经济增长状况而言，2009年第3季度以来，主要发达经济体都不同程度出现复苏迹象。截至2010年年底，美国经济已连续6个季度增长，2010年各季度GDP同比增长分别为3.7%、1.7%、2.5%和3.1%。欧元区经济在连续5个季度负增长后也于2009年下半年开始回稳。

根据IMF相关统计，2010年美国、欧元区和日本的经济增长率分别为2.8%、1.7%和3.9%。新兴经济体复苏则更为强劲，中国、印度、巴西、俄罗斯的GDP分别增长10.3%、10.4%、7.5%和4%，如图4.5所示。这些数据表明由主要发达国家与新兴经济体构成的G20联合协调机制卓有成效。

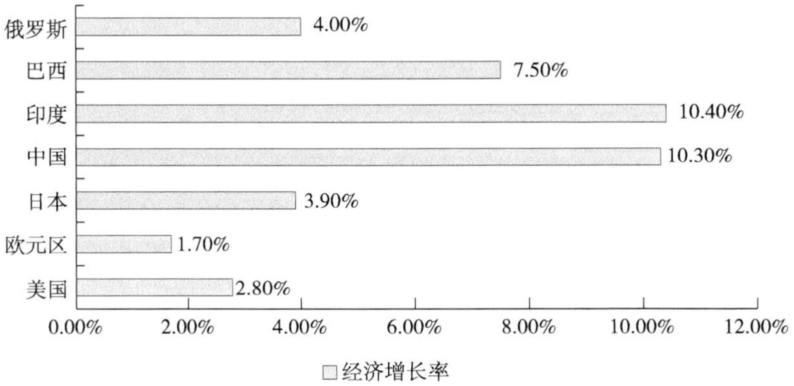

图4.5　2010年发达国家与新兴经济体复苏情况一览

数据来源：世界银行数据中心“指标及增长（2010年）”。

（2）G20机制能够更好地适应国际权力结构的变迁，为发达国家及发展中国家创造切实利益

首先，就治理实效性而言，G20机制化有利于国际宏观经济政策协调并促进国际金融机构改革。正如英国首相戴维·卡梅伦（David Cameron）所言：“2008年国际金融危机爆发后领导人采用了G20而不是正式国际组织的平台来应对危机，并不是因为我们缺乏正式国际组织，而是因为G20这样的非正式国际机制更

加有利于领导人快速、灵活、有效地达成应对重大经济挑战的政治共识。”①

其次，就发展中国家而言，G20机制化建设有利于提高全球经济治理话语权，推进国际金融体系改革的民主化进程。经过十年发展，G7/G8经济总量全球占比逐步缩减，而新兴市场的相对实力不断增强，尤其体现为金砖五国对世界经济增长日益走高的贡献率。如果离开这些新兴经济体的有力策应，G20在危机面前难免会束手无策。G20之所以能在短时间内取得明显治理成效，与其及时顺应国际经济格局的变迁趋势亦不无关联。

（3）G20机制化建设的较低制度建设成本

相对较低的制度建设成本意味着G20能够在短时间里推进制度建设，这里的建设成本具体指国家间的缔约成本，是一国为创建新制度或者机制不得不付出的信息搜集、决策制定、讨价还价（谈判）等成本，以及因制度约束削弱当事国行动自主性而带来的主权成本（sovereignty cost）。② 正是因为创建一个新机制需要高昂的交易成本和漫长的谈判时间，而全球金融危机又需要迅速而有力的应对行动，因此，对既有机制进行改进而非完全另起炉灶成为一种最佳选择。G20的较低制度建设成本集中体现在缔约成本和主权成本两个方面：

①较低的信息搜集、决策、谈判等成本。在国际关系中，当一行为体面对多个潜在交易伙伴时，往往需要投入更多的交易成本（田野，2006）③。美国金融危机爆发后，国际社会面临两种危机应对备选方案：一是坚持G7的治理模式，这无疑是制度建设成本最低的方式，但新兴经济体不会满意西方的绝对话语权控制地位；二是根据国际社会提议，对G8进行“增肥”而组建G14，即G8加中国、巴西、印度、墨西哥、南非和埃及等六个发展中国家。但创建一个新机制通常离不开漫长的谈判过程，难以满足危机状态下的紧急需求。

---

① David Cameron. Governance for growth: building consensus for the future [EB/OL]. (2009-04-30). http://www.g20.utoronto.ca/summits/2011cannes.html.

② Kenneth Abbott, Duncan Snidal. Hard and Soft Law in international governance. International Organization, 2000, 54 (3): 436.

③ 田野．国际关系中的制度选择：一种交易成本的视角．上海：上海人民出版社，2006：79-89.

通过对不同机制设想的比较分析，各国发现在美国金融危机的背景之下，将G20部长级会议升级为首脑峰会比组建一个新机制的成本小很多。G20部长级会议已经运行十年有余，虽然在国际经济治理中尚未发挥实质性作用，但已形成一套运行规则和程序，直接升级可有效避免成员国标准之争等诸多新建成本，这些成本显然与迅速遏制危机蔓延的现实要求相背离。

②较低的主权成本。在国际机构创立之时，一国会在预期治理效果与主权成本之间进行权衡，新机构的机制化水平越高，一国所付出的主权成本就越多。一般而言，实力弱小国家尤其关注主权成本，而大国则更加在意实际治理效果。G20作为一个松散的国际论坛，可以满足多数成员国在国际经济治理方面的固有制度偏好，其取代G7成为国际经济治理的核心机制即是一个有力证明。

4.6.3 G20机制化建设的可行性

欧盟等国际机制的软法实践为G20机制化建设提供了有益借鉴及现实可行性。由于国际软法不具有司法适用性，即不具有狭义上的法律效力，违背软法不产生任何强制性责任。但是在实践中，各国往往通过各种形式赋予国际软法约束效力，以达到硬法制约的客观效果，该过程即“软法的硬化”，具体包括法律上的硬化和事实上的硬化。前者是指通过特定司法或者立法程序认可软法的法律约束力，或者直接将之转化为国际条约或者国内法等具有法律约束力的文件。后者指运用事实上的强制力或政治、经济影响力保证国际社会对软法的遵守，尤其表现为特殊激励或惩罚机制的运用。

1. 欧盟的软法实践

欧盟是当今一体化程度最高的区域集团。为了有效协调各成员国利益，欧盟颁发了大量软法规范，体现为行动守则、机构间协议等多种形式，就各层级执行机构如何在裁量范围内履行职责等作出规定。欧盟软法规则约束力广泛体现在欧洲法院的诸多判例之中。

以1991年“格里马迪案”为例。欧洲法院明示，虽然《欧共体条约》第189条建议不具约束力，但各国法院在判决时应对欧共体建议给予重视，“尤其当欧共体建议对于解释各国执行规则具有启发意义或者旨在补充具有法律约束力的共同体规定时”。①

关于欧共体理事会制定的指南，欧洲法院认为欧共体委员会必须将之纳入考虑范围。在1996年“农民协会诉委员会案”中，欧洲法院认为驳回对于指南起诉的唯一依据包含于第五环境行动计划（Fifth Environment Action Program）之中，而该行动计划并非立法。②

在“世界野生动物资金案”中，法院判决认为，一项附加在委员会关于公众查阅文件权的决定中的非约束性行为准则可以成为私人团体的行为依据。③

由此可见，在欧盟法律框架内，建议、决定等非强制性规范均可通过判例法转化为强制性规范，从而获得法律效力。事实上，G20自成立以来一直践行着国际软法机制的探索，各种决议内容通过行动计划、宣言等形式固定下来并逐步硬法化。G20虽不具备类似欧盟的法律框架，但通过宣言等方式同样赋予各种会议文件以软法性质及实际效力。

2. 巴塞尔委员会的软法实践

巴塞尔委员会制定的国际金融软法也见证着诸多硬化实践，主要表现为众多国家和地区自觉将其纳入本国立法体系并赋予法律约束力。为了取得监管主动权，许多国家都采用巴塞尔委员会标准制定国内银行监管规则。

例如，欧洲议会于2006年通过颁布《资本要求指令》（Capital Requirements Directive）来推动2004年《巴塞尔协议 II》在欧盟范围内的执行。该指令按照《巴塞尔协议 II》设定的资本标准，要求欧盟成员国最迟于2007年年初践行该指令。

又如，我国1995年颁布的《商业银行法》第39条规定，商业银行的资本充足率不得低于8%，这实际上就是对1988年《巴塞尔协议》的硬法化履行；2004年中国银监会发布实施《商业银行资本充足率管理办法》，所参考的核心蓝本即

---

① Case C－322/88 Grimaldi ［1989］ ECR 4407，paragraph 19.

② Case C－142/95，Associazione agrieoltori v. Commission ［1996］ ECR 1－6669.

③ Case T. 105/95，World Wildlife Fund v. Commission ［1997］ ECR II. 313.

为1988年《巴塞尔协议》资本充足率标准，并在总体结构上借鉴了《巴塞尔协议Ⅱ》的三大支柱框架。

2010年出台的《巴塞尔协议 Ⅲ》要求各成员国从2013年1月1日起将其列入国内法，并从当日起各成员国的商业银行必须满足其分阶段最低要求。这无疑是国际金融软法规则在法律上硬化的又一重要例证。①

3. OECD的软法实践

经济合作与发展组织，简称“经合组织”（OECD），其前身是为协调第二次世界大战后重建欧洲的马歇尔计划而于1948年4月16日由西欧十多个国家成立的欧洲经济合作组织（OEEC）。它成立于1961年，总部设在巴黎。OECD是一个由34个市场经济国家组成的政府间国际经济组织，旨在协调应对全球化下的多方挑战。委员会、理事会、秘书处共同构成OECD三角形组织架构，三足鼎立结构意在确保机制运行的稳定及高效。

OECD每年都通过多个指南等会议文件，其中以《跨国公司指南》（Guidelines for Multinational Enterprises）最为著名。从实施方式上看，《跨国公司指南》的实施主要依靠OECD惯用的“谴责—丢面子”（Blame and Shame）手段②，《跨国公司指南》第1条、第5条规定“企业遵守本准则是自愿并且非法律强制性的”。为保障指南的切实贯彻，OECD创立了《跨国公司指南》特殊实施机制，即除了基础内容之外，《指南》还包括关于指南执行程序的规定及评论。《指南》第10条规定“各国政府应指定国家联系点，负责推广本准则并作为讨论所有与本准则相关事务的论坛”，并建立国家联系点NCP（National Contact Points）作为指南的执行机构，负责信息推广等具体实施职责。

欧盟、巴塞尔委员会、OECD等软法机制通过自身实践证明，在强制性法律为主体的全球治理实践中，软法机制作为硬法的补充，能够更充分反映成员意志，满足全球化下新型国际秩序的治理需求，并推动国际法与时俱进地作出制度

① 漆彤．国际金融软法的效力与发展趋势．环球法律评论，2012（2）．

② 罗豪才．软法与公共治理．北京：北京大学出版社，2006：228.

变迁。笔者认为，约束性“非正式化”将是G20机制化建设的努力方向，在酌情借鉴上述机制软法硬化实践经验的同时，应结合自身特性及国际政治、经济现实格局，锐意推动国际经济治理体系的全面制度创新。

4.7 软法与G20机制设计

4.7.1 选取软法进行机制设计的基础

1. G20成员的不同利益诉求

G20机制化是当前世界经济格局调整的必然结果，金融危机加速了这一调整进程，但在后危机时代，G20机制化进程将充满不确定因素①，G20机制内部小集团林立，既有老牌的G7发达国家，也有“金砖”新兴经济体，既有拉丁族裔成员也有穆斯林族裔成员，虽然均为重要国际经济实体，但成员之间经济实力差距明显，甚至仍然存在严重的意识形态分歧。就具体利益诉求而言，美国力图“与中国等新兴大国合作解决全球问题；与G20其他成员国合作解决中国问题”；欧盟有意加强牵手新兴市场，以摆脱债务危机并加强国际金融监管；中国等新兴经济体则更关注国际金融体系改革、限制贸易和投资保护主义等议题。后危机时代纷杂的利益诉求，使G20很难快速达成具有约束性的国际条约、宣言等国际软法性文件这样一些无疑最为可行的规范形式。

2. G20机制的权力结构

G20成员国数量相对有限，虽然拥有全球85%的GDP和2/3的人口，但还有150个国家未加入其中（联合国193个国家）。新加坡常驻联合国官员曾经表示，可以用积极接受、抵制、特殊利益和冷漠等四个词语概括非成员国对于G20合法性的心态，小国的支持和配合也是增强G20公信力的不可或缺力量。

G20成员主要来自发达国家和新型经济体，如果将欧盟28国计算在内，欧洲

① 张海冰. 二十国集团机制化的趋势和影响. 世界经济研究，2010（9）.

共有43国包含其中，而非洲的代表则少之又少。不可否认，G20为此做过很多有益尝试，比如赋予主办国对非G20国际行为体的参会邀请权，然而它们从未实质性参与到会议的决策过程之中。结合国内外相关学者观点，笔者认为，未来G20机制化建设应对其权利结构作出调整，首先即应缩减欧盟国家的代表席位。欧盟作为当前较为成熟的区域一体化组织，应当在G20峰会中用同一个声音说话，具体的主张可以通过欧盟内部程序协商达成。① 但考虑到欧盟国家又可分为欧元区和非欧元区，其经济利益诉求不同，因而应该将欧盟国家在G20峰会中的合法席位限于两个②，其他席位应通过选举产生，以达到代表权的平衡。

G20讨论的议题多为当前全球经济发展中面临的最重大挑战，对非成员国的宏观经济政策走向将产生巨大影响，如果G20决议采取强制性的国际条约形式，势必对其造成过多约束，而指导性的“宣言”则能起到良好倡导作用。加拿大前总理保罗·马丁曾经指出：“会议已经清楚地显示，G20机制成功的秘诀既在于会议成员构成上的包容性，新兴经济体开始主动地在全球经济治理中发挥作用，又在于会议形式上的开放性和非正式性，成员国可以坦率地交流各自对当前挑战的看法，也可以分享彼此应对挑战的经验，从而达到了有效的政策协调目标”。③

3. G20机制化建设的目标定位

作为一种非正式国际机制，二十国集团（G20）的定位是在发达经济体与新兴经济体之间寻求政治共识，这一机制定位决定了G20的机制建设要走出一条加强“机制化”但不要“正式化”的特色道路。④

正如英国首相戴维·卡梅伦（David Cameron）在提交给戛纳峰会的《全球治

① Barry Carin, Paul Heinbecker, Gordon Smith, Ramesh Thakur. Making the G20 Summit Process Work: some proposals for improving effectiveness and legitimacy. CIGI G20 Papers, 2010 (2): 8.

② Edwin M Truman. The G-20 and international financial institution governance, Peterson Institute for International Economics, Working Paper 10-13, September 2010: 4.

③ John Kirton, Joseph Daniels, Andrea Freytag, et al. Guiding Global Order: G8 governance in the twenty-first century. Aldershot: Ashgate Publishing Company, 2000: 164.

④ 朱杰进．二十国集团的定位与机制建设．阿拉伯世界研究，2012（3）．

理改革报告》中所指出的："2008年国际金融危机爆发后领导人采用了G20而不是正式国际组织的平台来应对危机，并不是因为我们缺乏正式国际组织，而是因为G20这样的非正式国际机制更加有利于领导人快速、灵活、有效地达成应对重大经济挑战的政治共识。"①

国际政治学者查尔斯·利普森（Charles Lipson）认为非正式国际机制更有利于达成政治共识的原因在于，非正式机制对成员国没有法律约束力，能够在危机时期快速达成危机管理的协议，其达成的国际协议不需要经过成员国国内立法部门的批准，从而绕开了成员国国内政治的阻挠，同时在外部环境发生变化的情况下非正式国际机制达成的协议更容易进行修正或重新达成协议，以灵活地应对新的情况，这些都是非正式国际机制比正式国际组织更能促进成员国达成政治共识的原因②。

4.7.2　软法对于G20机制化建设的适用性

伴随着全球化的扩展深入，全球性问题接踵而至并日益威胁着人类社会的可持续发展，解决全球性问题需要突破传统治理理念。G20峰会为此提供了一个全新机制，在晚近金融危机期间扮演了至关重要角色，G20机制化建设因此成为后危机时代的一项紧迫议题。如何强化G20在全球治理中的合法性并推动国际法律秩序与时俱进，关键在于保持G20的"软法"性质，以携手其他国际机构共铸一张全球治理跨国网络。

1. 全球治理与G20

当今世界正经历着广泛而深刻的变化，人类社会已经步入全球化时代。"全球化既不是一个单一的状况，也不是一个线性进程，而是可以被认为是包括政治、军事、经济、文化、移民和环境等多个事项的行为与互动的高度混合的现

① David Cameron. Governance for growth: building consensus for the future. http://www.920.utoronto.ca/summits/2011 cannes.html, p. 14.

② Charles Lipson. Why are some international agreements informal? . International Organization, 1991, 45(4): 495-538.

象”[①]，如何化解日趋多元的全球性问题，无疑是各国面临的一个艰巨挑战。全球性问题指超出一国范围的人类社会面临的共同问题，跨国性质决定了这些问题必须依靠多边联合行动以及合作基础上的全球规划机制加以解决，全球共治显然已成为人类社会可持续发展的不二途径。

（1）全球治理理论的产生、内涵及存在的问题

全球治理理论最初由德国社会党国际前主席勃兰特于1990年提出，1992年“全球治理委员会”成立并于1995年发表研究报告《我们的全球之家》，系统阐述了全球治理的概念、价值及其与全球安全、世界法治等议题的关联。根据“全球治理委员会”的定义，治理是个人和机构、公共部门和私营部门等管理共同事务的持续过程及方法的综合。冲突或多元利益主体能够相互调适并采取合作行动，治理既包括正式的制度安排也包括非正式的制度安排。

全球治理超越了传统国家治理及国际治理模式，是一个全球层次上解决公共问题的国际机制，包括多元主体、合作协商的运行机制、解决全球发展和人类安全面临的共同问题和共识性的公民道德准则四个基本要素[②]。全球治理基于国际法力量确认全球伦理责任，推行一种与世界霸权观念截然相反的运转模式，意味着国家与非国家行为体之间的合作，国际关系主题从战争与和平迈向合作与发展[③]。作为调节国家、国际组织等国际主体间关系的法律规范和行为制度，国际法极大强化了全球治理的公权力和实效性。全球治理必须以国际法为前提和保障，特定治理方式离不开相应的国际法律规范，在一个无政府的国际社会环境中，弘扬国际法律制度，促进法治化及全球治理进程，对于构建长治久安的国际秩序意义深远。

全球治理机制框架虽然落成已久，但尚不能满足后冷战时期多极化民族国家体系的治理需求，晚近金融危机凸显了经济全球化强势与治理弱势之间的强烈落

① David Held, Anthony McGrew, David Goldblatt, Jonathan Perraton. Global transformations: politics, economics and culture, Polity Press, 1999: 23.

② 孙宽平，滕世华．全球化与全球治理．长沙：湖南人民出版社，2003：41.

③ 郑玲丽．国际贸易关系的法治与全球经济治理．世界贸易组织动态与研究，2007（11）.

差：一方面，传统治理框架之下的经济全球化方向伴随的是资本主义制度和新自由主义理念的全球性过度扩张，预示着资本主义单边逻辑，体现为美元信用泛滥、金融创新及监管失衡之殇，从而酿成百年一遇的世纪金融海啸；另一方面，发展中国家一直被动接受和服从着西方确立的价值观及国际经济规则，每当危机降临时往往无所适从。全球治理的主题是实现全球关系的理性化，以法律为依托设定国际经济各种关系实为时代夙愿。

（2）全球治理与全新 G20 治理机制

全球经济治理是全球治理的核心所在，2008 年金融危机触发了一场全球治理模式深刻变革，G20 一跃成为国际经济合作首要平台，承载起建造可持续、平衡增长的全球治理框架的全新使命，G7/G8 独步全球治理疆界的时代告一段落。有中国学者认为："G20 是一个极具代表性的新的国际合作框架基础，它的历史使命不应仅仅局限于解决眼下的国际金融危机，而应随着 21 世纪国际地缘政治的发展变化，肩负起建立国际未来新秩序的使命。"①

全新 G20 治理机制之所以在国际格局多极化过程中脱颖而出，是因为和平、发展、合作已经成为时代大势。大国之间不但面临着众多全球性共同挑战，还需妥善处理一系列利益交集和价值观分歧，一个建立在"利益"和"利害"基础上的多边共同体正在隐约形成，G20 机制建设也于此刻适时开启。

（3）G20 的性质及全球治理作用

传统国际法认为，判断国际法主体的标准是某一组织或个体是否具有国际法律人格。主权国家及政府间国际组织通常被当作国际法主体，在后冷战时期及经济全球化进程中，非政府组织作为国家和政府间国际组织之外的第三种力量，正日益成为全球治理中不可或缺的行为主体，并推动着国际法的裂变演化。

就性质而言，G20 是一个国际经济合作论坛，属于布雷顿森林体系框架内的一种非正式对话机制，因此不具有国际法意义上的主体地位。但不可否认，G20 在全球治理中的现实影响举足轻重。与其他国际法主体的约束性作用相比，高效

① 杨文昌．G20：多极合作的起点．环球时报，2009－04－08（11）．

性和灵活性充分体现了G20在应对本次危机中的卓越功效。

然而从G20诞生之日起，就有西方国家视其为一个危机中被“复活”的应急机制，试图在危机消退后回归G7的核心治理地位。西方将新兴国家纳入全球核心话语体系是为了痛痛快快分解纾困压力，而非真心实意分享权力。后危机时代以来，各方同舟共济的基础已然动摇，但G20依然是“全球治理”名义之下新、旧力量的博弈舞台，G20能否如期化身长效全球治理机制，有赖于今天机制化建设的规划及进程。

2. 国际软法与G20

（1）国际金融框架与软法组织

近三十年以来，各国政府为适应国际经济新形势创建出众多合作框架，国际标准设定机构即是其中的一种有效机制，其中包括巴塞尔银行监管委员会等具体机构。监管者以“软法”形式寻求在最低标准上达成一致，采用示范力量或道德劝说方式构建软性约束，给予标准遵守国积极的信用评级。

金融危机带来的最大政策挑战在于，众多机制安排能否超越国家边界对金融机构实施有效监管。G20已就此作出回应，将金融稳定论坛（Financial Stability Forum）设置为国际金融监管合作核心机制。金融稳定论坛由G7财政部长和中央银行监管者于1999年建立，目的是通过加强信息交流和金融市场监管的国际合作促进国际金融稳定，后更名为金融稳定理事会（Financial Stability Board），成员覆盖所有G20成员国、西班牙和欧洲委员会。①

自1975年巴塞尔银行监管委员会成立以来，一个促进金融秩序稳定的框架机制——国际金融标准体系日渐形成，该体系有如下四个主要特征：①推动相关经济体对规范金融体系的关键要素达成国际共识；②普及由技术专家设计构建的规范原则和惯例（被国际关系理论者称“政治网络”）；③通过市场纪律和市场途径推行完善的监督体系、公司治理机制及金融制度；④推动多边机构如国际货币基金组织（International Monetary Fund）和多边开发银行（Multilateral Development

① 李仁真，刘真. 金融稳定论坛机制及其重构的法律透视. 法学评论（双月刊），2010（2）.

Banks）采纳并实施规范原则和惯例。

G20伦敦峰会对金融稳定理事会（FSB）加强了授权，彰显出现实对于更高规格国际金融合作机制的紧迫需求，这种需求涉及提高跨国银行组织监管及加强危机管理安排。金融稳定理事会的授权内容包括：出台并监督实施最佳惯例，为监管学会的建立制定指南和提供支持，与国际货币基金组织（IMF）合作执行早期预警演习机制等。[①] 这些改革意在巩固现存软法架构及建立超出自愿系统的执行机制，尽管FSB的角色有所稳固，但现行系统的软法性质仍未彻底改变：FSB并非条约产物，且尽管单个成员可能承担道德约束和他国压力，但他们并不受国际标准或外部评价的约束。FSB缺少对大型跨国金融机构决议的强制执行力，而这正是晚近金融危机的深刻教训。

（2）G20宣言及“软法”性质

作为全球首要国际经济合作论坛，G20的宗旨是推动发达国家和新兴国家就实质性问题进行开放及建设性沟通，以确保国际金融体系稳定和世界经济持续增长。G20成员国覆盖面广、代表性强，GDP占全球经济总量超过85%，贸易额全球占比超过80%，自1999年成立以来每年召开一次财政部长及中央银行行长会议。2008年11月，G20华盛顿峰会举行，各方就共同应对金融危机和支持经济增长达成一致。2009年4月和9月，G20伦敦峰会和匹兹堡峰会分别召开，就促进世界经济复苏、改革国际金融机构、加强国际金融市场监管等问题达成共识。2010年6月和11月，G20分别在加拿大多伦多和韩国首尔举行峰会，成员国承诺采取宏观调控措施保证金融市场稳定，采取有利于维护价格稳定、推动经济复苏的货币政策，执行反映经济基本面的市场导向汇率政策，避免采取竞争性贬值措施等。2011年，G20戛纳峰会制定了全球增长和就业策略，并就改革国际货币体系、稳定大宗商品价格、改善能源市场等议题达成共识。[②] 2012年，G20洛斯卡沃斯峰会围绕经济增长和促进就业主题取得系列

① 马其家．美国金融稳定监管委员会及启示．东北师大学报：哲学社会科学版，2011（5）．

② 黎越，关晋勇，胡博峰．G20峰会传递重振经济增长意愿［EB/OL］．（2011－11－06）．http：//www.ce.cn/macro/more/201111/06/t20111106_ 22817013.shtml.

共识。2013 年圣彼得堡峰会上 G20 把“促进经济增长，创造就业岗位”确定为会议主题，就世界经济增长和金融稳定、就业和投资、发展、贸易等议题进行了协商。

就历次 G20 峰会宣言的内容而言，核心议题主要围绕如何加强合作、解决金融危机等发达国家普遍关注的问题，而对发展中国家的关切则尚未取得实质性进展。这些宣言实施的效果亦非常有限，对发达国家来说不乏高效性和务实性，而对发展中国家而言或许形式意义远大于实际意义。以 2010 年 G20 首尔峰会通过的《首尔宣言》为例，其内容涉及货币与汇率政策、贸易与发展政策、财政政策、金融改革和结构改革等 5 个政策领域的首尔行动计划，宣言提示了全球经济复苏的复杂性、不确定性以及各国经济复苏格局不同所导致的政策背离问题，强调各国仍需加强政策协调以使主要发达国家彻底脱离危机困境，但宣言最终仅仅确定了时间表，实际行动措施仍取决于未来的多边谈判结果。

在相当程度上，宣言内容未获得切实执行这一问题与宣言的性质有关。G20 会议达成的文件在国际法上被称为“国际软法”，这种“软法”的性质使宣言缺乏法律规范中的“罚则”，因而违反承诺的成员国无须承担任何法律责任。而 G20 机制的主要目标就是寻求国际共识而非达成有法律约束力的国际承诺，G20 会议达成的国际共识协议亦主要依靠相互监督加以落实。因此从这一角度观察，G20 宣言未有效落实问题不应归咎于其软法性质，而应归咎于成员国之间相互监督执行效果欠佳。值得强调的是，虽然宣言共识没有法律约束力，但共识本身以及对形成更多共识的迫切需求却是 G20 机制演进的一个原动力。尽管国际“软法”不具有法律强制力，宣言的签署主体违反其承诺无须承担国际法上的责任，但此类“软法的硬效果”却不容忽视。

当前，全球治理面临着各国国内政治程序的制约，国际合作之于成员国的利害得失很难单纯用国家利益的增减来概括，协议措施对一国的某些产业和集团可能是利益增加，而对另一些则可能意味着受损，不同利益集团经常会通过国内立法部门推动或阻挠国际合作协议的批准生效。而 G20 会议共识文件并不寻求作出有法律约束力的国际承诺，而是只达成共识性政治协议，以便根据环境变化迅速推出后续共识文件，较大的灵活性使G20机制更能适应国际体系转型期的全球治理需求。例如，在反恐融资领域G20表现出的高度灵活性实际上构成了G20机制反恐融资有效性的重要基础。与此同时，G20成员国政府部门亦无须征求立法机构通过，从而得以规避复杂的国内政治因素而自行制定对外政策。

G20宣言的“软法”效力源于以下几个方面：首先，软法具有较大灵活性。软法的灵活性不仅体现在“立法”，还体现在对规范的补充、修改和完善上。其次，硬法的作用主要体现在强制约束力，但强制力往往是法律实施的最后屏障。在一定条件下当硬法无用武之地时，软法反而可能弥补其劣势一举促成宣言落实。最后，各国通常都尽量避免将硬法应用于国际经济合作问题。国际法的统一规则是有限的，不能穷尽所有跨国经济事项，国际主体通常在有限规则之下的空间里开展合作，软法因而更受青睐并获得广泛运用。软法的真正效力源自其内容以及制定背景，因为内容与背景往往体现制定者的最真实意旨。相比之下，具有法律约束力的硬法效力主要源于制裁机制，尤其是国家责任，即基于国际法的规定，对违反国际公约或条约的国家予以处罚，但这种机制对于国际经济合作往往并不适用。基于互惠考虑，国家都趋向于遵守软法所规定的规则，这在客观上扩大了软法的适用范围。

由于软法提供了一种非强制性的、允许参与者拒绝参与不愿接受的条约，协议各方能够明晰规则在实践中的影响，进而评估预期利益。当争议出现时，软法还能够避免规则可能带来的不愉快意外，通过协商为个人和集体提供策略。此外，国家可以借助软法交流机制对另一方表明将采取的行为规则和方式意图。因此在后危机时代中，从规范治理层面而言，治理时代就是软法时代。治理模式之所以是新模式，是因为共同目标、谅解、行为守则、指南、参与纲要等通常不但由硬法而且由软法所确立。G20宣言应该仍然保持其软法性质，而非通过签订条约方式转化为“硬法”。

（3）现行国际金融框架（见表4.3）和G20机制缺陷

表 4.3　现行国际金融框架体系概览

	国际组织	国家间联系组织	跨政府网络	双边或地区网络	私人标准设定机构
代表	IMF、WTO	G20	FSB、巴塞尔委员会（Basel）、国际证监会组织（IOSCO）	金融市场监管对话（FMRD）	国际会计准则理事会（IASB）
特征	以条约为基础、大秘书处、有限的政策制定、政策管理机构	政治性、无秘书处、政策制定	谅解备忘录、小秘书处、信息共享、政策合作、政策管理机构	谅解备忘录、非正式	私人部门专家
监管任务	主权贷款、经济发展和技术支持、国际贸易、市场准入	危机应对、创立跨政府网络	与银行、证券、保险、外商投资相关的规则和标准	市场准入、规则和标准、相互承认	技术标准

就现行国际金融治理效果而言，现行国际金融框架体系存在两大问题：

第一，该体系过度依赖跨国网络组织而非正式国际组织或以条约为基础的机制，因此国际监管合作的效力大大降低，以至于现行体系无法防止或处理晚近金融危机。尽管在会计、证券、资本充足性等问题上不乏国际合作规则和标准，但在跨国金融机构监管和系统风险监管上仍然存在很大问题。G20 创设的金融稳定理事会（FSB）和巴塞尔委员会（Basel）等跨国政府网络定期以论坛的形式会面，并制定规则和标准使各参与者在国内实施，但这些跨国网络的治理方式本质上是消极的，除了等待各国就规则达成一致并加以运行以外别无他方。

第二，跨国网络只有小秘书处甚至没有秘书处，也没有充足的资金、技术实力或权力，更不能起到监管金融机构的作用，危机管理事实上完全由 G20 一类国家间合作组织执行。但 G20 只是事后处理者而非预防者，保障国际金融系统安全是审慎监管者及系统风险预警者的职责，而 G20 尚未具备履行这一职责的能力。

与此同时，G20 机制本身也存在先天性缺陷。国际法上，正式与非正式国际机制的本质区别在于机制的协议或承诺是否通过法律达成，如果意图达成的是有法律约束力的国际协议或承诺，那么这种机制就是正式国际机制，如果成员国没有意图在彼此之间建立起国际法意义上的权利义务关系，那么这样的机制就是非正式国际机制①。目前，G20只是世界主要经济大国解决国际金融危机的论坛性、临时性及应急性机制，但2009年的匹兹堡峰会正式拉开了G20机制化建设序幕，向全球经济治理长效机制的转型进程也已在2010年的首尔峰会开启。

在秘书处建设方面，G20轮值主席国每年都会设立“临时秘书处”，并吸收前任主席国和后任主席国成员组成“三驾马车”。有学者认为，“三驾马车”秘书处制度安排不能满足峰会筹备及成果落实的要求，建议建立常设秘书处来提高G20机制的有效性，但这与G20的非正式性本质相违背，尤其不适用于G20机制化建设初期。G20非正式特色的优势就在于摆脱了传统国际组织的官僚制束缚，由轮值主席国设立临时秘书处的做法可以实现秘书处与主办国的良好协调；并且作为布雷顿森林体系内的非正式机制，G20可以通过增强与IMF等正式国际组织的互动，构建“正式机制+非正式机制”的机制复合体，从而克服无常设秘书处的不足。

① Kenneth Abbott, Anne, Marie Slaughter, Robert Keohane, Duncan Snidal, et al. Legalization and world politics. International Organization, 2000, 54 (3): 401-421.

第 5 章　G20 成员国利益诉求分析

5.1　G20 中的小集团及利益同盟

根据综合实力对比分析，G20 大体可划分为三个小集团：以美国为首的国家，包括美国、日本、英国、加拿大、澳大利亚；欧洲中心派，包括德国、法国、意大利、墨西哥、欧盟；以金砖国家为首的新兴经济体，包括中国、俄罗斯、印度、巴西、南非、印尼、韩国、沙特阿拉伯、土耳其、阿根廷。在 G20 这样一个松散、非正式的经济论坛中，各个阵营之间、阵营内部以及国与国之间的关系一直都错综复杂。本章根据 2008 年金融危机前（2005—2007 年）、危机时（2008—2010 年）及后危机（2011—2013 年）三个时间段中各成员国的经济表现（见表 5.1），并结合各自在国际政治、经济中的不同利益诉求，将 G20 进一步细分为五个小集团：美国为核心的 G7、德国为核

表 5.1　　　　**G20 各小集团经济总量一览表**　　　　单位：十亿美元

时间 国家/集团	危机前 （2005—2007 年）	危机时 （2008—2010 年）	后危机 （2011—2013 年）
金砖五国	18 672	30 489	44 864
G7	87 970	95 740	103 299
欧盟	45 703	51 039	51 108
拉美三国	6 876	9 461	12 198
伊斯兰三国（印尼、沙特、土耳其）	3 865	5 310	7 197
韩国	2 846	2 780	3 478
澳大利亚	2 295	3 124	4 517

数据来源：2005—2012 年数据来源于世界银行；2013 年数据来源于 IMF《世界经济展望》2013 年 10 月。韩国、澳大利亚不属于本表中列出的任何小集团，因此单独列出。

心的欧盟、金砖国家、伊斯兰三国（印尼、沙特、土耳其）以及拉美国家。本章着重阐述四个集团在G20中的角色，立场及双、多边互动，鉴于本书将于后面章节展开中国之于G20的相关论述，因此中国参与其中的金砖国家将随后一并讨论。

根据世界银行资料核算，G7在三个时期的G20 GDP总量占比分别约为53%、50%、47%；金砖五国在这三个时期分别约为11%、16%、20%。虽然G7的经济总量依然庞大，但金砖五国与G7的差距正在不断缩小。

在经济表现方面，金砖五国GDP增长速度最快，“危机时”比“危机前”增长了63.29%。同期，G7增长了8.83%，欧盟增长了11.68%，拉美三国增长了37.59%，伊斯兰三国增长了37.41%。

在后危机时代，金砖五国比“危机时”的GDP总量增长了47.15%。同期，G7增长了7.9%，欧盟增长了0.13%，拉美三国增长了28.93%，伊斯兰三国增长了25.09%。无论是从GDP总量上还是从增长速度上而言，金砖国家的表现均大幅高于世界平均水平。

从失业率方面，G20各小集团的失业率情况如表5.2和图5.1所示。

表5.2　　G20各小集团年度平均失业率一览表　　单位:%

国家/集团 \ 时间	危机前（2005—2007年）	危机时（2008—2010年）	后危机（2011—2013年）
金砖五国	7.10	6.70	7.60
G7	5.70	7.40	7.20
欧盟	7.80	8.90	10.56
伊斯兰三国	10.30	8.90	7.80
拉美三国	7.70	6.86	6.43
韩国	3.50	3.51	3.30
澳大利亚	4.74	5.00	4.86

数据来源：www. World Bank. com。

如图5.1所示，失业率呈逐阶段下降趋势的有伊斯兰三国、拉美三国。失业率在各个阶段依次上升的有欧盟、金砖五国和G7。韩国与澳大利亚两国的失业率从“危机前”至“危机时”均呈上升趋势，而在“危机时”至“后危机”这个时间段呈下降趋势。

表 5.3 和图 5.2 为 G20 五个小集团年度平均经常账户余额情况，由 2011—2013 年数据测得。在此期间，全球经常账户赤字 50% 集中在美国。2012 年美国的经常账户赤字为 4 390 亿美元，相当于其同期国内生产总值的 3.2%。

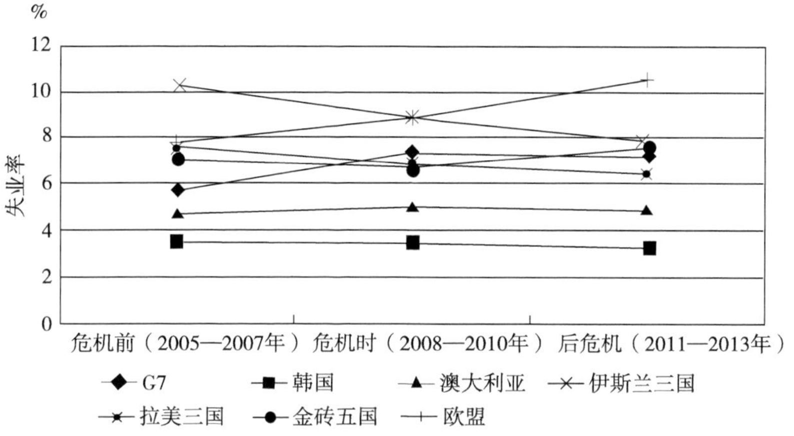

图 5.1 G20 各小集团年度平均失业率一览表

表 5.3　　G20 各小集团年度平均经常账户余额表[①]　　单位：十亿美元

	2005—2007 年	2008—2010 年	2011—2013 年
金砖五国	311.63	289.59	88.92
G7	-493.01	-331.81	-398.04
欧盟	-27.00	-50.00	158.00
伊斯兰三国（印尼、沙特、土耳其）	70.52	36.54	16.24
拉美三国	9.00	-38.43	-93.02
澳大利亚	-47.40	-40.29	-30.51
韩国	18.15	21.40	11.70

数据来源：World Bankhttp：//data. worldbank. org/indicator/BN. CAB. XOKA. CD/countries。

金砖五国在三个阶段均为贸易顺差，但顺差呈现逐步缩小态势。其中，中国所占比重超过 50%，俄罗斯、巴西、南非三国的贸易逆差则逐步扩大。

① 计算方式：例如把金砖五个国家 2005—2007 年的数据分别汇总求出平均数，然后再把五个国家的平均数汇总。

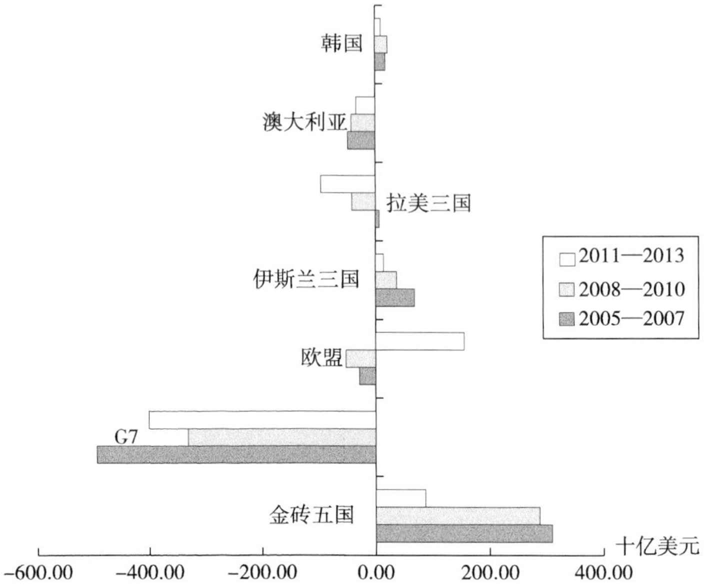

图 5.2　G20 各小集团年度平均经常账户余额表

G7 在三个阶段一直持续贸易逆差，在后危机时代，贸易逆差呈扩大趋势，美国在七国的占比接近 50%。近年来，美国的贸易逆差呈缩小态势，这与美国采取的量化宽松及出口刺激政策有关；日本、德国贸易顺差呈缩小态势，法国、加拿大、意大利、英国贸易逆差则持续扩大，这与其产业结构及全球经济衰退有关。2008 年金融危机至今，欧盟诸国贸易呈现顺差趋势。

5.2　以美国为核心的 G7 与 G20

2009 年 9 月 25 日，19 国领导人和欧盟领导人在美国匹兹堡宣布，G20 将取代 G8 成为国际经济合作与协调的首要全球性论坛，G8 继续存在，但将主要关注外交、国际安全等议题。G8 被 G20 超越之后，中国、印度等新兴经济体的国际话语权有所提升，但仍难以与欧美等西方国家相提并论，因此这一决定的象征意义远大于实际意义，但世界格局变迁大幕从此正式拉开。

第二次世界大战结束以来，依靠美元霸权及国际货币体系主导权，美国执全球经济之牛耳地位持久而稳固。2008年金融危机之后，美国采取了一系列刺激经济的措施，其中包括提议将G20升级为峰会对话机制。客观而言，美国在全球经济治理中依然处于霸主地位，但第二次世界大战后西方唯美国马首是瞻的时代一去不复返。2009年以来历届G20财长及峰会中，美国无论在金融监管等危机源头性问题上，还是在量化宽松政策等应对措施问题上，都采取了“自扫门前雪”政策，受到西欧等国家的普遍批评。

在G20舞台上，所有的美国经济政策都有一个出发点，即维护美元霸权，保持美国金融霸主地位以及国际货币体系主导权。从欧盟视角观察，当前的首要关切不是谁来当世界霸主，而在于扭转怨声载道的局面，将希腊、意大利等国从债务泥沼中拯救出来并重振欧洲经济。从长期趋势而言，美国霸权地位的最大挑战将来自于新兴经济体。以金砖国家为代表的新兴经济体近年来步步为营，经济上保持稳定增长，政治上强调南南合作，国际上谋求更多话语权。尤其自金融危机以来，新兴经济体更成为拉动全球经济增长首屈一指的动力①。

在G20峰会机制框架下，美国不再像以往在G7内部那样能够任意推行单边主义政策，而需与全球不同利益集团协调甚至正面交锋，在保障本国利益的同时维护传统国际领袖地位。本章就美国的G20立场，美国与其他利益集团的博弈互动，以及美国之于G20、G20之于美国的现实意义展开分析。

5.2.1 从G7到G20

G20时代赋予新兴经济体更高层级全球经济治理话语权。从布雷顿森林体系到1973年以来的后布雷顿森林时代，以美国为首的西方国家牢牢掌控国际金融霸权，G7即为执行西方意志、协调全球经济问题的核心机制。然而，G7决策机制先天不足且带有单边主义色彩，20世纪八九十年代以来一系列区域经济危机，以及2008年金融危机均使G7陷入治理失灵窘境，G20因此脱颖而出，在G7/G8主

---

① John Kirton, Co - director, “Democratizing G20 Governance: Performance and Possibilities”, G20 Research Group, University of Toronto, 2010.

导下走到全球治理舞台中央。①

下面分析 G7 向 G20 时代过渡的原因、意义，以及美国在这一转变中所持的立场。

1. G7 时代过渡到 G20 时代的原因

世界经济格局的结构性变迁是两种机制转换的根本动力。国际货币基金组织数据显示（见表 5.4），2008 年 G7 的 GDP 总量仍然远远超出新兴经济体和发展中国家的 GDP 总和。但金融危机之后，G7 的经济增速显著放缓，而新兴经济体则普遍增长较快，2015 年预期将与 G7 的经济总量持平。

表 5.4　　G7 与新兴经济体及发展中国家经济总量比较一览表

单位：十亿美元

国家集团名称	比较标的	2008 年	2009 年	2010 年	2011 年
G7	GDP（名义汇率）	32 258. 422	30 816. 184	31 735. 334	32 872. 886
新兴经济体及发展中国家	GDP（名义汇率）	18 999. 236	17 961. 997	20 765 729	22 725. 084
国家集团名称	比较标的	2012 年	2013 年	2014 年	2015 年
G7	GDP（名义汇率）	34 130. 266	35 449. 950	36 854. 519	38 275. 441
新兴经济体及发展中国家	GDP（名义汇率）	24 821. 084	27 062. 401	29 498. 517	32 149. 296

数据来源：世界银行，http：//data. worldbank. org/indicator/BN. CAB. XOKA. CD/countries。

G7 全球经济治理核心地位被 G20 取代是全球力量格局演变的必然结果。根据 2014 年年初的一项 IMF 预测，2015 年发达经济体将保持 2% 左右的年均经济增速，新兴经济体等发展中国家将保持在 5% 以上。这意味着新兴经济体在经济总量上超越传统西方强国只是一个时间问题。2010 年，中国超越日本成为世界第二大经济体这一事实证明，发展中国家的崛起正在改写世界经济格局，这种态势自从工业革命以来还属首次，这迫使 G7 推出全新机制以与新兴经济体全球共治。

此外，G7 机制效力不彰也源于其共同价值观基础上的身份认同传统。在应对

① Gordon S Smith. G7 to G8 to G20：Evolution in Global Governance. CIGI G20 Papers No. 6，May 2011.

1994年墨西哥货币危机等一系列区域性金融危机过程中，G7的表现差强人意，部分原因在于G7抱守新自由主义原则，对危机国家实行选择性救助。1997年，亚洲金融风暴彻底暴露了G7的机制性治理缺陷，发展中国家对其表现深感失望，转而选择区域联盟形式来防范未来金融风险①。2000年左右，IMF等国际金融机构在G7操控下附加众多救助条件，不但未能缓解阿根廷金融动荡，还促使左派思潮乘风而起。21世纪以来，新兴经济体与G7的经济实力差距逐步缩小，西方工业强国的国际经济主导地位始现动摇。

然而有评论指出，G7在国际格局变迁中并未消极等待，既然时代所赋予的外部条件无从更改，G7遂顺势而为调整博弈策略——主动邀请新兴经济体构建、推动G20机制建设，这不仅能有效遏制新兴市场自成体统，还可借此稀释俄罗斯在G8中的特殊地位。此外还有观点指出，未来世界将不再以G7、G8抑或G20为核心，而将是一个G0时代，即没有任何超级大国主导全球事务及承担相应国际责任，也不会再有国家利益凌驾于全球利益之上的现象。就实效性而言，除了危机爆发初期卓有成效的协调共治，G20尚未在更多领域取得切实成果，随着世界经济逐步走出危机，内部各利益集团更可能各自为战，治理效率或将比G7/G8更低。

由此可见，两种机制的此消彼长一方面源于新兴经济体的强劲崛起，另一方面则归因于G7机制失灵困境。需要注意的是，升级之后的G20只有短短不到七年历史，议题依然集中于危机治理与经济增长。在可预见的将来，G20或将担当更加综合性的治理使命，但一个根本前提是新兴经济体与发达国家之间的建设性利益磨合②。未来G20能否真正超越甚至取代G7/G8？G20模式能否横空出世一统天下？一切尚需时日加以验证，G20机制化建设成效无疑是最重要的趋势变量之一。

2. G20取代G7成为国际经济合作首要机制的意义

2008年G20华盛顿峰会宣布，“我们承诺推进布雷顿森林机构改革，使其更

① 李因才．结构变迁与治理制度的演化：从G7到G20. 当代世界社会主义问题，2011（4）．

② “The G20 is not just a G7 with extra chairs” by Jean Pisani – Ferry，Agnès Bénassy – Quéré，Rajiv Kumar on 21st September 2009.

加充分地反映不断变化的全球经济权数，提高决策及执行的正确性和有效性。包括最贫穷国家在内的新兴市场将拥有更多话语权和代表权”①。新兴经济体在G20峰会上的一项主要诉求，便是提高在国际金融组织（如国际货币基金组织、世界银行）中的话语权。2010年之前，中国在国际货币基金组织的投票权占比只为3.73%，而美国则一家独占17.4%。2010年首尔峰会前夕，国际货币基金组织进行了份额改革，中国的份额从之前的3.73%升至6.39%，投票权也从3.65%升至6.07%，仅位列美国、日本之后。作为国际货币基金组织65年来最重要的一次改革，国际货币基金组织将向新兴经济体转移超过6%的份额。由此可见，在全球治理话语权再分配问题上，G20机制着实为发展中国家提供了一个相对公平的对话平台。

面对新兴市场的日益崛起，以美国为首的G7主动赋予其更多国际经济治理话语权，但G7的主导地位从未动摇。以2010年国际货币基金组织份额改革为例，尽管发展中国家的投票权有所增加，但美国17.09%的份额使其依旧拥有一票否决权②。同时，G7还一直主导着G20机制的决策运行，不仅左右着议题设置，更牢牢控制着准入机制。从历届峰会主办方来看，前四届及第六届均由G7国家主办，第五届和第七届峰会的主办方韩国、墨西哥也均为传统亲美派国家。第八届圣彼得堡峰会也仍在G8的掌控范围之内③。这充分说明G20峰会的主导权从未旁落他方，发展中国家争取更高话语权的道路依然任重道远。

阿根廷经济学家劳尔·普雷维什20世纪70年代曾提出“外围资本主义”概念，认为“发达资本主义国家本质上具有向心性、吸收性和统治性，它们的扩张是为了利用而非发展外围。世界体系中的矛盾根深蒂固。”④这种本性在今天的资本主义体系仍然存在，体系核心——西方工业国家需要发展中国家的原料和市场

① G20 Declaration, “Summit of Financial Markets and the World Economy”, 15 Nov. 2008.

② 国际货币基金组织规定，重大议题投票需要85%以上赞成票才能通过，美国靠15%以上的投票权就可以一票否决议题。

③ 八届首脑峰会的主办国依次为：美国、英国、美国、加拿大、韩国、法国、墨西哥、俄罗斯。第三次匹兹堡峰会将G20升级为国际经济合作与协调的首要全球性论坛。

④ 劳尔·普雷维什．外围资本主义——危机与改造．北京：商务印书馆，1990.

以促发展，而外围发展中国家则需要依附于发达国家换取资本、技术以求生存。图5.3清晰显示出G7和以金砖国家为首的新兴经济体在G20以及世界经济版图中的相对地位。

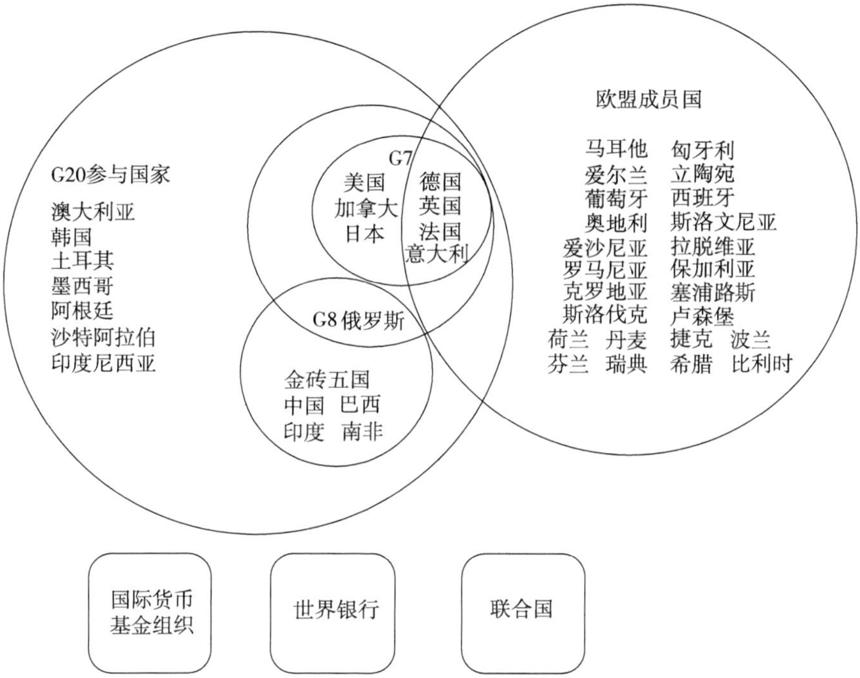

图5.3　G20小集团示意图

资料来源：根据“G20 rises, G7 & G8 fall?”数据整理而得。

从外围到中心这段距离，不仅意味着经济实力的巨大差异，也折射出意识形态、文化制度、身份认同上的彼此脱离。从G7到G20的变迁仅仅是全球治理结构转型的开端，G7的政治、经济霸权地位仅被撬动而远未动摇。新兴经济体未来能否真正平等共治，世界仍需拭目以待。以美国为首的G7必定竭力维持现状，发展中国家也不会像从前那样任人宰割，这注定将是一场漫长的博弈之旅。

3. 美国对于G20取代G7/G8的立场

众所周知，美国对外政策一向奉行单边主义，尤其是布什政府所推崇的先发制人战略将单边主义推向顶峰①，因此对 G7 扩容一事自然持抵制态度。尽管美国一直以 G7/G8 峰会领导者自居，但是在大势所趋的扩容问题上，法、英反而走在美国之前，最先向新兴经济体伸出橄榄枝，邀请它们参与到 G7/G8 机制之中。2008 年金融危机爆发后，世界对 G7/G8 的治理成效大失所望，不约而同对 G20 寄予厚望。在这一背景下，布什政府召集了 G20 第一届领导人峰会，20 个经济体领袖就危机议题达成多项共识②。在次年匹兹堡峰会上，奥巴马政府主动提议“G20 将取代 G7 成为国际经济合作首要机制”。这一态度转向说明，美国政府在 G7 扩容问题上适时调整了策略，一方面摆出乐于吸纳新兴经济体的开放姿态，另一方面则在 G20 成员准入、议题设置等方面争取主动。这一次全球核心治理机制的重新洗牌，更让美国在力量格局对比中占得先机：头号对手俄罗斯跌出西方发达国家阵营，更多被视为金砖国家一员；传统竞争者欧盟虽然占据数量优势，但比例优势已大为削弱，欧债危机等重重内部矛盾使其无力在 G20 领导权上与美国争锋；金砖国家以外的新兴经济体成员更远未形成有效机制与美国抗衡。两届峰会主办城市的选择也别有深意，华盛顿是美国政治中心，匹兹堡则为传统工业重镇，这说明美国虽已接受新兴经济体崛起事实，但仍然拥有国际政治、经济事务的绝对实力及主导权。

此外，美国并未将 G20 单纯视为危机应对机制，也将其当作转嫁危机、分散风险的有效手段。在 2009 年匹兹堡峰会上，美国提出“平衡全球经济”概念，意图将危机原因归咎于新兴经济体经常项目盈余导致的全球经济失衡，进而制约其“出口导向型”政策并促使其承担更多国际义务。2010 年首尔峰会以来，美国一直就人民币汇率问题对中国施压，与此同时却借助量化宽松政策稀释美元国债。尤其当经济步入复苏轨道之后，美国政府不顾资本外撤对新兴经济体的潜在冲击，以分道扬镳的姿态启动了一系列退出机制。

与此同时，美国明确支持 G20 取代 G7/G8 成为全球治理核心机制，但希望仅

① 王联合．美国单边主义：传统、历史与现实的透视．国际观察，2006（5）．

② “The G20 Leaders’ Summit and the Regulation of Global Finance：What was accomplished?”，Policy Brief No. 11，December 2008.

仅停留在经济议题层面，因为在美国看来，新兴经济体的崛起在很大程度上是基于经济实力提升，而政治、文化等软实力尚不能与G7同日而语。而随着新兴经济体的集团化壮大，其对于全球治理的渗透力必将与日俱增，经济以外议题也终将列入G20核心议题名单。就短期而言，美国并不情愿看到G20全面取代G7，两种机制双轨并行更符合美国的全球战略。通过G20全球共治平台，美国不但借力新兴经济体解决全球经济问题，也为“准多级化世界”格局积累着治理经验。

由此可见，美国出于国家利益考虑，当初并不支持G7/G8扩容计划，但在新兴经济体崛起以及金融风暴肆虐之时，美国及时调整了经济、外交策略，主动邀请新兴经济体加入全球经济治理新机制，以此掌握主导权并推动形成符合美国利益的世界格局，同时借助G20达到应对危机、分散风险、实现复苏的目的。

5.2.2 美国与G20成员的内部互动

根据不同利益诉求，G20可划分为欧洲中心派、新兴经济体和以美国为首的国家三大利益集团。各集团之间的博弈很大程度上决定了G20机制的未来兴衰。对于美国而言，只有处理好与盟国及其他利益团体的合纵连横关系，才能确保主导地位以维护美国全球利益。棱镜门事件爆出美国根据盟友亲疏程度设定监听等级，其中，英联邦国家（如英国、加拿大、澳大利亚）等为紧密盟友，属于免监听级别；以德国为首的欧盟等二级以下盟友无一幸免；对于自家“后院”的拉美三国，美国也未丝毫留情，巴西、阿根廷、墨西哥都不同程度表达了抗议；而中国、俄罗斯等金砖阵营国家则受到重点关照；就连紧密盟友日本也未能幸免，体现出日美同盟仍以利益为基础、缺乏完全互信的现状。在2013年圣彼得堡峰会上，叙利亚问题和棱镜门事件成为关注焦点，G20议题明显出现向政治领域扩展趋势。下面分析美国与G20盟友、欧盟、金砖等集团（国家）之间的互动博弈。

1. *与盟友的互动*

在G20中，英国、加拿大、澳大利亚、日本四国为美国的盟友，前三国均为英联邦国家，同属盎格鲁撒克逊民族，语言、文化、宗教等高度融合。2008年金融危机以来，美国的经济实力、美元霸权及国家信用受到严重削弱，大规模监听行为折射了美国的危机心态，也反衬出英、加、澳在政治、经济、安全上的至高战略价值。

在外交方面，美国政府惯于采取单边政策维护全球霸权，英、加、澳的外交政策则大相径庭，但与美国很少背离。加拿大的政策关注点是北美，加美关系是重中之重；英国的政策重点是如何协调与欧洲大陆的政治经济关系；澳大利亚则偏居一隅，对美国的国际利益少有威胁。此外，美国在21世纪之初发动的战争尽管违背国际意愿，但英、加、澳均在人力或财力上表达了支持。在叙利亚问题上，美国在圣彼得堡峰会前提出单边动议，加拿大总理哈珀随即表示支持，英国首相卡梅伦也并未反对，但对叙利亚动武议案遭到英国议会否决，澳大利亚在跟随美国参与伊拉克战争、阿富汗战争之后则有所反思，尽管前总理陆克文2009年曾表示继续支持美国领导下的阿富汗战争，但现政府已排除参与对叙动武的任何可能。

在经济问题上，加拿大是美国的传统盟友，同为北美自由贸易协定的成员国，彼此的经济利益紧密捆绑，美国经济复苏也预示着加拿大经济的向好趋势。在欧洲，英国一向是美国利益的代言人。2009年伦敦峰会上，德国和法国代表欧洲利益，就金融监管问题对美国步步紧逼，而英国则站在美国一边敦促“各方达成共识”。在近年愈演愈烈的汇率问题上，有分析认为日、美、英在G7机制内部已经达成汇率同盟。

在安全领域，棱镜门事件泄露出英国、加拿大分别在主办峰会期间协同美国实施监听，“全方位合作”程度可见一斑。澳大利亚尽管在G20峰会上还算不上主角，但2014年峰会主办权着实体现出G7，尤其是美国对其偏爱的程度。

日本是美国的另外一个G20紧密盟友。与英联邦盟友不同，日本尚未获取美国的无条件信任，这不仅是由于美、日之间的种族、语言、文化和宗教信仰等差异，也源于第二次世界大战的创伤。第二次世界大战后，美国出于遏制苏联、中国的目的，将日本视为东亚棋子大加扶植，日本经济的迅速崛起为美日同盟奠定了基础，奥巴马政府的“重返亚洲”政策更进一步强化了同盟利益。在G20中，两国交集落在汇率和财政刺激问题上。日本从G7时代就坚定支持美元的首要国际货币地位，强调美元为核心的货币体系对于世界经济的稳定作用。对于美欧的财政刺激与金融监管之争，日本公开支持美国，认为“欧盟牵头推动的金融体系改革意义深远，但与更为紧迫的经济问题相比，金融监管仍非核心关注”。作为回报，美国对2013年以来的日本宽松货币政策大开绿灯，G20在其主导之下集体失语，而中国在汇率问题上却屡遭多方围攻。除了汽车产业以外，日美贸易结构重合度并不高，因此美国对日元走低保持默许。在国际安全方面，奥巴马2013年宣称将对叙利亚实施单方面军事打击之后，响应者寥寥无几，使得白宫陷入了进退两难境地。日本延续了一贯合作姿态，但“认为应当进一步确认军事攻击的正当性”。显而易见，美日同盟更多是一种战略性依存关系，双方在国际场合彼此呼应，各取所需，棱镜门事件即为典型例证。在政治上，美国仍需时时提防日本脱离其掌控。

2. 美国与欧盟

冷战结束后，欧盟一体化进程步伐加快，欧美在一定程度上呈现离心趋势。东方共同威胁已不复存在，欧洲的军事、政治独立倾向日益高涨，但美国并不情愿将欧洲传统地缘利益拱手相让。最明显的例子体现在2003年美国对伊拉克动武问题上：法、德等欧洲国家公开抵制美国对伊发动战争，反对北约军队进驻伊拉克，希望联合国对伊核问题进行核查。而棱镜门事件更引发奥朗德、默克尔等政府首脑强烈不满，冷战时期北约框架下建构起来的欧美同盟因此面临严峻考验。此外，双方在外交定位、军事目标和经济政策上亦存在诸多分歧，但在后金融危机时代，欧美之间的跨大西洋盟友关系仍将持续稳固。原因之一是，在政治上欧盟需要美国助其东扩，以推动东欧转型并挤压俄罗斯的地缘战略空间；原因之二是，加快美国—欧盟自由贸易协定谈判进程，提高双方经济开放度以促进地区经济发展；原因之三是，欧美在全球诸多领域的主导地位正面临新兴经济体挑战，唯有求同存异联手应对才可能维护彼此既得利益。总体而言，欧美同盟仍将延续，但在美国金融霸权议题上，双方分歧难以彻底弥合，竞争、合作将贯穿未来欧美双边关系始终。如果把这种博弈关系投射到G7语境之下，可以预见的一种结果是双方虽然在政治、安全等领域相互认同，但在经济领域却将貌合神离。因此，在国际经济议题上，欧美需要假借G20机制引入更多国家实现利益互换，避免双边协调停滞不前。[①]

从第一届G20峰会开始，欧美在金融监管和财政刺激问题上就针锋相对。在金融监管问题上，布什在华盛顿峰会前强调金融危机非由市场造成，而是投资者、政府、监管机构等三方的问题使然，他还讽刺称："一向重视市场监管的欧洲在危机中暴露的问题与美国没有区别。"德国总理默克尔和法国总统萨科齐则表示，贪婪投机是危机爆发的根源。而奥巴马当选总统后，在金融监管上的态度有所缓和。在伦敦峰会和多伦多峰会上，双方均强调全球合作之于应对危机的重要性，明显将焦点放在财政刺激计划并淡化金融监管议题上。对于欧盟倡导的巴塞尔协议 Ⅲ，美国在实施时间上一推再推，2012年11月9日，美国三大监管机构发布联合声明，宣称将无限期延迟原定2013年1月1日起生效的巴塞尔协议Ⅲ[②]中的资本新规[③]。在财政刺激问题上，美国一直力图推动各国维持财政刺激政策以带动本国内需，从而利于美国出口，但是欧洲则希望削减财政刺激计划、减少财政赤字并增加税收。直到2013年美联储宣布年末将有计划地退出量化宽松政策（QE），欧美在这一问题上的争端才稍稍平息。

总而言之，美国和欧洲拥有一荣俱荣的利益出发点，即维护发达国家整体既得利益，尤其在国际政治、安全等领域一贯坚守共同立场。尽管伊拉克战争和棱镜门事件等"插曲"对双方政治互信产生一定负面冲击，但美欧同盟不会因此而瓦解。由于经济模式、发展理念等分歧，双方在宏观经济政策、金融监管等议题上尚无法做到共进退，这其中也涉及众多国家及区域利益等复杂因素。可以预见的是，随着西方经济缓慢复苏，美国或将更多着眼于新兴经济体崛起之下的世界格局变迁，甚至将中、俄等国视为战略对手加以重点制衡。

3. 美国与金砖国家

G20取代G7成为国际经济合作与协调的首要全球性论坛之后，新兴国家获

---

① 张健．欧美关系的新变化及前景．现代国际关系，2009（6）．

② 巴塞尔协议是2007年至2009年金融危机的产物之一，被视为金融业经历的最严厉和重要的一次改革，旨在增强全球银行业抵御风险的能力。

③ 高天含．浅析美国推迟实施巴塞尔协议 Ⅲ的原因及影响．经济视角，2013（1）．

得了更多发言权。在当前形势下，新兴市场整体仍不足以挑战美国金融霸权，但以金砖国家为首的新兴经济体不再任由摆布，而是通过金砖峰会、G20峰会等机制问政国际事务，大力推动国际货币基金组织、世界银行等机构改革，主张打破美国对国际金融体系的独家垄断。此外，巴西和南非不断在汇率问题上对美国施压，指责美联储的注水货币政策，印度对美国量化宽松政策亦深表担忧，中国的全方位崛起对美国的国际利益更是构成了巨大挑战，俄罗斯则一举扭转“G7+1”机制下的劣势，力图重拾昔日大国荣光。然而，需要注意的是，金砖国家组织还算不上正式国际组织，单一金砖成员甚至比这一组织更具影响力，金砖峰会本质上还仅为一个经济聚会，尚未形成常态化运作机制。在西方主导的G20机制之下，如何与以金砖国家为首的新兴经济体保持良好互动，势必牵动美国国际利益及G20未来走向。

加拿大前总理保罗·马丁曾在自传中写道：“作为世界上人口最多的两个国家，未来也可能是最大两个经济体的领导人，胡锦涛主席和印度总理辛格在G8峰会召开时等在门外，然后与G8领导人共进午餐，之后被引导出场以便各国元首继续开会……这种世界体系需要变革以接纳新兴经济体，否则它们将另立门户。”事实也印证了这一观点，以中、印为首的新兴大国领导人在金砖框架下走到了一起①，自2009年以来举办了五届金砖峰会，致力于寻求在国际政治、经济舞台上的更强大影响力。在这种情形之下，以美国为首的G7出于维护现实利益以及遏制新兴经济体“抱团”威胁的考虑，提议将G20升级为首要国际经济合作与协调的首要全球性论坛。美国推动G20的另外一个动因是对欧洲施压，向新兴国家让渡部分话语权，以换取新兴国家对美国财政政策和金融监管政策的支持。

综合而言，新兴经济体还远未对美国构成直接挑战，美国的霸主地位并未发生根本改变。金砖国家虽然雄心勃勃，但是对于G20的政策诉求尚且务实，首要目的是提升在IMF和世界银行中的话语权。经过新兴经济体不懈努力，2010年

① Martin, Paul. Hell or High Water: My Life In and Out of Politics. Toronto: McClelland & Stewart, 2008.

G20 首尔峰会宣布了 IMF 改革计划，拟向发展中国家转移 6% 份额。印度财政部长肯定了本次改革，表示 IMF 的信誉将随之大幅提高，而改革之后的美国仍然拥有一票否决权及实质控制权。但是，这套改革方案迟迟未获美国国会批准，极大阻碍了改革成果兑现。此外，鉴于世界银行改革一直未能落到实处，金砖国家于 2013 年第五届金砖国家峰会上筹备建立金砖国家开发银行，决定建立金砖国家外汇储备库。2012 年，金砖国家财经首脑在 G20 会议期间一致认为世界银行行长这一职位应该向所有国家开放，以改变美国在该职位上的“世袭制”，而这些政策均未触及美国底线——美国的金融霸权。

除了争取国际经济组织话语权，金砖国家也在其他问题上秉持鲜明立场，如共同抵制贸易保护主义及适当加强国际金融监管等。然而，这些立场更多是一种姿态，金砖国家并未达到欧盟那种咄咄逼人的程度。但是，美国退出量化宽松政策却触动了金砖国家切身利益，在 2013 年圣彼得堡峰会前的会中会上，金砖五国达成共识，希望发达国家在采取宽松货币政策时考虑其外溢效应，以此表达新兴经济体的忧虑及不满。

总体而言，美国仍然是 G7、G20 和全球金融体系的领导者，但以金砖国家为首的新兴经济体正在日益冲击着布雷顿森林体系之下的美国全球治理基业。在危机背景下的 G20 峰会上，美国对外政策着力点是美欧分歧，这在客观上给予新兴经济体宝贵的发展机遇期。而金砖国家对于国际经济权力紧锣密鼓的扩张，使美国认识到昔日的担忧正在成为现实。随着危机阴霾消退，南北问题势必占据 G20 核心议题位置，美国与金砖国家之间的博弈升级在所难免，金砖国家话语权及美国金融霸权或将是下一轮全球角力焦点，二者互动也将随之上升为国际关系主要矛盾。

5.2.3 美国与 G20

早在 2007 年，美国布鲁金斯学会沃尔芬森计划中心执行主任约翰斯 · F. 林博士就曾提出 G7 模式已经过时，应该被 G20 模式取代这一观点。金融危机爆发之后，布什政府推动成立 G20 机制，并着手对国际金融体系进行改革。下面就美国的国际金融体系改革立场及动因展开分析，同时解析美国对于 G20 机制化建设的利益诉求。

1. 美国在国际金融体系改革中的角色

美国对当前国际金融体系改革划定了两条底线：一是保持美国在国际金融体系中的控制权；二是保持美元的支柱地位。

G7 机制为 G20 机制所取代是金融危机以来全球金融体系的首次重大变革。在全球力量格局发生根本变迁的形势下，国际金融体系升级势在必行，最初曾经存在两套改革方案：一是欧盟大力倡导的"G8 +6①"，即十四国集团；二是布什政府和奥巴马政府极力推动的二十国集团。对于欧盟而言，支持 G14 意在维护机制运行效率，正如意大利前总理贝卢斯科尼 2009 年 G8 峰会中所言："每当超过 15 个人坐到桌前时，讨论和辩论就成为问题。与会人员无法直接接触或互相打断，这样一来，会议变得正式而呆板。"但更为根本的原因是纳入 6 个新兴经济体不但足以代表全球金融格局现状，还能保证欧洲的相对话语权重。美国则为防止在货币、金融监管等问题上受到欧盟牵制，力主纳入更多新兴经济体和亲美派国家，在稀释欧盟集团势力的同时削弱欧元对美元的潜在威胁。

在国际货币基金组织改革问题上，奥巴马政府一直"雷声大，雨点小"。美国政府多次在公开场合支持 IMF 的份额和投票权改革，以更加公正地体现全球力量格局。2010 年，国际货币基金组织提出一项份额改革方案，旨在增加发展中国家话语权。但拥有一票否决权的美国在这一问题上迟迟未获国会批准，导致此次改革至今尚未落实。作为最初的牵头者及如今的阻碍者，美国有两点利益考虑：第一，将 IMF 的份额和投票权部分让渡给新兴国家以削弱欧盟力量，同时仍维持本国 15% 以上的份额，以保证重大议题一票否决权。法新社曾经报道，国际货币基金组织当初出台改革方案时，美国是"带头支持者"，呼吁多边化并"温柔地批评"欧洲国家在国际货币基金组织董事会占位过多。第二，由于新兴经济体的迅猛崛起，美国担心过多的权利转移会反噬自身霸主地位，所以尽力阻挠以延缓新兴经济体自成体统。

① "6"代表 6 个发展中国家：中国、印度、巴西、墨西哥、一个阿拉伯国家和一个非洲国家。

此外，美国自2009年以来即多次呼吁对世界银行进行适当改革，背后动机与推动IMF改革如出一辙。在2010年世界银行投票权改革中，发达国家向发展中国家总共转移3.13个百分点投票权，但美国仍握有15.85%表决权。由于任何重大决议必须有85%以上赞成票才能通过，所以美国的一票否决权足以使其左右世界银行政策的制定及走向。

显而易见，美国所倡导的“适当改革”只是对传统金融格局的小修小补，远未触及美元霸权利益。一番改革热潮过后，美国有效遏制了欧盟集团势力，削弱了欧元对美元的威胁，而发展中国家则趁势在国际金融机构改革中小有收获①，欧洲无疑成了此轮博弈的输家，美欧主导的世界金融格局并未根本改变，崛起中的新兴经济体仍将面对美国为首西方阵营的重点关照。对于美国而言，最理想局面莫过于坐观欧洲与新兴国家两相角力以收获“渔翁之利”。

2. G20之于美国的战略内涵

尽管世界格局多极化并非美国所乐见，但在后金融危机时代，美国对G20机制采取了建设性姿态，这一立场背后存在着多重利益考量。

第一，推动全球经济合作以化解危机。金融危机助推了G20机制，也将其从全球经济治理幕后推向台前。美国支持G20多边机制的直接动机是推销危机应对药方，以减缓危机对于本国经济的冲击。伦敦峰会前夕，奥巴马撰文《全球行动的时刻》，提议在透明制和问责制框架内“全球共同努力，恢复开放和稳定的市场，保证经济持续增长”。在匹兹堡峰会记者会中，他表示同意改革全球经济合作与治理体制，称“不能再用20世纪的方法应对21世纪的挑战”。多伦多峰会前夕，他致信二十国集团领导人，呼吁继续加强合作，确保全球经济复苏。然而，美国的全球号召带有明显政策推销性质，统领宏观政策以迅速恢复本国经济才是意图所在。在财政刺激问题上，美国对欧洲持续施压即是清楚印证。

第二，引领国际经济治理改革先机。美国乐见的改革是在现有框架内的“小修小补”，而绝难容忍金融霸权受到任何挑战。为此目标，美国必须掌握改革主动权，从而

① Robert Zoellick. The G20 Must Look Beyond Bretton Woods Ⅱ. Financial Times, 2010-11-07.

圈定改革幅度以至每一个方案细节。在 G20 机制化建设初期，美国排除了欧洲倡导的十四国集团提案，一手促成 G20 峰会机制落地。此外，美国还将 G20 视作发达国家阵营协调国际经济立场的董事会，国际货币基金组织被视为 G20 的执行机构，八国集团则统领全球政治领导权，从而确保西方意志得以在全球范围推行①。通过这种方式，美国实现了对 G20 的结构性控制，即便峰会核心议题很大程度上由主办国拟定，美国仍能通过布雷顿森林机构对主办国施加影响，从而主导甚至操纵议题设置。在以往八届 G20 峰会中，美国即依靠紧密同盟实施议题控制。在 IMF 和世界银行改革问题上，美国呈献给世人一副开放姿态，但是这些改革实质上把欧洲的话语权部分让渡给新兴经济体，国际金融格局并未发生根本性扭转。

第三，以多边合作为名，行维护金融霸权之实。来自欧元区以及新兴经济体的挑战，是美国金融霸权所面临的两大制约。参考 G7 历史经验，美国政府意识到来自欧洲的国际货币体系革新压力更为强大，因此，美国在 G20 这一新兴协调机制中纳入更多声音以削弱法、德势力，并推动欧盟让渡 IMF 和世界银行部分份额给新兴经济体。面对新兴市场崛起，美国采取拉拢策略，以顺应全球经济格局的名义赋予新兴经济体更多话语权，从而换取对于美国经济政策的支持。与此同时，美国还企图分化新兴经济体阵营以涣散其整体实力，例如在人民币汇率形成机制问题上，巴西、印度均站在美国一边对中国施压，金砖结构因此平添间隙。

在当前西方经济缓慢复苏形势下，美国很难对全球治理趋势横加干预，只能通过灵活的金融、外交策略来维持美元霸权地位。在冷战结束以来的多极化趋势下，G7 机制面临着愈加严峻的全球治理挑战，欧盟、新兴经济体、美国三者之间的合纵连横仍会持续，但 G20 能否修成全球核心经济治理机制正果，很大程度上取决于 G20 机制化建设蓝图以及美国的全球战略实践。

5.2.4　小结

在 2012 年中美 G20 改革研究小组的最终报告中，双方都认为“二十国集团

① 房广顺，唐彦林．美国的 20 国集团政策及其目的．高校理论战线，2011（4）．

应继续增强领袖引领的非正式论坛优势”。G20峰会创立至今只有不到七年历史，机制化建设仍处于探索初期。阐述美国视域下的G20机制国际关系基础之后，现将美国的利益诉求及角色定位归纳如下：

第一，美国不会轻易放弃金融霸主地位及美元的核心货币地位，也不会放弃维护这一体系的IMF和世界银行主导权。目前，美国在两个组织中拥有绝对优势，新兴市场投票权的提高仅削弱了欧洲权重。对于G20各国而言，如今亟待关注的不是另起炉灶，而是如何真正发挥IMF和世界银行的治理实效，从而对布雷顿森林体系起到“补充”而非“替代”的作用①。显而易见，美国并不希望G20组织化和政治化，如果国际金融体系出现多足鼎立局面，势必将对IMF和世界银行构成威胁。

第二，尽量规避国内立法的干扰。众所周知，在对外行使职能方面，美国政府常常受到利益集团和国会的牵制。通过G20非正式协调机制，美国可以绕开立法制约，保证快速、灵活的危机反应能力②。

第三，保持非正式组织性质，强调对话平台的特点有利于美国施展“巧实力”。2007年，前副国务卿阿米蒂奇和学者约瑟夫·奈发表了题为《巧实力战略》（Smart Power）研究报告，提出运用“巧实力”进行对外战略转型，帮助美国摆脱当前困境并重振全球领导力思想。目前，“巧实力”已成为奥巴马政府外交理念的核心。在“巧实力”背后，其实是美国在多极化及国力日衰下的无奈选择，体现为中东、亚太外交政策调整及“软硬兼施”的推行手段。G20峰会无疑给美国提供了一个实施“巧实力”的绝佳平台。美国强调的“全球合作”“平衡增长”“协调财政刺激”等取向实为对“巧力外交”的现实版本诠释，非常适合在一个软性国际机制中推广营销。同时，美国还试图强化G20与其他区域组织（如东盟）及国际组织（如联合国、世界贸易组织）之间的合作，以将之建设成最具

① 朱杰进．二十国集团的定位与机制建设．阿拉伯世界研究，2012（3）．

② Charles Lipson. Why are some international agreements informal? . International Organization，1991，45（4）：495－538.

权威性的国际经济合作平台①。尽管绝对霸主地位日益衰微，但在此轮金融危机中，美国基本达成削弱欧洲国际话语权的目的，美元的优势地位依旧无从撼动。但金融危机过后，美国和欧盟出于共同利益很可能重新站在一起，联手对G20新兴经济体分化、打压。另外一种可能是，二者走出危机之后重新回归G8核心框架，使G20在内容和形式上被架空、冷却②。

第四，对不具备法律约束力的G20非正式机制漏洞加以利用。目前，G20仍然存在结构性设计缺陷，显著表现为执行力不足等问题，成员资格在很大程度上由美国操控，准入标准至今尚未形成机制。美国因此可以利用此类制度漏洞，以权利让渡方式与新兴经济体进行利益交换，以获取敏感议题上的国际支持。本次金融危机期间，新兴经济体发言权显著提升之后并未在金融监管上刁难美国，体现出双方某种程度上的心照不宣。

此外，G20峰会各项协议成果仍存在落空风险。2010年出台的IMF份额改革方案至今未获美国国会批准，新兴经济体话语权的提高无异于空中楼阁，这显然符合美国牵制新兴经济体的战略意图。再者，G20“三驾马车”制度（上任、现任及下任主席国协作机制）虽然一定程度上确保了议题设置延续性，但仍然急需加以完善，如何保持现任、上任及下任主席国的协调人密切沟通，尤其在峰会议程设置、决议执行等方面加强衔接，是G20效力提升的关键。在轮值主席国制度之下，迄今八届峰会更多聚焦于发达国家议题，随着新兴经济体日益成为峰会主办国，更多发展议题将列入讨论清单。而美国在不倡导设立秘书处的情况下，势必缺失对于G20日常运行的掌控权，因此极可能在外交策略上变革图新，以确保对G20议题设置的影响力。

综上，G20非正式国际论坛性质符合美国整体利益诉求，不但可以确保这一机制对于危机的迅速反应能力，还能最大程度上契合美国的“巧实力”战略，与

---

① Bruce Jones. Making multilateralism work: how the G－20 can help the United Nations. Stanley Foundation Policy Analysis Brief, 2010 (4): 6.

② John Kirton. Winning together: the advanced countries' approach to G20 governance. G20 Research Group, May 3, 2013.

核心国际组织及区域组织形成政策共振，在与金砖、欧盟等集团的博弈中上兵伐谋，最终强化美元的核心国际货币地位及美国的国际金融霸权。

5.3 以德国为核心的欧盟与G20

2008年世纪金融海啸期间，欧盟第一大经济体德国的表现令人刮目相看。在后危机时代的今天，德国依然是无可争议的欧盟领袖，不但带领欧洲走出债务危机泥潭，而且将一体化进程推向了一个更高阶段。根据来自国内、欧盟以及全球等三方面的挑战，德国对当今全球治理机制提出了全新诉求并冀望G20理顺全球经济治理结构。立足欧盟与发达国家及新兴经济体展开对话，支持提升新兴市场话语权，同时谋求国际金融体系主导权，是德国之于G20的战略取向。本节重点关注德国在当今全球经济秩序调整中的利益诉求及国家立场，力图回答如下问题：德国在世界政治、经济格局中处于何种地位？德国在全球经济治理中有哪些利益诉求？德国在全球经济秩序改革中将扮演何种角色？德国在历届G20峰会中有哪些表现？进而从德国视点观察未来G20机制化建设所面临的国际关系基础，为G20机制化建设的必要性、可能性和可行性分析提供实证参考。

5.3.1 德国与G20关系简述

20世纪20年代末，大萧条在西方爆发。危机不仅引发生产力滑坡和社会动荡，还间接将德、意法西斯政府推上前台，并引发第二次世界大战。第二次世界大战后，布雷顿森林体系在美国主导下成立，全球治理机制由此重新改写。2008年9月，“大衰退”在美国华尔街爆发，美、日、欧等发达国家深陷债务违约泥沼，欧洲一体化进程举步维艰。G20迅速承担起全球多边经济治理的重任，有效抑制了危机的持续蔓延。危机中问世的G20机制势必推动国际政治、经济新秩序走向完善，全球治理机制版图亦将再次改写。

巧合的是，在两次危机中德国都扮演了关键角色，大萧条期间纳粹在国内乱局中篡取政权并将德国沦为第二次世界大战策源地，而在2008年大衰退中德国则扮演了欧洲领袖角色。从战败国到欧洲盟主，德国不仅走出战争阴影完全融入欧洲，而且积极投身全球经济治理机制建设，切实左右着欧盟乃至世界经济的历史进程。

1999年G7会议在德国科隆举行，德国提议建立一个包括部分新兴经济体在内的全新国际经济合作对话模式，G20财长及央行行长论坛随即于年底诞生，简称G20。2008年9月，华尔街金融海啸迅速席卷美、日、欧等发达地区，同年11月，二十个经济体元首齐聚G20华盛顿峰会商讨危机应对方案，并寄希望于G20平台对国际金融体系实施根本性变革。

2009年底爆发的欧债危机进一步改变了世界经济走向，也提高了德国在欧洲乃至世界经济中的地位。如今的德国是欧盟第一经济强国，是欧洲一体化进程的坚定捍卫者，也是G20机制化建设的倡导者以及全球治理机制主导权的有力争夺者。

全球治理是指为解决超出一国或某一区域的问题，各个国际行为体协同共治的方式和过程。全球化进程中的贸易保护、金融风险、地区冲突等诸多问题绝非一国政府所能解决，作为G7/G8及G20创始成员，德国在各正式及非正式多边治理机制中一向推行一套连贯策略组合，尤其重视G20框架下的全球经济对话，并将对话内容延伸到刺激经济及金融监管等经济议题之外。

德国学界对G20机制做过比较深入的系统研究，波鸿大学国际政治学教授斯蒂芬·斯格姆在《G20、新兴力量和跨大西洋关系》中论及G20的效率与合法性问题，对发达国家和发展中国家在G20中的互动进行了分析。他认为，G20虽然对成员国及国际金融机构尚无硬约束力，但增进了国际组织之间的沟通，缓和了经济危机的蔓延，并在联手救市及市场开放等议题上达成了共识，G20应建立常设秘书处和决策部门以加强全球治理的有效性，成为一个首脑级全球经济委员会（GEC）应是其机制化建设的最终目标。

阿登纳基金会欧洲和国际合作部的苏珊娜·福戈特在《德国与G20》中论述了德国在全球治理及G7/G8、G20中所处的地位及未来政策建议。她认为，新兴经济体与发达国家的经济差距正在快速收窄，随之而来的是未知政治和社会挑战，德国应积极参与G7/G8、G20等全球治理机制实践并力争主导地位及话语权。

德国外交政策协会的卡瑟里娜·格什和克劳迪娅·舒马克在《德国和国家集团》中分析了德国和法国在全球治理中的互动并指出，G20和G7/G8已经成为国际经济、金融政策的最重要协调平台，德国关注的核心议题是自由市场机制，德、法在诸多国际问题上存在利益共同点，两国应在G20和G7/G8框架内建立更加紧密的战略伙伴关系。

5.3.2 德国在世界政治经济格局中的地位

德国领土面积357 021平方千米，人口8 252万人，2012年德国国内生产总值为3.428万亿美元①，位列世界第四。德国有九个陆上邻国，交通运输四通八达，被称作“欧洲的十字路口”。

苏联解体和东欧剧变之后，美国成为全球唯一的超级大国并主导国际政治经济秩序。作为美国的忠实盟友，英国一直保持着两国“特殊关系”，仍然拥有不可忽视的世界影响力。德国（联邦德国）在第二次世界大战后放下历史包袱迅速崛起，并成功融入西方国际体系，两德统一后的综合国力更跃上一个新台阶。德国在当今全球治理中的主要比较优势包括：

1. 德国是欧盟领袖，欧洲第一大经济体

三十多年前，时任美国国务卿基辛格曾经抱怨：“如果我打电话给欧洲，我该找谁？”2009年年底，象征欧洲新融合里程碑的《里斯本条约》生效，英国人卡特里娜·阿什顿当选欧盟外交与安全政策高级代表，欧盟委员会主席巴罗佐当即表示：“美国国务卿可以打电话给阿什顿，她是我们的外交部长。”但在之后不久的欧债危机救援行动中，整个欧洲发现基辛格问题的答案不是阿什顿，而应该是德国总理安吉拉·默克尔，因为此刻整个欧洲似乎都在聆听她的讲话，德国亦俨然成为当之无愧的欧盟领袖。

德国是欧盟创始国之一，人口规模及经济总量居欧洲第一。欧盟是世界最大

① 数据来源：世界银行，按现价美元计算。

经济体，也是当今一体化程度最高的区域经济一体化组织，2012 年欧盟 GDP 达到 16.584 万亿美元。

第二次世界大战结束之后，联邦德国、法国、意大利、比利时、荷兰和卢森堡决定将各自的煤钢部门管理权委托给一个独立机构，建立煤钢单一共同市场。六国于 1951 年签署《欧洲煤钢共同体条约》，欧洲煤钢共同体就此成立，欧洲区域经济一体化进程正式开启。之后更多国家纷纷加入并让渡部分主权，1993 年《马斯特里赫特条约》生效，欧盟宣告成立。

在欧洲一体化进程中，德国一直发挥着举足轻重的作用。联邦德国第二次世界大战后坚定地向西靠拢，努力与法国等西方邻国达成和解，成立欧洲煤钢共同体即是两国捐弃前嫌的标志，稳固的德法关系是欧洲一体化顺利推进的重要基础。当时的联邦德国渴望摆脱美国控制以谋求外交独立，除了经济发展水平相近的西欧国家，东欧也是其争取的对象，同苏联和东欧关系解冻始于勃朗特的“新东方政策”。1969 年，时任联邦德国总理勃朗特宣布放弃哈尔斯坦主义，为缓和东西方关系促进欧洲融合起到了关键性作用。进入 21 世纪，欧洲一体化继续取得突破性进展，目前欧盟已经拥有 28 个国家，总人口超过 4.8 亿人，是全球经济规模最大、一体化程度最高的区域经济实体。

2. 德国是多个重要国际组织的成员，具有丰富的国际事务经验及较高的国际地位

德国历来积极参与国际协作，关注的议题涵盖国际金融监管与稳定、气候变化、减少贫困、国际安全等诸多领域。德国长期以来一直呼吁多边合作，主张通过国际组织进行全球治理，一个稳定的国际政治、经济环境对于德国这样一个贸易大国的意义不言而喻。

20 世纪 70 年代，西方世界遭遇严重经济危机，先后经历了美元危机、石油危机和布雷顿森林体系瓦解，主要工业国家的经济形势一度濒临失控边缘。为了共渡危机并协调经济政策，西方七大工业国召开七国集团首脑会议（G7），当时的联邦德国即是创始国之一。G7 不但有力维护了发达国家利益，客观上也促进了全球多边治理模式的有益探索。

G7 起初以经济问题为主题，20 世纪 80 年代以来对国际政治问题的讨论逐渐

增多，着眼于宏观政策协调及左右世界经济政治格局。20 世纪 80 年代末，G7 积极推动苏联和东欧向资本主义转型，甚至直接参与苏联及东欧各国的民主化进程，最终促成联邦德国政府成功实现两德统一。苏联解体、东欧剧变之后，俄罗斯积极参与国际事务并积极向西方靠拢。为加快俄罗斯转轨进程，西方延续苏联时期惯例，邀请俄罗斯总统列席七国峰会，德国即是将俄罗斯纳入七国集团的重要推手，1998 年 G8 于伯明翰峰会成立。值得注意的是，欧洲共同体委员会主席自 1977 年以来就一直参与并在相当程度上影响着 G7 的决策，而德国则是欧共体政策的主要制定者。随着俄罗斯、欧共体等重量级国际行为体陆续加入 G7 首脑会议，美国在全球治理中的话语权重受到稀释，这无疑符合德国及欧盟的战略意图。从第二次世界大战战败国到 G8 创始成员国，从欧盟领袖到 G20 重要一员，德国在大国协作及全球治理中的影响力与日俱增。

G8 是协调西方大国关系的首要平台，也是布雷顿森林体系之后的全球治理核心机制，影响力涉及经济、政治、安全等诸多方面。但八国集团自身的代表性尚不充足，向来有“富国的俱乐部”之称，并引发了发展中国家的强烈不满，崛起中的新兴经济体迫切需要一个与西方进行平等对话的国际机制。与此同时，面对金融危机等全球性问题，G7/G8 机制已经明显力不从心，一个能够取代 G8 的全球治理机制呼之欲出。

1999 年 G8 峰会在德国召开，时任德国总理施罗德建议组织一个国际论坛，探讨全球重要经济体间的经济和金融政策，避免 1997 年亚洲金融危机等类似灾难再次重演，G20 随即于同年成立，成员包括 G8 和其他十二个重要经济体，成员国财政部长和央行行长从此就全球金融稳定、金融体系改革等议题展开年度讨论。尽管早期 G20 会议取得了一定成果，但并未避免世纪金融海啸的发生。2008 年 11 月以来，G20 定期举行领导人峰会，并邀请国际货币基金组织、世界银行等国际组织列席，旨在推动发达经济体和新兴经济体就实质性问题进行开放且建设性的对话与协商，以促进国际金融体系稳定及世界经济可持续增长。

3. 经济稳步发展，社会市场经济模式取得成功

与其他西方工业国家一样，德国经济近年来也经历着结构性转变，制造业与

服务业的国民经济占比此消彼长，但制造业始终是德国经济的重要发动机，而健康的实体经济正是德国成功抵御欧债危机侵袭的坚固屏障。2011年德国GDP增长达到3%，实现了快速、强劲的V型反转复苏，就业市场也出现好转，德国联邦劳动局数据显示，截至2014年1月，德国失业人口突破了300万人，但根据德国劳工局的统计，1月份德国劳动力市场需求指数（BA－X）上升3点达到156点，表明德国企业雇用需求增长，经济开始好转。同时，德国政府赤字的国内生产总值占比降至1%，这是金融危机以来德国首次达到欧盟《稳定与增长公约》规定的财政赤字不超过国内生产总值3%的目标，而2009年、2010年德国财政赤字的国内生产总值占比分别为3.2%和4.3%。

德国在经济危机中秉持社会市场经济基本理念，所推行的经济刺激方案金额不大但效果比较明显。联邦政府把整顿财政作为优先目标，这可能在短期内牺牲经济增长和就业，但长远看有利于降低通胀及实现可持续发展，这种政府规制下的有序市场经济竞争模式使德国经济稳步走出危机阴霾。社会市场经济一直是德国经济政策的重要基石，其核心内容是维护竞争秩序但又不完全依赖市场机制，国家在经济中发挥重要的调节作用。根据《促进经济稳定增长法》，德国政府确立了“魔力四边形”目标：价格稳定、高就业、可持续经济增长及国际收支平衡。社会市场经济不仅曾经帮助联邦德国从第二次世界大战后的废墟中崛起，还对民主德国产生了不可抗拒的吸引力，“两德”统一客观上极大加速了欧洲一体化进程。

5.3.3 德国在历届G20峰会中的表现

2008年9月15日世纪金融危机爆发。11月15日—16日，首届G20峰会在美国华盛顿召开。默克尔提议，各国应制定一个应对危机和刺激全球经济增长的统一行动方案，向世界证明G20有能力控制这场危机。同时，各国应加强市场监管，建立一套预警和危机管控机制。德国央行首席经济学家兰斯柏格认为，G20成员国首脑应坚持开放市场的承诺，抵制贸易保护主义。二者的提议均入选本次峰会的重要议题，此外，全球金融体系改革、国际金融机构监管、国际货币基金组织和金融稳定论坛（Financial Stability Forum）之间的紧密合作等也都是关键性议题。

峰会最终达成一项行动计划，内容涉及提高金融市场透明度、完善问责制、改革国际金融机构等事宜的国际性协调。外界认为，这次峰会为国际金融体系改革拉开了序幕。

2009 年 4 月 1 日—2 日，第二届 G20 峰会在英国伦敦召开。欧洲经济两大引擎德国和法国虽然在诸多国际问题上鲜有一致，但这一次两国选择了合作。它们在峰会前就向 G20 施压，希望能尽快达成改革的协议。“我们想要一个能改变世界的成果。”默克尔说。在会议上，德、法携手呼吁对金融市场加强监管，要求将拒不合作的“避税天堂”列入黑名单加以制裁，此项建议获得东道主英国赞同。默克尔着重强调：“重要的是将华盛顿峰会决议付诸行动，加强金融市场监管并强化多边国际机制的作用。”

德国还对美国提出的经济刺激计划提出建议，默克尔认为：“财政刺激很重要，欧洲在这方面也做了很多，但经济刺激计划无法代替必要的规则。”各国领导人最终就联合加强金融监管等议题达成多项共识，并计划为 IMF 和世界银行等金融机构注资 1.1 万亿美元，帮助增强财政困境国家的纾困能力，而这项内容却并非默克尔所乐见。

2009 年 9 月 24 日—25 日，第三届 G20 峰会在美国匹兹堡召开。峰会之前，默克尔与法国总统萨科齐已经就金融体系改革等议题达成一致，两国倡议欧盟就规范银行高管不合理报酬等问题采取一致行动。默克尔认为，本次峰会将有效加强国际金融市场监管。她还指出：“我们不能局限于此前达成的共识，还应该防止类似危机重演，这必须成为我们的共同目标。”此外，默克尔希望峰会领导人讨论非常规支出政策的退出策略：“这些非常规政策旨在支持经济、银行和企业，但却导致了财政赤字膨胀。”

2010 年 6 月 26 日—27 日，第四届 G20 多伦多峰会召开，德国提出两个重点议题，一是呼吁尽快退出经济刺激计划以减少财政赤字，二是在全球推行金融市场交易税。默克尔声言：“危机是由于市场上的过度行为而引发，我们无论如何必须加以限制。”欧盟在本次峰会上致力于在全球层面推行金融市场交易税，默克尔表示：“我们希望建立一个全球体系，除对金融机构征收税费之外，我们将开发一种全球性金融交易税。”但该提议遭到中国、印度、日本和加拿大等国反对，因此该交易税可能暂时仅在欧盟内部推行。

本次峰会的另一个焦点是美、德对于未来世界经济政策的走向之争——是增加债务还是减少赤字。美国总统奥巴马呼吁主要工业国，尤其是欧洲国家，不要执行过度的财政紧缩政策，因为这可能影响全球消费需求。但默克尔认为，由经济刺激计划回归到财政整顿政策是避免危机重演的必要手段，德国立场使主要工业国家最终承诺在2013年前将本国财政赤字减半。

2010年11月11日—12日，第五届G20峰会在亚洲韩国首都首尔召开。主办方韩国政府安排了汇率、全球金融安全网、国际金融机构改革和发展四大主要议题。默克尔表示，虽然全球存在经常项目失衡现象，但G20成员应避免采取贸易保护措施。此外，各国还应继续推动多哈回合贸易谈判。

美国希望在峰会上联合其他国家，尤其是同样深受危机拖累的欧洲发达国家，共同向中国汇率政策发难，进一步逼迫人民币升值。而德国认为人民币应该进一步升值，但是应该分阶段逐步进行。此外，美国还批评中、德等贸易出超国家是世界经济失衡的始作俑者，意图设定规则加以限制，即今后所有国家的经常项目盈余不应该超过GDP的4%。对此德国表示反对，默克尔声称：“仅仅用一个指标无法确定经济增长的可持续性和平衡性，我们需要用多个标准予以衡量，应主要通过全球经济增长来解决经常项目失衡问题。”默克尔还特别盛赞了与中国的合作成果，美国这项提议最终不了了之。此外，德国对美国推行的6 000亿美元经济刺激计划一向颇有微词，担心这会让世界陷入新一轮衰退。

此次峰会通过了《首尔宣言》，在汇率、金融监管、国际货币基金组织改革、贸易和发展等方面达成一定共识。对此，德国联邦财政部长朔伊布勒说：“本次会议通过的《巴塞尔协议Ⅲ》虽然并不令人意外，但着实是一个巨大成功，我们正在努力从金融危机中吸取教训，取得进步。”

2011年11月3日—4日，第六届G20峰会在法国戛纳举行。自上次峰会以来，全球经济并未出现好转迹象，发达国家失业率普遍居高不下，欧洲债务危机甚至愈演愈烈，且近年来表现出色的新兴市场也呈现放缓趋势，因此本届峰会聚焦于应对全球性经济衰退、加强金融市场监管、改革国际货币体系、应对欧洲债务危机等几大议题。

始料不及的是，希腊总理帕潘德里欧在会议开始前突然宣布将对欧盟援助计划举行全民公投，希腊和欧债危机立刻成为会议焦点，G20 峰会旋即演变成“欧元峰会”。美国总统奥巴马声称：“欧债问题的解决不仅关系到欧洲稳定，也关系到全世界的稳定。”他担心希腊债务危机将波及美国，希望欧洲能尽快找出解决办法。而中国和俄罗斯则希望对欧贸易不会因此出现大幅波动，俄总统梅德韦杰夫称：“欧洲应首先想办法自救，欧盟也有办法做到这一点，此外高债务国家必须尽快缩减公共开支。”但他同时表示，俄罗斯将会加入 IMF 救助计划以帮助欧元区渡过难关。中国国家主席胡锦涛也认为，欧盟有智慧、有办法解决债务危机，同时世界也应该给予支持和帮助。

德国总理默克尔也表态说，德国希望在保留希腊为成员国的情况下稳定欧元区经济，欧元区的最终稳定比救助希腊更加重要。实际情况是，在本次峰会之前举行的欧盟峰会已就欧元区债务危机达成一系列协议，包括加强欧洲金融稳定基金等议题，德国政府希望新兴经济体能够积极向欧元区进行投资。关于经济增长问题，默克尔强调，G20 应达成共识，经济增长并非只能通过景气政策才能实现，更重要的是推行结构性改革。另外，取消贸易保护措施也非常必要。

本次峰会在金融监管和国际货币体系改革等方面取得了一定进展。默克尔表示，要对具有系统性影响力的银行进行改革，更好保护纳税人利益。而德意志银行、德国商业银行等德国金融机构也位列其中。会议明确要求这些银行的资本金需额外增加 1% ~2.5%，影子银行亦需接受更加严格的政策规制。德、法原本希望说服各国征收金融交易税，但由于美、英等国的反对未果，两国随即谋求先在欧元区内推行金融交易税。德国还表示应加快国际货币体系改革步伐，增加新兴国家的话语权。

G20 最后发表联合宣言《增长与就业行动计划》，主旨是各国应紧密团结，加强政策与行动合作。由于希腊危机前景仍不明朗，这份计划着重要求欧洲尽快找到危机应对之策，但并未提出具体措施方案。会后这份行动计划被认为“没有太大的新意”，德国反对党社会民主党对G20戛纳峰会表示失望，认为本次峰会的成果“十分糟糕”，批评其在征收金融交易税上没有取得任何进展，而且“直到今天各国仍未真正统一认识并制定出更加有效的金融市场规则”。

2012年6月18日—19日，第七届G20洛斯卡沃斯峰会举行，会议共有四大焦点议题：欧债危机解决措施、国际金融治理改革、遏制贸易保护主义、关注增长与就业。本次峰会着重强调国际合作的重要性，呼吁加强对欧元区的支持，并通过了旨在促进经济增长、维护金融稳定和扩大就业的《洛斯卡沃斯增长与就业行动计划》。

德国在峰会上主要关注世界经济复苏、平衡及可持续增长、就业、自由贸易、世界金融体系改革、金融监管、绿色能源和环境保护、防治腐败等问题。默克尔指出，各国应着力降低青年失业率，创造带有社会保障和合理收入水平的就业岗位，各国都需要一个更加开放的贸易和投资环境以加快全球经济复苏。为此，德国承诺2014年年底前不采取任何新的贸易和投资保护措施，并希望所有G20国家都应按照各自目标减少财政赤字，加强金融市场监管，并加强对影子银行和对冲基金的监管。

默克尔政府认为，洛斯卡沃斯峰会的议题应该着眼于全球经济复苏与增长，包括如何改善美国财政窘迫状况等更加广泛的议题。关于一个绕不开的议题——欧债危机问题，默克尔表示，外界不应过分寄希望于德国，因为德国的力量并非无穷无尽。“如果现在过高地要求德国，那我们最终将无力再为欧洲的稳定贡献力量。”默克尔还说：“德国不相信欧洲债券、稳定债券、欧洲存款保证金计划等任何能够快速解决问题的办法。”如果德国按照市场期望的方式行事，欧洲政治同盟将遥不可及。

德国政府表示，所有国家都有责任和义务维护世界经济增长，欧元区的增长并非世界经济强劲且持续增长的唯一前提。欧洲各国与世界上任何其他国家一样都应首先承担解决本国问题的责任。对于欧盟自身，应继续深化欧洲一体化进程，加快欧盟经济增长，探讨欧盟政治一体化，在短期内制定一条清晰的财政和银行联盟路线图。此外，欧元区有责任稳定金融市场情绪，赢回市场信心。

2013 年 9 月 5—6 日，第八届 G20 圣彼得堡峰会在俄罗斯召开。峰会主席国俄罗斯把增长和就业作为主题，并设置了八个优先议题：强劲、可持续、平衡的增长框架；就业；国际金融架构改革；加强金融监管；能源可持续性；发展；促进多边贸易；反腐。在增长和国际金融架构改革框架之下，东道国还分别引入两个特别议题：投资融资和政府公共债务可持续。

由于本次峰会笼罩在美国可能对叙利亚动武的阴影下，经济议题不可避免地受到影响。面对这个绕不开的话题，德国明确表示不会参与美国对叙利亚的军事行动，主张应遵循联合国安理会相关决定予以处理。在 G20 峰会上，美国与英、法、意等 10 国签署了叙利亚问题联合声明，而德国却拒绝签字，此举后来被广泛视为德国的一次外交失误。随后，德国政府迅速改变立场，同意签署一份措辞类似的声明。这种左右摇摆的态度招致了国内的一致批评。

在经济议题方面，德国在本届峰会上关注利率问题。德国财政部长朔伊布勒（Schaeuble）会前表示，即将召开的 G20 峰会的最主要议题是货币政策，届时，他将与各国探讨下一步的利率政策。由于美联储放出消息称将逐步退出货币宽松政策并提高银行的基本利率，这势必将引发全球经济新一轮波动。德国还代表欧洲大力支持财政整顿，把公共债务控制在可持续控制范围之内。此外，德国在打击大型跨国集团逃税和税务欺诈等议题上显示出坚定立场，并大力倡导金融监管，重点关注影子银行以确保全球金融稳定，并且提出了这一计划的路线图，得到了与会国的响应。

5.3.4 德国在全球治理中的诉求

德国外交政策的制定一直基于两个支柱：一个是欧盟建设；另一个是泛大西洋伙伴关系，包括同北约和美国的关系。除此之外，德国重点加强与联合国及其他国际机构的互动，并发展与其他国家的友好关系与合作。完全脱离统一镇痛期的德国如今再接再厉，不但积极寻求扩大国际影响力，还与全球主要行为体就全球治理展开通力合作。德国的对外战略大致可归纳为以下三点：

1. 推广所谓普世价值观和社会市场经济理念

默克尔政府和施罗德政府相比，更加关注人权等所谓普世价值观。默克尔上任初期就多次在人权问题和西藏问题上蓄意指责中国，2007年不顾中方反对坚持会见达赖喇嘛，这与两位前任——科尔及施罗德的立场大相径庭。

基于国际现实利益考量，默克尔的对华强硬态度后来逐渐软化，中德经贸及政治关系随之回暖。如今，人权问题已不再是默克尔政府的对外政策重点，但民主自由原则和市场经济依然是德国人崇尚的基本理念。德国认为，国际贸易有赖于一个没有壁垒的国际市场，但并非是不加限制的自由市场，而是有秩序的竞争市场。德国在欧盟推行财政紧缩政策的一个深层用意是对外输出自己的价值观和经济模式，以强化在欧洲的领导地位并给欧洲打上“德国”烙印。

2. 维护欧盟地位，推进欧洲一体化

就国际话语权而言，一个单独欧洲国家与一个区域领袖绝非能够同日而语，德国需要欧盟这个平台实现其全球治理的目标。第二次世界大战结束以来，德国就是欧洲一体化的坚定推动者，甚至为欧洲统一不惜牺牲民族利益。现今，欧盟的核心是欧元区，而德国是整个欧元区的核心，也是欧元区和欧盟的主要既得利益者，德国必然坚决捍卫欧盟利益并努力为欧盟争取更大的国际影响力。

欧债危机是欧盟自成立以来所面临的最大挑战，有人称之为欧元危机，因为它直接威胁到欧元的存在以及欧盟的未来。正如默克尔所言：“如果没有了欧元，欧盟也将不复存在。”默克尔政府亦将这次危机当作推进欧洲一体化的好时机，接连抛出财政同盟和银行同盟规划，以及中远期的欧洲政治同盟设想，不管其他国家对此如何反应，德国深化欧洲一体化的意志从未动摇。

3. 改革国际组织

G20等各种对话论坛的宗旨不一而足，但都有一个共同特征，即希望通过合作解决超越单一国家国力的全球性问题，德国希望借此推动停滞已久的联合国、世界贸易组织等国际组织改革，2010年首尔峰会对IMF份额作出的调整即是其中一个经典案例。德国近年来一直在争取联合国安理会常任理事国席位，在尚未取得进展的情况下，德国更加迫切地希望 G20 等会谈能加速安理会的改革步伐①。默克尔曾经表示："我认为全球化时代需要不同的对话形式，因为在这类会议上我们可以讨论各种议题，在冷静、非正式的环境下寻找解决问题的新途径。"

5.3.5 德国在国际协作中发挥的作用

1. 在国际场合发出自己的声音

贸易自由化是德国在国际场合最常呼吁的政策。德国经济对外依存度较高，国际贸易环境直接关系到德国经济的兴衰。自欧洲关税同盟成立以来，欧盟对外施行统一关税，对内取消全部关税，欧盟成员国随即成为德国最重要的贸易伙伴。世纪金融海啸使国际贸易保护主义有抬头之势，德国对于自由贸易的呼声更加强烈。G20 成员国区域分布面广、代表性强，成员国 GDP 的全球占比超过85%，贸易总额占全球 80% 以上，涵盖了德国全部主要贸易伙伴，从上述德国在历届 G20 峰会的主张能够看出，"提高贸易自由度，清除贸易壁垒"是默克尔政府在历届峰会上的关注焦点。

2. 提出一系列深化同盟的建议

众所周知，欧元区国家均已将货币政策让渡给欧洲央行，但仍然各自保留着财政政策制定权。欧元区财政政策与货币政策相互脱节是本次欧债危机的一个重要成因。随着金融危机的蔓延，失去独立货币政策调节手段的欧洲重灾区国家，只得通过财政扩张方式刺激经济并导致债台高筑。希腊最先出现危机苗头，但初期所需纾困资金完全在欧盟力所能及范围之内，但德国等国拒绝驰援，以致引发南欧多米诺骨牌式主权债务危机。

默克尔政府希望通过深化欧洲一体化政策来遏止危机，出资援助的前提是受援国须削减政府债务和财政赤字。2012 年年初，欧盟 25 国（英国、捷克除外）通过了旨在加强财政纪律的"财政契约"草案，规定签署国必须做到预算平衡或

① Vogt, Susanna: Germany and the G20, G20: Perceptions and Perspectives for Global Governance, P. 79.

保持盈余，一旦出现赤字或债务超标就将自动启动制裁机制，这标志着欧盟向财政同盟迈出了关键一步。尽管如此，英、捷缺席还是暴露了欧盟内部缺乏凝聚力，类似的情况在签署《里斯本条约》时也曾发生。有欧盟宪法之称的《里斯本条约》早在 2007 年 12 月就已签署，但各成员国的国内批准进程远比预想艰难，直到 2009 年 11 月该条约才获得全部 27 个成员国批准。

2012 年 10 月 19 日举行的欧盟峰会上，各国领导人就如何建立跨欧洲统一银行监督体系展开讨论。默克尔坚持认为在重组问题国家的银行之前，必须建立单一银行业监管体系，各国最终就创建单一欧元区银行监管机构达成协议，并决定年内确定统一银行监管法律框架。这个单一银行业监管机构将涵盖欧元区所有 6 000家银行，并在 2013 年予以落实。此举跨出了欧元区银行业联盟建设的第一步。

3. 提高新兴国家话语权

近年来，新兴经济体群体崛起成为国际协作不可忽视的力量，而现有国际机制已无法满足后危机时代的全球治理需要，G20 恰逢其时地提高了新兴经济体的国际话语权。德国一直以来积极支持发展中国家参与国际经济治理，后者之于德国的重要性主要体现在：（1）新兴经济体已成为世界经济增长的一大引擎，巨大的市场潜力是德国出口导向型经济的重要牵引力。欧债危机期间德国经济的快速复苏即源于新兴市场的带动，2011 年德国总出口额同比增长 10.6%，而对金砖五国的出口增长则超过 21%。（2）经济危机导致发达国家元气大伤，德国认识到必须加强新兴经济体的国际地位，使其更多参与全球治理并承担相应国际义务，以此推动符合德国利益的全球协调发展。此外，新兴经济体在贸易自由化、气候变化、环境保护等全球性问题上的作用亦不可或缺。

2008 年 G20 首届峰会之前，德国即已尝试推动新兴经济体参与到全球协作之中。2007 年 G8 财长会议在德国海利根达姆举行，默克尔提出加强与发展中国家合作的倡议并获得与会领导人一致赞同，该倡议后被称为“海利根达姆进程”。根据这一倡议，G8 将在两年内与中国、巴西、印度、南非、墨西哥五国就发展、跨境投资、研究与创新、知识产权保护和能源等问题展开对话，“G8 +5”对话机制就此启动。有观点认为，德国这一动议背后不排除有两个动机：一是出于对新兴市场重视有加，二是折射出其不赞同 G8 扩容的一贯立场。G8 峰会在德国眼中是一个价值观共同体，共同的意识形态是保障这一协商机制有效性的根本前提，因此德国只同意酌情邀请他国参与 G8 年度峰会，“海利根达姆进程”充分体现了这一意愿，默克尔不但将发展中国家纳入这种特别对话形式，还彻底终结了关于 G8 扩容的争论①。

5.3.6 德国在全球治理中的前景展望

尽管德国已经稳稳坐上欧洲盟主宝座，推动欧洲一体化取得瞩目成就，并带领欧洲走出金融危机泥潭，但摆在默克尔政府面前的全球治理使命才堪称真正考验，而挥之不去的欧债危机阴霾仍然是全球性问题中的当务之急，德国的表现不仅关乎执政党选情，也将牵动整个欧洲经济的未来走向，默克尔政府面临着德国国内、欧盟内部以及外围环境等三个方面的挑战：

1. 德国内部

2013 年德国大选之前，默克尔领导的政党基督教民主联盟（以下简称“基民盟”）在几次地方选举中均表现不佳。

社会民主党（以下简称“社民党”），基民盟头号竞争对手，在 2012 年 3 月法兰克福市长选举中胜出，从执政 16 年之久的基民盟手中夺回市长宝座。2012 年 5 月，德国北莱茵—威斯特法伦州（以下简称北威州）议会举行选举，州执政联盟社民党和绿党赢得州议会超过半数席位获得连任，海盗党首次进入该州议会，而基民盟的得票率还不如之前的民调支持率，而北威州在德国政坛的位置举足轻重，选民数超过整个德国选民人数的五分之一，基民盟大幅下滑的支持率给默克尔政府敲响了警钟。

此外，绿党借环保主张近几年上升势头迅猛，日本福岛核危机令一直坚持反

① Vogt, Susanna: Germany and the G20, G20: Perceptions and Perspectives for Global Governance, P. 76.

核的绿党备受追捧。2011年3月在基民盟传统选区巴登—符腾堡州地方选举中，绿党战胜基民盟夺取州长位置，而此前基民盟已在该州执政近60年。2012年10月绿党再下一城，拿下了巴登—符腾堡州首府斯图加特市市长选举，这一位置已由基民盟掌控了近40年。至此，号称基民盟大本营的巴登—符腾堡州全部失守，基民盟再一次受到沉重打击。

2012年9月，社民党正式对外公布，将推举前财长佩尔·施泰因布吕克作为该党次年议会选举候选人。施泰因布吕克的一大优势是出色的财政事务能力，曾是2008—2009年金融危机期间德国财政政策的主要制定者，社民党希望借此向选民们表明，施泰因布吕克是带领德国摆脱欧债危机的最佳人选，施泰因布吕克表示有意同绿党组成执政联盟。

此外，有德国民众对政府的危机治理颇有微词。德国反对将紧缩支出省下的钱借给那些懒散的债务国，也不愿把积蓄交给布鲁塞尔，因此危机伊始就声称反对救助他国，更有民众在德国街头就“是继续使用欧元还是回到马克时代”进行民意调查。

而德国经济本身也并非坚不可摧：首先，德国经济结构的出口占比很大，非常依赖欧盟内部及全球市场，一旦外需市场，特别是欧盟市场出现疲软，那么德国经济会受到严重打击。其次，德国也深受债务问题困扰。德国近年的公共债务总额的GDP占比已超出欧元区设定的60%最低标准。最后，德国老龄化问题严重。人口老龄化将导致国家用于老年人的社保基金支出增加，而劳动力比重下降和纳税人口减少正在收窄德国社保基金来源。

2. 欧盟内部

尽管欧洲一体化进程在德国推动下卓有成效，但前进道路并不平坦，在欧盟内部，德国主要面临三方面问题：

（1）德国与其他欧盟大国的关系。2012年法国大选前，默克尔与法国总统萨科齐组成的德法联盟有效控制了欧债危机蔓延，二人因此被称为“默科齐”。然而，随着法国左派领袖奥朗德上台，欧盟核心——德法两国的关系变得微妙起来。奥朗德建议修改欧盟财政契约，把欧元区经济政策转向刺激增长和共担债务，这一观点显然有悖于德国主张。与法国立场相比，欧盟另一个大国英国的态度更加令德国不满。英国一直以来就同欧洲大陆保持着距离，为维护英镑的特殊地位和经济政策独立性，英国拒绝加入欧元区；如今德国力推的金融交易税，也被英国以保护本国金融业为由加以拒绝。不仅如此，英国还拒绝签署欧盟财政契约。这些都清楚折射出英国不愿参与欧洲一体化的传统立场，但英国又无法割舍欧盟巨大的消费市场，不想完全自外于欧盟。

此外，身陷危机泥潭的意大利和西班牙是另外两个关键变量，两国分别是欧元区第三大和第四大经济体，其违约的后果将远超希腊。目前，两国的政府及民众均对德国的紧缩财政换援助动议心怀不满。2012 年 6 月，德国、法国、意大利、西班牙领导人举行峰会，在法、意两国的联手施压下，一向反对放松紧缩的德国有所让步，同意适当采取经济刺激政策，欧盟随即正式通过了“增长与就业契约”，其中包括一项总额为 1 200 亿欧元的经济刺激计划。

（2）德国与欧盟小国的关系。欧债危机爆发初期，就有一些欧盟小国对德国的“单边主义”颇有微词，指责其在欧盟推行的措施并未同所有国家协商。这些国家虽小，但任何决策都有可能牵动欧洲一体化整体进程。希腊 GDP 虽然只占欧盟的 1.7%，然而一旦希腊退出欧元区，产生的连锁反应可能足以令欧元区解体。另外，欧盟的数次扩容亦使决策过程变得日益曲折漫长，新加入的小国往往是决策延缓的始作俑者，比如批准“财政契约”时的捷克。因此，每逢欧洲峰会前夕，欧盟大国都会先召集一个小型会议统一意见。目前，欧盟扩容还在持续，克罗地亚已于2013 年 7 月 1 日正式加入欧盟，成为欧盟第 28 个成员国。另外，还有一个历史文化都与其他欧盟国家迥异的土耳其站在欧盟门口。在可预见的未来，复杂的成员构成势必会分化欧盟作为一个区域一体化集团的效率和凝聚力，甚至可能削弱欧盟在 G20 等国际机制中的整体话语权。

（3）欧盟分裂的风险问题。虽然财政同盟和银行同盟的组建进展顺利，欧盟看似又在一体化道路上迈进一步，但法、德两国抛出的“两种速度”欧洲论，却又蕴藏着一体化倒退的风险。萨科齐在一次演讲中曾经提出，欧盟存在“两种速度”：一个是欧元区 17 国“联邦制”核心，另一个是欧盟 11 个非欧元区国家的松散“联盟”。默克尔也表示，欧洲货币联盟需要更加紧密的合作，“一体化进程不能因为某几个（成员国）不愿意加入就止步不前”。这意味着德国不想再为不愿加入财政同盟和银行业同盟的国家（如英国和捷克）花费更多时间。显然，“两种速度”的欧洲存在演变为“两个欧洲”的风险。

3. 国际新形势

尽管G8在全球治理中的代表性和效力问题日益显露，但在德国眼中依然是协调发达国家利益的首要平台。跨大西洋关系依旧是德国的外交重点，德美关系一向是德国对外关系的重中之重，但危机中的“自扫门前雪”使两国分歧逐渐增多，德国近年来还受到其他西方国家指责，被指正在与西方渐行渐远，变成“缄默不语而气场强大”的国家，默克尔被批实施“鸵鸟政策”，不愿拿出本国优质资产“冒险”拯救欧洲，以及置身于利比亚乱局之外。

除了与西方国家渐生间隙，德国还深切感受到新兴经济体崛起的挑战气息。多年来，德国一直努力寻求与新兴经济体之间的有效对话机制，以利于全球经济复苏，实现在贸易自由化、气候、打击腐败等问题上的全球协作，德国同时希望新兴市场承担更多国际责任，但几次G20峰会表明，新兴经济体并不愿承担多少国际义务（比如碳排放问题），它们更多致力于在国际经济利益及国际事务话语权上与西方分庭抗礼，以德国为首的欧盟最终不得不选择延续区域利益至上的现实主义，而不再只把新兴国家视为合作伙伴。虽然德国在国际场合极力呼吁消除贸易壁垒，但欧盟近年来却频繁使用新型贸易保护措施，是WTO内使用反倾销手段次数最多的经济体。1995—2011年欧盟提起反倾销调查428次，采取反倾销措施275次，而中国则成为最主要受害国。另外，德国高附加值产品出口与中国低端产品出口的互补格局正在被打破，中国等新兴经济体在电子产品、机械制造等高端市场挑战“德国制造”的时代已经来临。

就G20在全球治理中的协调作用而言，历届联合宣言、声明、公报等文件大多传达的只是主旨思想和目标，而非具体操作措施，更谈不上落实、监督等后续成果，所以G20机制更像是一个大国领袖交换意见的清谈会。G20机制化建设的必要性不言而喻。

5.3.7　小结

国际经济关系理论及实践经验表明，以多个大国为主导、以国际制度为中介进行的全球多极治理具有稳定的均衡性，有助于实现国际社会均衡发展和有效解决全球治理问题，而传统力量和新兴大国的权力转移最容易造成秩序的不稳定①。2008 年全球金融危机改变了各方的实力对比，也改写了全球经济秩序结构，新兴国家的群体性崛起成为一支不可忽视的力量，G20 因其更为广泛的代表性大有彻底取代 G7/G8 的趋势。当然，新兴国家全面接掌国际话语权仍需假以时日，美国依然是全球最具影响力国家，但其霸权治理模式已经难以为继，全球治理正在向多极、均衡方向演进，欧盟和新兴市场的全面崛起指日可待。由于欧债危机等国际问题困扰，欧盟在一体化道路上举步维艰，德国虽有扩大欧盟话语权的强烈意向，然而联邦政府面临的一系列国内制约使其难以在国际舞台放开拳脚。德国在全球治理中的角色前景依然不明朗，但可以肯定的是，德国未来仍将立足于欧盟，着眼于解决欧债危机等欧盟内在问题，坚定推动欧洲一体化进程，积极参与 G7/G8 和 G20 等国际对话机制，并捍卫其在全球治理中的举足轻重的地位。

5.4　伊斯兰国家与 G20

5.4.1　以沙特阿拉伯为代表的阿拉伯国家与 G20

拥有丰富石油资源的阿拉伯国家一直享有显赫的国际地位，在世界经济中发挥着独特影响。在近年的达沃斯论坛上，阿拉伯议题日益成为国际关注焦点，沙特阿拉伯（以下简称沙特）不仅跻身于 G20，而且也是世界贸易组织（WTO）、

① 刘丰．美国霸权与全球治理—美国在全球治理中的角色及其困境．南开学报：哲学社会科学版，2012（3）．

国际货币基金组织（IMF）、世界银行（WB）等重要国际经济组织的重要成员。IMF曾经给予沙特的评价是"G20近年经济表现最好的经济体之一，2008—2012年GDP增长率仅次于中国和印度"。种种事实表明，阿拉伯国家正在积极融入全球经济治理活动。作为国际经济合作与协调的首要全球性论坛，G20正处于机制化建设历史性阶段，阿拉伯国家的参与不可或缺。

阿拉伯地区共有22个国家，地理上集中位于西亚和北非，既包括沙特、阿联酋等富裕产油国家，也包括索马里、苏丹、也门等欠发达经济体，独特的宗教背景、语言文化及风俗习惯使其在诸多领域自成一体。实力较强的阿拉伯国家通常以地租型经济为主导，经济增长倚重于自然资源、旅游资源、地缘位置等得天独厚的优势。由于缺乏独立工业体系及自主技术实力，经济可持续发展堪忧。虽然2008年金融危机之前，阿拉伯经济曾连续数年快速增长，但整体而言仍然属于发展中国家。

世界经济论坛和经济合作与发展组织联合发布的《2011—2012年度阿拉伯国家竞争力报告》① 指出，虽然经济增速较快，但许多阿拉伯国家仍然面临失业率居高不下、贫富差距悬殊、工业发展滞后等困境。众多棘手问题不仅要求阿拉伯国家及时调整对内政策，而且加强与外部世界的经济技术合作亦势在必行。是否积极参与以G20为首的国际机制建设，如何拓宽与中、美等大国的竞争与合作，是摆在阿拉伯国家面前的紧迫课题。

1. 沙特与G20

（1）G20之于沙特的现实意义

长久以来，阿拉伯国家深度依赖能源、粮食、海外投资等领域的国际合作，2009年G20匹兹堡峰会宣言声明，确定G20为国际经济合作与协调的首要全球性论坛，并成立金融稳定理事会（FSB），希望金融稳定理事会加强与有关各方的协调，加强检测金融监管进程。并且强调在世行内部引入动态机制的重要性，该机

① Arab World Competitiveness Report 2011 - 2012", published by World Economic Forum and the Organization for Economic Co - operation and Development (OECD).

制从根本上反映了各国不断变化的经济权重及世行发展目标。将发展中国家和转型中国家的投票权至少增加3%，以扩大这些过去利益被忽视国家的发言权。①G20机制化决定为阿拉伯国家平等参与全球治理提供了历史性机遇。

伴随着工业化进程，国际社会对石油的需求量与日俱增，作为全球最大石油生产国和输出国，沙特90%的出口和75%的政府收入源于石油。沙特2014年经济增速预计将达到4.4%左右，在阿拉伯地区保持着较高且平稳的增长趋势。据统计，原油价格到达最高点时，沙特一天的石油收入高达10亿美元。然而，石油价格易受地缘政治等国际因素影响，2008年石油价格一度冲高到每桶147美元，但年底又跌至35美元，剧烈震荡经常使石油生产国蒙受巨大损失。沙特法国银行（Banque Saudi Fransi）统计数据显示，2009年沙特GDP增长率仅为0.15%，美国方面的统计数字为-0.8%，2008年跌幅更高达4.3%②。除此之外，奥巴马政府力推的美国能源自给政策也使沙特备受压力，前沙特驻美国、英国大使费萨尔亲王曾敦促美国承认，其对中东能源仍然保持着较强的依赖程度。

（2）沙特在G20峰会中的利益诉求

除了能源价格波动的不确定性，巨额对外投资和大量食品进口，使沙特受到国际金融及食品市场双重影响。尽管沙特全力稳健经营海外资产，努力平抑粮食、石油、天然气市场的价格波动，但经济全球化等外部因素正日益超出掌控能力。因此，沙特寄希望于G20机制化建设契机以寻求永续发展。沙特在迄今九届G20峰会中的利益诉求可归纳为以下三点：

一是稳定国际金融市场。虽然沙特货币管理局一向采取稳健投资策略③，但国际金融投机力量对能源收入影响至深，对沙特政治、经济稳定构成严重威胁，沙特官方曾多次提议修订国际金融监管条例，以确保国际金融市场持久稳定。

---

① 匹兹堡G20首脑宣言全文，http：//money.163.com/photoview/0U230025/181_03.html.

② Saudi Arabia：Economic Weakness Led To Unemployment Rate Hike，published by International Labour Office and G20，2010.3，P1.

③ Yang Li，Zhang Jin. Political and Economic Analysis on SWFs of Saudi Arabia. Journal of Middle Eastern and Islamic Studies，2012，6（3）：35.

二是稳定国际油价。奥巴马上台后力推新能源战略以摆脱对中东的能源依赖，从而引发中东能源大国极大焦虑。随着中东石油资源日益枯竭，沙特的石油输出国组织（OPEC）能源霸主地位日益动摇，急需通过G20机制促成切实国际安排，以维护中东能源储备利益。2009年11月，G20财长和央行行长会议呼吁国际能源机构、石油输出国组织、经济合作与发展组织及世界银行为下一届G20会议的能源补贴议题制定一份联合报告，拟逐步淘汰鼓励浪费性消费的低效化石燃料补贴，并提供针对性援助方案。①

三是稳定国际粮食市场。水资源匮乏使沙特粮食不能自给自足，粮食安全深受国际价格波动影响，因此特别关注粮食安全问题，现已向苏丹等国投资进行海外粮食生产，通过各种途径保障充足粮食供给。瑟温·贝伦特在《G20与沙特阿拉伯对外政策的变化》一文中对沙特稳定国际粮食市场的战略诉求总结道："出于种种国家利益考量，沙特希望能够通过G20这样一个全球经济治理机制平台，规制影响本国经济的三大市场因素或尽量减轻其负面影响。"

（3）沙特之于G20机制化建设的立场和期待

对于沙特而言，参与G20机制化建设意味着进一步融入全球经济体系，获得更多参与权、发言权和决策权。随着G20逐步取代G8成为全球经济治理主要机制，沙特作为G20中唯一的阿拉伯国家、产油国代表以及巨额石油美元掌控者，其在全球经济治理中所发挥的作用受到世界关注②。积极参与G20未来机制建设，不仅能提高沙特在全球经济、政治格局中的地位，还有望为阿拉伯地区带来诸多利好影响。

首先，参与G20机制化建设能够提高沙特在阿拉伯地区的地位。

其次，沙特期望通过G20更多参与国际事务并提高全球影响力。沙特顾问在2010年G20多伦多峰会上提议重新评估国际货币基金组织的职责，并要求所有成员国遵守信息透明原则，尤其在金融监管和债务违约方面谨防全球金融危机再度

① Meeting of Finance Ministers and Central Bank Governors, United Kingdom, 7 November 2009.

② 邹志强.G20视角下的沙特与全球经济治理.和平与发展，2012（1）.

发生。沙特国王在2008年华盛顿峰会上曾经表示，沙特希望促进发达国家与发展中国家合作，促进国际货币基金组织政策改革，施行统一国际标准，以及促进能源安全谈判。由此可见，沙特的国家利益关切不只局限在中东和能源议题，而是涉及世界经济诸多领域。此外，沙特还决定大量注资国际货币基金组织，力争在国际金融秩序重建谈判中掌握主动，构建一个利于可持续发展的国际金融环境，扭转在世界非石油经济中的弱势地位，为后化石能源时代的生存发展谋划空间。有沙特经济学家认为，沙特是G20不可或缺的一支力量，通过兑现4 000亿美元的财政刺激计划，沙特为世界经济注入活力并赢得普遍尊重，同时沙特鼎力支持国际金融机构为挽救世界经济所作出的各种努力。

最后，沙特希望通过参与G20全球多边治理机制建设，提高新兴市场在国际经济秩序建构中的平等地位。金融危机爆发后，新兴经济体的国际话语权显著提升，全球力量格局变迁推动着整个国际秩序发生相应调整。西方发达国家正在接受新兴市场崛起这一客观事实，并已承认其参与全球治理的必要性与合理性。①对于阿拉伯国家而言，这是民族复兴的一个重要契机。2008年G20圣保罗财长会议指出："我们认识到支持新兴经济体的必要性，特别要帮助其找到其他发展资源。我们敦促各国共同抵制贸易及投资保护主义压力，并重申将坚定支持多哈回合贸易谈判迅速取得进展。"② 就中东石油出口国而言，由于石油美元体系之于全球经济平衡、国际资本市场稳定以及国际贸易与投资的关键角色，阿拉伯国家的一举一动牵动世界神经，其影响力近年来在海合会的依托下更呈现出放大效应。作为巨额石油美元储备国，沙特在未来全球经济治理中必将发挥更大作用。③

（4）G20之于沙特经济的切实影响

沙特的产业结构和出口结构比较单一，典型石油经济模式使沙特对全球经济的依赖程度较高。尽管在本次危机中，沙特所受冲击与欧美国家相比并不严重，但是结构性缺陷是未来沙特经济的严重隐患。由于政治、地理等因素限制，沙特

① 邹志强．新兴国家视野下的沙特阿拉伯与全球治理．学术探索，2013（1）．

② Meeting of Ministers and Governors, São Paulo - Brazil, 8 -9 November 2008.

③ 邹志强．石油美元视野下的沙特阿拉伯与全球经济治理．世界经济与政治论坛，2013（3）．

在农业和工业发展方面面临着诸多瓶颈。在现实约束条件之下，G20机制化建设将帮助沙特解决种种棘手问题。

第一，高失业率普遍存在于几乎所有阿拉伯国家，沙特也不例外。2010年国际劳工组织与G20共同发布的《G20成员国就业状况报告》指出，沙特的就业状况令人担忧，2006年至2009年，沙特青年失业率均在30%左右，本国劳工失业率也在10%上下，是总失业率的两倍，表明外籍劳工是沙特经济建设的主力军。女性劳动力仅占总劳动人口的15%，2012年沙特籍女性失业率高达34.9%，女性总失业率为20.6%。[①] 高失业率容易引发民众对于政府的不满，而青年失业率居高不下尤其威胁社会稳定。沙特政府正在努力推动劳动力本土化，以提高本国居民就业率。沙特内政部长纳伊夫曾经宣称，2013年外国人占沙特总人口比率不得超过20%，任何一国在沙特人口不得超过沙特总人口的10%[②]。就业是历届G20峰会关注的一个重要议题，G20已就此达成多项国际协议，如将国际货币基金组织可用资金提高两倍至7 500亿美元，支持2 500亿美元最新特别提款权（SDR）配额，支持多边发展银行（MDB）至少1 000亿美元的额外贷款，确保为贸易融资提供2 500亿美元支持，利用国际货币基金组织出售黄金储备的所得资金，为最贫穷国家提供优惠融资等，这些协议共同组成了一项1.1万亿美元的扶持计划，旨在为恢复全球信贷和就业市场及经济增长注入动力。[③]

第二，对能源出口的高度依赖。石油收入占沙特经济总量的40%，这种经济模式及石油价格的波动性显然不利于国家经济长治久安。避免价格波动对当地经济造成冲击的办法在于健全的财政框架（例如智利政府制定的财政法规）、对冲性经济手段、健全的国内金融市场和充分的国际金融市场参与度等，这些因素的缺失将导致一国财政随价格波动而起伏。平均而言，资源型财政收入波幅比其他类型高60%，且支出的波动性更大。[④] 随着沙特通过G20机制日益融入世界实体

① 克里斯蒂娜·拉加德，《21世纪新的多边主义》，理查德·汀伯比演讲，2014年2月3日，伦敦。
② 雨思．沙特人口、劳动力结构和就业状况．阿拉伯世界，2004（2）．
③ 《G20国集团领导人伦敦峰会联合声明》，2009年4月2日。
④ 《金融与发展》，国际货币基金组织季刊2013年9月号，第50卷第3期。

经济合作，2013 年非石油产业取得较快增长，上半年非石油经济增长 4.5%，预测下半年增长率为 6%。一份海湾国家信息科技领域投资报告显示，2013 年沙特在该领域投入 180 亿里亚尔，信息安全将是未来几年沙特最有潜力的发展领域之一。

第三，制造业产业结构单一。虽然 20 世纪七八十年代以来，沙特政府便开始推行工业化战略，但大型机场、军事基地等巨型工程损耗了国家财力，庞大的社会福利和国防预算也使财政压力日增，而产能过剩和油价下跌则更是雪上加霜，沙特经济直到工业化进程加快、国际石油需求回暖之后才有所好转。进入 21 世纪，虽然沙特经济稳健前行，但工业主要集中于石油勘探及加工行业，大量产品仍然依赖进口。2012 年，沙特产成品进口额占全年进口总额的 75.6%。

第四，沙特经济深受国际食品市场波动的影响。阿拉伯半岛气候干燥炎热，不适于农业发展，沙特需要大量进口粮食以满足国内需求，这是沙特经济的另一块短板。1980—1999 年，沙特三分之二的不可再生水资源被用于农业。2008 年沙特政府决定逐步取消粮食生产，更多依靠食品进口及直接投资境外食品生产。2009 年 G20 匹兹堡峰会指出，在过去的两年里，沙特饱受国际金融、国际原油及国际食品三大巨幅波动市场的影响。G20 一直为发展中国家的农业建设不懈努力，2010 年 G20 韩国财长会议称，欢迎“全球农业和粮食安全计划”迅速增加发展中国家农业援助的做法，并且期待更进一步的贡献。①

综上所述，沙特作为 G20 中的唯一阿拉伯国家，能否真正维护阿拉伯地区乃至整个发展中国家的根本利益，很大程度上取决于未来 G20 机制化建设进程。沙特应逐步推进经济结构转型升级，尽快发展成为阿拉伯乃至世界经济的中坚力量。

2. 阿拉伯国家与美、中等大国的互动

在经济全球化浪潮推动之下，阿拉伯国家日益融入世界经济图谱，与全球性大国之间的经贸关系尤其令人关注。

---

① Meeting of Finance Ministers and Central Bank Governors, Busan, Republic of Korea, June 5, 2010.

（1）阿拉伯国家与美国

“三洲五海”的优越地理形态和得天独厚的能源储藏使中东成为美国全球战略的关键一环。第二次世界大战后中东一系列热点事件背后无一不受美国影响，有些直接就是美国中东政策的产物。美国的中东战略今后仍将一以贯之，即坚定维持对中东的有效掌控。

虽然美国和阿拉伯各国在政治、宗教、文化等诸多领域差异显著，但双方都将彼此视为重大利益相关者。抛开政治因素而言，美、阿经贸关系同样非比寻常。沙特是美国在阿拉伯地区的长期最大贸易伙伴，2000—2009年双方贸易总额超过3 329亿美元。2012年，美国是沙特对外贸易中第二大出口目的国及第二大进口来源国，沙特17.5%的进口以及13.6%的出口与美国相关。石油无疑是美国与阿拉伯国家贸易中的主角，2012年沙特能源和矿产品出口占全年出口总额的83.8%。作为世界最大的发达国家，美国无论工业生产还是交通运输都依赖于能源进口，而阿拉伯国家尤其是海湾国家的财政支柱正是能源产业，融洽的经贸关系对于双方的战略意义不言而喻。随着全球经济缓慢复苏，沙特、伊拉克、利比亚等国的石油产量逐步回升，2014年经济增长预期为4%，非石油经济预期增速将从2013年的约3.75%上升到2014年的4.5%。

事实上，美国和阿拉伯国家双边贸易并非局限于石油领域。多年以来，美国是许多阿拉伯国家的最大贸易伙伴，对阿贸易是美国经济的关键一环，汽车、消费品和机械制品占双边贸易的重要份额。据统计，2000—2009年，美国与阿拉伯主要贸易伙伴贸易额超过8 175亿美元，2008年达到最高峰。世界经济进入后金融危机时代以后，美阿贸易逐步回暖，2012年上半年双边贸易额创历史新高，达1 462.5亿里亚尔。其中，沙特对美国出口1 132.5亿里亚尔，同比增长43%；美国对沙特出口131.3亿里亚尔，主要集中在运输车辆、机械、化工原料、电脑、电子等产品上。沙特如今是美国第25大贸易出口对象国，得克萨斯州、密歇根州和华盛顿州是美对沙特出口的主要地区。

此外，美国还在多个领域向阿拉伯国家提供援助，其中一些援助带有地缘政治意味。例如在穆巴拉克执政时期，埃及每年接受美国15亿美元援助，作为其对以色列政策的奖励及军事活动开支。早在2011年初，美国即提出在阿拉伯地区设立投资基金，支持阿拉伯国家基础设施和紧急项目建设，并在中东、北非地区建立小型自贸区。

除了经贸往来及项目援助，美国还不断为阿拉伯国家提供政策建议。这些建议包括帮助当地政府创造就业机会，支持公共基础建设项目，以贸易促民生，推动中小企业发展以及保障公民基本权益等。

美国是沙特在阿拉伯地区以外的最紧密盟友，沙特则是美国在阿拉伯地区的政策推手，石油供求关系决定着美沙利益的融合程度。美国不但是沙特石油的最大及最稳定购买者，还与其保持着密切军事合作，二者之间的战略互利可见一斑。

在G20机制中，沙特的立场一直比较温和，最基本的出发点是提高新兴经济体的全球治理地位。沙特外交大臣阿萨夫曾宣称："国际金融体系应该改革，国际货币基金组织（IMF）也应该改革，但沙特希望能充分考虑到公平性，特别是份额与发言权的对等。"此外，经济复苏和能源消费也是沙特的重点利益关切。在美国和欧盟争执不下的财政刺激方案上，尽管沙特所受危机冲击有限，但还是坚定地站在美国一边，推行G20最大规模财政刺激计划。综上，尽管沙特属于新兴经济体序列，但独特的经济模式、沙美石油、军事同盟以及战略性石油美元地位，使沙特在经济、政治议题上坚定地向美国靠拢，短期内二者的盟友关系仍将稳固。

就长远而言，美国和沙特的国际立场难免分化。在经济上，随着石油资源储备日益减少，美国的廉价石油进口需求有悖于沙特能源出口利益，后者势必加强与石油输出国组织的合作，开拓石油出口多元化渠道。在外交上，美国的中东战略回缩调整，使其在该区域的影响力有所减弱，沙特对美国的依赖度也将随之走低。

作为利益相关者，沙特和美国在G20中难有重大分歧，同盟关系亦不会受到政治问题影响，双边关系主线仍将是政治、经济合作。但是从长远来看，随着能源利益逐渐脱钩，石油美元的战略地位日益减弱，再加上军事合作依赖度降低，双方的国际共同利益将渐行渐远。虽然两国不至于站在对立阵营，但建立在利益基础之上的沙美同盟可能趋于解体。

（2）阿拉伯国家与中国

阿拉伯国家与中国的经贸往来可上溯到西汉时期，丝绸之路自此贯穿中国和阿拉伯半岛，中国丝绸、瓷器及阿拉伯香料、药材等特产深受对方市场青睐，我国古籍中提到的“大食”即阿拉伯古称。

20世纪50年代以来，中国开始与埃及、沙特、叙利亚、黎巴嫩等国拓展贸易合作，然而受历史条件限制，中阿经贸关系一直发展缓慢，1967—1968年，中阿年均贸易额仅为8 000万~9 000万美元。70年代以来双边贸易有所起色，1978年总额达到10亿美元。双边贸易在客观上促进了外交关系的建立，1956年的中埃建交即建立在经贸基础之上。新中国与沙特20世纪50年代就开始贸易往来，但直到1990年才正式建交，在漫长复杂的演进过程中，双边经贸的推动作用功不可没。

中国改革开放之后，尤其是进入21世纪以来，与阿拉伯国家的经贸往来更为紧密。中国政府公布的统计数据显示，2010年中阿贸易额达到1 454.2亿美元，比2004年增长了30%。中国对阿拉伯国家的出口中既有传统纺织品和生活日用品，也有大型港口机械、汽车、家电、电信设备和集装箱检测系统，而从阿拉伯国家主要进口原油、化工产品和棉花，近年开始进口大理石、水晶吊灯、钢材和铝材等商品。

与美阿贸易类似，能源是中国与阿拉伯国家贸易的压舱石，中国的原油对外依存度如今已超过50%，是名副其实的“贫油国”，石油在中国与阿拉伯国家贸易中极具战略涵义。作为世界第二大石油消费国，中国正越来越多地从伊拉克及中亚等国家进口石油。

此外，中国与阿拉伯国家还在投资、基建等领域密切合作，定期举办中阿合作论坛①及中阿经贸论坛等国际经济对话活动，“中阿合作论坛企业家大会”②已成为有史以来由双方政府和企业携手举办的规模最大、层次最高的经贸活动。

---

① 中阿合作论坛于2004年胡锦涛主席访问埃及期间，由中国政府与阿拉伯国家联盟共同成立。

② “中阿合作论坛企业家大会暨投资研讨会”是在中阿合作论坛框架下为进一步拓展双方在多层次、多领域的合作，为推动中阿经贸关系的发展而召开的企业界盛会。

2004 年中阿论坛成立时，双边贸易额仅为367 亿美元，2012 年则为2 224 亿美元，目前已互为重要的国际贸易合作伙伴。经过多年努力，双方相互投资额也均有大幅提升，中国公司正日益涉足阿拉伯国家的电信、交通、保险市场及承包等项目，如中建总公司在阿联酋迪拜朱美拉棕榈岛承接的1.66 亿美元别墅项目，在卡塔尔首都多哈以1.77 亿美元承接的当地最高综合商务大楼项目等。华为技术有限公司已成为阿联酋、也门、沙特、埃及等国的主流电信设备供应商，在阿拉伯国家设有约20 个代表处，员工多达千人以上。2012 年，中国超越日本成为沙特第三大商品贸易进口来源国。

除了经贸、投资领域，中阿还在政治、文化、教育等方面保持着密切交往。20 世纪30 年代，中国向埃及派遣首批留学生，培养出一批从事阿拉伯研究的优秀学者。20 世纪50 年代中埃建交以来，双方政府间互派留学生项目延续至今。目前，孔子学院在多个阿拉伯国家相继建立，成为中国文化“走出去战略”的有效载体。

中国与阿拉伯国家同属东方文明体系，也均为发展中国家，在经贸、政治等领域存在广泛的共同利益，G20 为新兴经济体与发达国家平等对话开创了一个全新舞台，以沙特为代表的阿拉伯国家及中国为成员之一的金砖国家有望加深协调，在G20 机制化建设中携手捍卫发展中国家利益诉求，推动国际金融体系改革，加强国际经济政策协调，为世界经济增长与稳定奉献力量。

5.4.2 土耳其与G20

土耳其重要的地缘位置决定了其必然要在国际政治、经济舞台上扮演重要角色。土耳其是G20 成员国之一，作为欧洲新兴经济体的一部分，土耳其经济近年呈现快速增长趋势，2012 年，土耳其实际GDP 增长2.2%，增幅位列欧洲第五名。然而另一方面，土耳其国内就业形势非常严峻，2012 年土耳其就业率仅为48.9%，失业率为9.4%①，积极发展对外关系以吸引国外投资是现任政府的工作

① Labour market statistics：Labour force statistics by sex and age：indicators，OECD Employment and Labour Market Statistics（database），http：//stats. oecd. org/Index. aspx？DataSetCode = LFS_ SEXAGE_ I_ R.

重心。

土耳其在历届G20峰会中始终坚守发展中国家的“低位平台”①，并积极发挥在发展中国家与G20之间的纽带与桥梁作用。土耳其对于G20的利益诉求主要集中在以下几点：

第一，土耳其立足于发展中国家利益，力促对当前国际金融体系进行改革。土耳其财长曾在2009年声明“需要一个强劲的IMF”，表达出新兴国家对于一个能代表全球利益的国际货币基金组织的呼声。在2010年6月多伦多峰会中，土方重点关注提高发展中国家的代表性和发言权，提议加强各国之间财政政策沟通和协调，加强国际金融监管，推进国际金融体系改革。2010年11月举行的首尔峰会上，与其他新兴国家一样，土耳其表示了对美联储货币宽松政策的担忧。在此后历届峰会中，土耳其关注的议题均显露出务实、灵活的色彩。值得一提的是，在埃尔多安政府带领下，2010年土耳其第一季度经济增长率达到11.7%，在G20中仅次于中国（11.9%），经济的恢复效果远超各界预期，成为世界经济体中最闪亮耀眼的“新星”之一，有效抵御了危机对于本国经济造成的冲击。2009年4月伦敦峰会前，埃尔多安曾表态，改革国际金融体系是当务之急，他会把土耳其克服金融危机的经验带到峰会以供各方借鉴。这也说明土耳其在G20中的目标不仅仅是独善其身，而是希望借助二十国集团平台，推广自己应对危机的经验，从而扩大自身的经济影响力。

第二，土耳其一直希望在G20平台上充当桥梁作用，并推广灵活的外交政策。横跨欧亚两洲的地理位置使土耳其对国际经济、政治事务拥有特殊影响力，本国信奉伊斯兰教的居民超过95%，让它足以成为西方和中东国家沟通的桥梁。土耳其海峡大学（Bogazici University）经济学教授菲克雷特·阿达曼（Fikret Adaman）认为，土耳其传统上是连接欧洲与中东、中亚的“桥梁”，在当今形势下，土耳其应该与非洲有更紧密的接触，在G20和其他事务上，土耳其应该与非洲联盟有更多协调，成为连接亚洲、非洲和欧洲以及新兴国家和发达国家的桥梁。与

① 杨洁勉．二十国集团的转型选择和发展前景．国际问题研究，2011（6）．

此同时，土耳其以 G20 这一重要国际多边机制为舞台，积极参与全球治理和国际制度建设，强化同中国、印度、巴西等新兴大国的协调合作，增加对非洲国家的发展援助，并举办欧盟与伊斯兰会议组织间的高级别会议和联合国索马里问题国际会议，继成为 2009—2010 届联合国安理会非常任理事国后，又积极谋求争当 2015—2016 届联合国安理会非常任理事国①。由此可见，土耳其通过实施灵活的多元化外交方针，正努力从二十国集团边缘走到中央，以在未来 G20 机制和全球金融格局中发挥更加广泛的作用。

第三，土耳其 20 世纪执行积极向欧洲靠拢的政策，21 世纪以来，埃尔多安政府强调多元化外交，不仅把关注点重新放回亚洲和中东，还重视加强与非洲的关系，在地区事务上展现着越来越积极的姿态。

5.4.3 印度尼西亚与 G20

印度尼西亚共和国，简称印尼，地处东南亚，人口为 2.555 亿人（印尼国家统计局 2015 年数据），为世界上人口第四多的国家。印尼是东南亚国家联盟创立国之一及 G20 成员国。依国际汇率计算，印尼为世界第 16 大经济体。

根据世界贸易组织资料，印尼出口额 2010 年居世界第 27 位，较前一年上升 3 位。印尼自 1950 年起为联合国会员国，是不结盟运动及伊斯兰会议组织成员，并加入东盟自由贸易区、凯恩斯集团及世界贸易组织，曾经是石油输出国组织会员国，由于不再出口原油而于 2008 年退出该组织。此外，印尼还是伊斯兰国家议会联盟成员。

印尼是东南亚最大的经济体，与土耳其同为新兴经济体“展望五国”② 成员。2011 年 6 月 12 日，印尼财政部长阿古斯·马托瓦多约支持法国财政部长克里斯蒂娜·拉加德成为国际货币基金组织（IMF）新总裁人选。这是拉加德参选以来首次获得新兴经济体公开支持。虽然同为伊斯兰国家，但是印尼和沙特、土耳其

---

① 丁工．土耳其崛起的根源及对未来走势的影响．世界经济与政治论坛，2013（1）．

② “展望五国”为越南、印度尼西亚、南非、土耳其及阿根廷。

并没有形成明确的小集团关系，沙特和土耳其更多代表中东利益，而印尼的政治、经济利益则与东盟息息相关。沙特与印尼同为资源出口型国家，而沙特、印尼与土耳其的利益交集在于同为亚洲新兴经济体。

1. 印尼作为G20成员的现实意义

全国纳税人联盟（National Taxpayers Union）的一项研究曾提出G20准入七项标准，这些标准与该集团的既定政策目标相符，其中三项重要标准包括：（1）一个国家的经济规模对于全球经济的重要性；（2）遵守与市场经济相一致的法律和其他规则；（3）与其他国家金融联系的范围。根据新标准，印尼的得分非常低，因此成员资格受到了质疑，这也说明印尼在G20中面临被边缘化的风险。印尼跻身G20主要是由于其庞大的人口、经济规模以及东盟成员国地位。这也决定了印尼在G20机制建设中的出发点是代表东盟等发展中国家的利益。

近年来，印尼经济发展迅速，世界经济论坛2013年发布的《2013—2014年度全球竞争力报告》显示，印尼的全球竞争力位居第38位，较此前上升12位，一跃成为2006年以来G20中进步最快的经济体。这不仅由于印尼在国内采取了一系列行之有效的改革措施，也在于G20机制对印尼的国内政策产生了反作用力，刺激印尼完善了基础设施建设和人力资源开发管理等。对于印尼而言，G20不仅意味着提高自身在全球金融格局中地位的机会，也是促进未来改革的驱动力。

作为G20成员国，印尼也必然代表东盟区域利益。印尼不仅是东盟协调员，经济上的突出成就亦使其成为东盟在G20中的代表，东盟仍将给予印尼坚定而持续的支持。这也决定了印尼在考虑自身利益的同时兼顾地区利益，大力提升东盟在全球金融格局中的地位。G20成员地位使欧盟可以充分行使全球经济治理发言权和决策权，而印尼出于地区利益代表的责任，势必将把东盟拉升到G20观察员，乃至成员的位置。

2. 印尼在G20中的利益诉求

作为资源出口主导型发展中国家，印尼在G20峰会中的利益诉求简单而清晰，即促进消费增长，稳定世界经济。此外，由于东南亚曾在20世纪末亚洲金融危机中受到重创，印尼也有义务代表东南亚国家提出议案，防范未来可能会发生的金融风险。印尼之于G20的具体利益诉求涉及以下三个方面：

第一，积极推动全球金融体系进行改革，这不但符合发展中国家的利益，同时也代表着东盟利益。印尼总统苏西洛曾经表示，作为G20成员，印尼将努力协助推进世界经济结构改革。印尼贸易部长吉达曾在G20首次经贸部长会议上表示，过去的G20峰会过多地关注发达国家利益，而对发展中国家的需要重视不够，希望洛斯卡沃斯峰会更多关注发展中国家的利益。印尼深刻地认识到，G20作为非正式论坛组织，只能算作一个危机应急措施，为了未来全球金融稳定，必须从根本性金融格局入手，对现有全球金融体系进行改革。

第二，尽快促进全球经济复苏以扩大出口。印尼的资源禀赋使其原材料出口和对外贸易占据经济总量的重要份额。因此，消除贸易保护主义，并在汇率问题上对人民币施压符合印尼国家利益。相对于其他G20成员国，印尼在2008年的金融危机中所受影响较轻。2008年第四季度，印尼的出口大幅度下滑，印尼采取了刺激内需、扩大就业和投资基础设施建设等大规模经济刺激措施，保证了2013年印尼的经济增长率远远高出大部分G20成员。在G20中，印尼大力倡导财政刺激，希望各国扩大内需以共渡危机。印尼总统苏西洛在圣彼得堡峰会前夕表示，印尼将着重讨论如何保持全球经济增长、稳定世界金融体系等问题。同时，为了确保自身出口不受影响，印尼坚定地站在贸易保护主义对立面，多次公开表示支持自由贸易，反对贸易保护主义行为。在影响进出口的汇率问题上，印尼也希望人民币汇率升值，从而减轻本国工业制成品出口的外部压力。此外，在伦敦峰会召开之前，印尼分别与日本、中国签署了总额达270亿美元的货币互换协议，显示出印尼希望逐渐摆脱对美元的依赖，促进出口多元化的决心。

第三，优化全球宏观经济结构，稳定国际金融秩序，维护发展中国家利益。经历过20世纪末亚洲金融危机的冲击，印尼痛定思痛，通过一系列调整和改革，逐渐走出衰退阴霾，并且在本次危机中取得了良好的应对效果。此外，印尼还建设性地提出了成立国际基础设施发展基金的构想，以促进发展中国家开发基础设施，并推动全球经济增长。这一举措不仅有望拉动全球金融格局中处于弱势地位的广大发展中国家，而且对社会发展程度普遍不高的东南亚国家也是一个利好消息。相比于金砖国家，印尼更多关注G20以外的发展中国家利益。

3. 印尼在G20机制化建设中的角色

在2010年夏季达沃斯论坛中，印尼贸易部长冯慧兰表示，广大发展中国家，特别是中国、印尼这样的经济状况良好的国家应该拥有更大的话语权，她同时强调G20不应该是一个排他性俱乐部。作为一个迅速崛起的新兴经济体以及东盟的G20代表，印尼毫无疑问将在未来G20机制化建设中扮演独一无二的角色。总体而言，印尼在未来G20机制化建设中共有以下两点诉求：

第一，大力支持全球金融监管体系强化管理。经过了1998年亚洲金融危机的洗礼，印尼积累了宝贵的危机应对经验，但绝不想重蹈历史覆辙，因此大力推动构建全球金融风险防控网络，对金融风险进行定期评估和检测。印尼目前正处于快速发展时期，拥有资源禀赋和廉价劳动力等诸多优势，并在政治上逐渐成长为"东盟盟主"，由于外部冲击而受阻于崛起之路并非印尼人所乐见。

第二，推进全球金融体系改革，提高发展中国家的发言权。如果说金砖国家在G20中更多是争取本国利益，印尼则背负着整个东南亚的期望。苏西洛总统在2008年华盛顿峰会中建议，多边发展银行（MDBs）应为新兴市场提供预算支持，以抵消金融危机产生的逆周期影响，更好地实现多边发展银行的目标。作为发展中国家的佼佼者，金砖国家更多关注自身经济利益，并且在外界眼中有结盟趋势，而印尼则表示要真正为所有发展中国家谋取更多国际发言权。

总之，印尼在G20中更多是以东盟国家代表的形象出现。印尼近年来的快速发展以及为发展中国家利益所作出的诸多提案，广受国际社会好评。但也有分析指出，印尼国内仍面临着高失业率、高贫困率、基础设施落后和腐败丛生等问题，如果印尼不能把G20峰会上达成的共识转化成国内改革动力，那么它仍将无法成为一个有影响力的大国。总之，G20成员身份"为印尼打开了一扇门，但这扇门只是半开着"，只有大力推行国内改革以提高社会发展整体水平，印尼才可能成为名副其实的"东盟盟主"。

5.4.4 小结

目前，许多学者正在对G20机制化建设进行系统研究，也有学者对美国、金砖等具有系统性国际影响的经济体在G20机制化建设中的角色及国家战略作出深入分析，但国内外学界对沙特类以能源输出为经济引擎的新兴经济体的研究仍不多见，对于沙特与重要国际经济合作机制互动关系的研究则少之又少。本书开创了该领域一个先例，通过探讨G20机制化建设对以沙特为代表的阿拉伯国家的影响，延伸解读美、中等大国与沙特等阿拉伯国家的互动关系，为今后系统研究阿拉伯国家之于G20机制的角色及作用提供了全新视角，并可以此为基础，对沙特、土耳其、印尼三国在未来G20机制化建设中的立场、诉求作出准确判断。

沙特作为阿拉伯地区的代言人，将大力维护本区域利益。更重要的是，作为美国在石油和国防领域的国际盟友，沙特在中长期都不会放弃这一关系。尽管被视为新兴经济体阵营中的一员，但是沙特的非典型性特征决定了传统发展中国家议题难以成为其关注重点。在未来G20的机制化建设中，沙特将大力推动出口多元化战略并促进全球消费，同时谋求抬高能源价格，从而获得更大经济利益。由于美沙结盟主要出于双方的共同国际利益需要，那么随着共同利益基础的松动，加之政治理念上的分歧，两国同盟关系终将面临国际政治的现实考验。

土耳其作为踏在欧盟门槛上的中东国家，将借助G20平台大力施展灵活外交。土耳其在过去曾积极向欧洲靠拢，希望将本国建设成为现代化的西方国家。但是自埃尔多安执政以来，土耳其从历史和现实出发，努力通过多元外交发挥连接亚、非、欧及新兴经济体与发达国家的桥梁作用，而不再一味迎合西方旨意。在未来G20机制化建设中，土耳其将立足于发展中国家立场，大力倡导国际金融体系改革，提高新兴市场的发言权和决策权。

印尼在G20中不仅代表伊斯兰国家利益，也承载着G20之外的广大发展中国家，尤其是东南亚国家的利益诉求。对于正处于经济发展机遇期的印尼而言，G20成员身份不仅是一支强心剂，也是其国内改革的重要推动力。虽然经济成就已经为世人所瞩目，但是成就大国地位的关键在于国内改革能切实推进落实。在G20机制化建设中，印尼将积极倡导全球金融体系改革，加强金融体系监管力度，维护本国及东南亚国家整体利益。作为资源出口型国家，印尼势必秉持出口多元化方针以降低发生经济风险的可能性。

5.5 G20未来机制化面临的国际关系基础

综上所述，G20机制在危机面前发挥了应有作用，使得发达国家和新兴经济体之间协调一致，防止了危机的加剧。然而，G20仅仅是一个协调立场、平等对话的平台，而非颁布规则、实施政策的决策机构，这使其虽然有很大灵活性，但是难以处理利益冲突问题。此外，在金融危机时期，让全球经济尽快复苏符合各国利益，但是在后危机时代，各国之间的利益冲突则会增多，G20机制的效率可能进一步下降。就IMF份额改革而言，各成员国及小集团之间的博弈仍将持续上演。因此，G20在未来需要加强与联合国等国际组织的互动，提高自身合法性，通过与WTO和IMF等国际机构的合作，确保国际经济与合作协调的有效性，谨防会议成果沦为一纸空文。

在各个阵营之间博弈方面，目前G20中最突出的矛盾是美欧关于金融霸权的角力，但是随着双方经济走出衰退，以及欧洲在全球金融体系中的份额转移，美欧的金融霸权之争有望逐步平息，而贸易政策、外资争夺、汇率问题等将成为争议焦点，与新兴经济体之间的博弈将晋级主流。同时，新兴经济体也会成立与G7性质类似的国际组织或论坛，以更好地代表发展中国家利益，但新兴经济体能否凝聚共识、统一立场，取决于E11能否从发展中国家的长期全局利益出发。长期而言，新兴经济体与发达国家金融权利之争在所难免，全球金融体系变革序幕才刚刚拉开，欧美国家的金融主导地位还未发生根本性改变。只有当新兴经济体综合实力追近发达国家之时，国际金融主导权的争夺与转移才算真正开启，新兴经济体的国际维权道路仍然崎岖漫长。本书对2008年及2010年IMF份额及投票权改革进行了量化统计，以小集团为单元计算出转让明细，希望以此总结出其中一些趋势性变化（见表5.5、表5.6、图5.4及图5.5）。

表 5.5　　G20 各小集团的 IMF 份额及投票权分配情况一览表　　单位：%

	份额			投票权		
	2008 年改革生效前①	2008 年改革生效后②	2010 年改革生效后③	2008 年改革生效前	2008 年改革生效后	2010 年改革生效后
G7	45.24	45.30	43.38	44.35	43.09	41.18
金砖五国	10.62	11.50	14.81	10.45	11.03	14.13
欧盟（除德、法、英、意）	13.25	13.44	13.04	13.26	13.35	13.01
拉美三国（除巴西）	2.47	2.41	2.54	2.40	2.34	2.46
伊斯兰三国	4.67	4.41	4.05	4.65	4.26	3.91
韩国	1.35	1.41	1.80	1.33	1.37	1.73
澳大利亚	1.50	1.36	1.38	1.47	1.31	1.33

数据来源：本表由作者根据 IMF 官网数据整理而得。IMF 官网，http：//www.imf.org/external/np/sec/pr/2011/pdfs/quota_ tbl.pdf。

表 5.6　　G20 各小集团的 IMF 份额及投票权增减一览表　　单位：%

	份额变化表		投票权变化表	
	2008 年改革生效后	2010 年改革生效后	2008 年改革生效后	2010 年改革生效后
G7	0.06	-1.92	-1.26	-1.91
金砖五国	0.89	3.31	0.58	3.10
欧盟（除德、法、英、意）	0.20	-0.41	0.12	-0.35
拉美三国（除巴西）	-0.06	0.13	-0.05	0.12
伊斯兰三国	-0.25	-0.36	-0.39	-0.35
韩国	0.06	0.39	0.04	0.36
澳大利亚	-0.14	0.02	-0.16	0.02
美国	0.57	-0.26	0.02	-0.28
中国	0.28	2.40	0.16	2.26

资料来源：IMF 官网。本表由作者根据 IMF 官网数据计算而得。

① 2008 年 4 月 29 日，IMF 理事会以大多数赞成票通过份额和发言权改革，http：//www.imf.org/external/chinese/np/sec/pr/2008/pr0893c.pdf。

② 2008 年方案已于 2011 年 3 月生效，http：//www.imf.org/external/np/sec/pr/2011/pr1164.htm。

③ 2013 年 3 月 11 日，美国国会参议院否决这一提议，IMF 此项改革流产。

关于 2008 年及 2010 年 G20 小集团之间的 IMF 份额转移明细，如图 5.4 和图 5.5 所示。

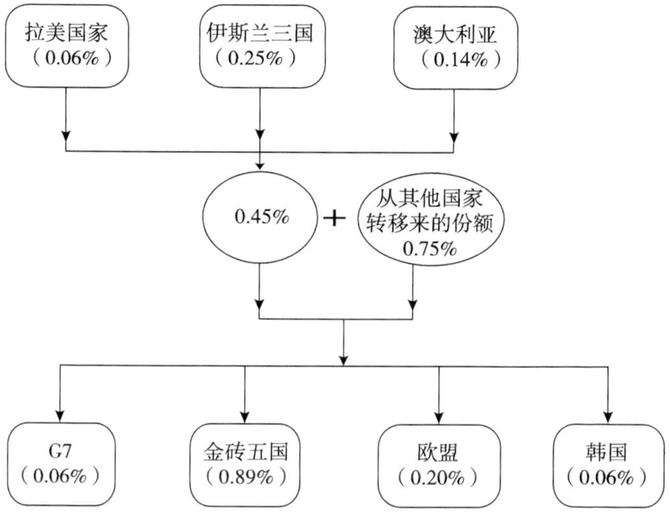

图 5.4 2008 年份额改革示意图

注：巴西归入金砖五国之中，因此未列入拉美集团。欧盟中不包括德、法、英、意，四国列入 G7 之中，2010 年份额改革变化图的集团构成相同。百分比数字按四舍五入方法计算而得。

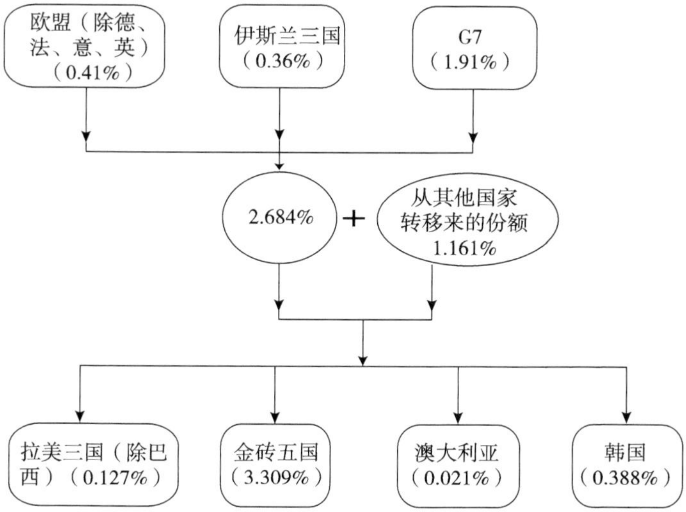

图 5.5 2010 年份额改革示意图

如图 5. 4 所示，在 2008 年 IMF 份额改革中，就 G20 的小集团及成员国而言，份额变化总体由拉美（除巴西）、伊斯兰三国、澳大利亚向 G7、金砖五国、欧盟（除德、法、意、英）和韩国转移。投票权由 G7、拉美（除巴西）、伊斯兰三国、澳大利亚向金砖五国、欧盟（除德、法、英、意）和韩国转移。

2010 年 11 月 5 日，IMF 通过的《基金组织执董会批准对份额和治理进行全面改革》显示，份额变化总体由 G7、伊斯兰三国、欧盟（除德、法、意、英）向金砖五国、拉美（除巴西）、澳大利亚和韩国转移，投票权由 G7、伊斯兰三国和欧盟（除德、法、意、英）向金砖五国、拉美（除巴西）和韩国转移。

第 6 章 G20 机制化建设与中国战略

6.1 金砖国家与 G20

2008 年全球金融危机将 G20 推到全球经济治理的前台。2009 年 G20 匹兹堡峰会上，各国领导人宣布 G20 将在经济议题上永久取代 G7，成为国际经济合作的首要论坛，这不仅预示着 G20 机制化建设的正式开端，更意味着世界金融格局已发生本质变迁。尽管以美国为首的发达国家仍然执掌金融霸权，但 IMF、世行的份额及投票权改革也折射出新兴经济体的强势崛起。在 E11 之中，最令人瞩目的莫过于有中国参与的金砖国家。当发达国家普遍陷入经济衰退之时，“金砖”对于世界经济的拉动作用功不可没。今天，“金砖”这一松散组织，正通过金砖国家峰会等机制，在国际经济以外的议题上日益发挥着重大影响。

升级为峰会的 G20 至今已走过七个春秋，其机制化建设使命牵动着世界经济的未来。本章将在 G20 机制化建设背景之下，系统分析金砖国家对 G20 机制的态度和立场，并且重点阐述中国在 G20 机制化建设中秉持的基本理念、面临的机遇、挑战以及应对方略。

6.1.1 G20 机制化的机遇

在当代世界经济格局之中，G20 正日益成为全球经济治理的核心机制，也是各成员国利益诉求的晴雨表及逐鹿场。美国推行宽松货币政策力保经济持稳，反对过多全球性金融监管，坚决捍卫美元的全球货币霸权地位；欧盟则主张对全球金融体系加强管控，强调严格财政纪律有利于可持续发展；中国既是一个崛起中的大国，又是一个发展不平衡的经济体，因此对于 G20 的诉求既包括对内图强综合国力、对外革新金融秩序，亦涵盖提升新兴经济体国际话语权的使命担当。

中国在国际金融体系中的角色定位，对于平衡区域经济落差，构建国际金融新秩序，以及推动世界经济永续进步都至关重要。具体到国际关系层面，中国将努力争取与自身实力相称的国际规则话语权，着眼国际经济统筹机制的议题制定权，增强其对于国际经济合作的渗透力、影响力。跻身世界级强国行列，中国首先应成为亚洲强国，因此在区域关系层面，应该注重提高地缘政治、经济、安全、文教等的地位。

改革开放以来，中国已成功融入世界经济，并一举成长为第二大经济体、第一大贸易国、第一大外汇储备国，在全球贸易与投资、国际金融等诸多领域拥有系统性外溢影响，中国之于G20机制化建设的推动作用不可或缺。

随着国家实力不断增强，中国的国家利益也不断外延，参与全球治理就成了维护自身利益的必要选择。① 陈凤英研究员认为，G20机制是中国构建和谐世界、实现和平发展战略目标的最佳选择，是中国由世界大国顺利跃升为世界强国的理想平台。② G20之于中华民族伟大复兴的承载意义不言而喻。

在大衰退的巨大冲击之下，陷入债务违约泥潭的发达国家至今未能全身而退，新兴经济体崛起的同时也伴随着不可持续性的发展隐忧，G20平台的适时诞生，为中国提供了一个问鼎国际话语权的历史机遇。首先，金融危机客观上推动了国际金融体系改革，改革的核心内容之一即是提高新兴经济体在IMF等国际组织中的参与权、发言权和决策权，中国等新兴经济体获得了广阔的发展空间，欠发达国家也会获得实质性国际援助，南北差距有望逐步缩小。其次，人民币将在国际货币体系中扮演更为关键的角色，中国世贸组织研究会常务理事周世俭表示，人民币如果能够不失时机地走出去，从周边化到区域化，对中国确立经济大国的地位具有重要意义。正是经由G20机制平台，中国已与印尼、阿根廷等国签署了货币互换协议，印证、加速着人民币国际地位的提升。最后，G20机制化建

① 李星．G20走向机制化的原因——一种体系层次上的分析．宜宾学院学报，2011（10）．
② 陈凤英．二十国集团机制化适应时代发展潮流．当代世界，2010（12）．

设为中国国际影响力的跃升提供了广阔舞台。在G20平等对话平台之上，新兴经济体正日益聚合为一股强大的国际话语力量，发达国家因此难以将之“关在门外”。作为世界上最大的发展中国家，中国理应发挥领头羊作用，加强与区域内部国家的对话，甚至结成战略同盟，统一各方立场与诉求，推动发展中国家国际地位的整体提升。

当前国际格局以多极化为主要特征，建立多层次国际合作体系无疑符合中国的长远战略规划。首先，应坚持中美战略对话以平衡世界经济结构及推进中国和平崛起。其次，应积极参与G20机制化建设以强固平等国际话语权。再次，应重视东盟“10+3”等区域一体化机制对于中国全球性战略的支撑意义，加强周边合作亦是推动人民币国际化的必由之路。2011年，得益于东盟及中、日、韩三国的区域内紧密协作，东亚总体上有效控制了危机蔓延，保持了经济较快增长和金融稳定。最后，作为“金砖”核心成员，中国应该积极倡导全方位、多层次集团内部资源整合，加强金砖银行等机制化建设。作为主要新兴经济体，金砖五国国土面积世界占比为26%，人口世界占比42%，中国、印度、俄罗斯、巴西在未来G20机制化建设中所蕴藏的正能量值得乐观期待。

6.1.2　G20机制化的制约因素和潜在风险

首先，改革开放三十多年以来，中国已在经济规模上超过大多数发达国家，而在人均收入及全球治理诉求方面又与发展中国家相近。任何一国如若期望在国际上发挥大国引领或示范作用，强大的综合国力及广泛的国际身份认同缺一不可。中国目前仍缺乏直达内心深处的软实力影响及配套政策，尚未提出传播深远的国际政治、经济合作全新理念，在国际组织改革议题上亦缺少清晰的战略规划。

其次，后金融危机时代，G20的功能定位还存在较大不确定性，G20能否实现从短期应急机制向长效治理机制的顺利转型，取决于世界经济的稳定性及新兴经济体合力推动G20机制化建设意愿的坚定性。但是，当前各方利益诉求已现分化迹象，一些发达国家甚至希望重回G7为核心的全球经济治理框架。按照IMF的改革方案，到2010年中国的投票权将从3.67%增长到7.74%，这势必意味着更多的国际责任与义务。此外，美、欧之于基金组织及世行份额的绝对控制权仍未发生根本变更，而G20是唯一可能推动重要国际经济组织改革的现有机制，发达国家对于G20的态度和立场值得密切关注。

最后，G20内部小集团林立，成员构成复杂多元，中国的国际利益诉求面临多重博弈考验。比如人民币汇率问题一直是国际经济的争论焦点，首尔峰会期间，美国曾经试图假借G20多边机制迫使人民币大幅升值，并迫使中国改变出口导向型发展模式。除此之外，发达国家仍主导着G20议题设置，如多伦多峰会核心议题“全球经济可持续复苏、全球金融监管改革、国际金融机构改革以及反对贸易保护主义”，圣彼得堡峰会核心议题“经济增速放缓，经济去海外化和协调行动打击逃税”等，更多体现了发达国家利益诉求及全球战略考量。

6.2 中国对于G20的态度和立场

2008年11月15日，为防止全球金融危机进一步蔓延，第一次G20峰会在美国华盛顿召开，中国自此成为拯救危机表现最卓著的国家之一。在这次峰会上，中国提出以下几点议案：第一，加强国际金融监管，以稳定市场信心及保持全球经济增长；第二，推进国际金融机构改革，使之更加符合国际经济形势变迁；第三，各国都应该肩负起国际责任，在实行宏观经济政策的同时兼顾对其他国家，尤其是发展中国家的影响；第四，不能因为金融危机减少对发展问题的关注。峰会之前即有分析认为，作为经济增长最为强劲的新兴经济体，中国有望扮演世界经济“救世主”的角色。从中方关注的议题来看，中国并未试图引领抒困之先，而是站在发展中国家立场，提倡全球金融体系改革以赋予发展中国家更大的权利，以及提升中国在金融格局中的地位。

在第二次G20伦敦峰会上，中方所持立场与上一届基本相同，胡锦涛发表了题为《携手合作，同舟共济》的讲话，主要内容包括：第一，各国只有坚定信心，共同努力，才能渡过危机；第二，在金融危机面前任何国家都不可能独善其身，因此应该在贸易、投资等领域加强国际合作，增强世界经济增长的内在动力；第三，进一步推动包含国际金融监管、国际金融机构和金融稳定论坛在内的多项改革议程；第四，进一步反对贸易保护主义；第五，进一步支持发展中国家。可以看出，中国在本次峰会秉持维护发展中国家利益的基本立场，同时强调国际合作以有效应对危机。针对危机时期贸易保护主义回潮的现象，中方表示坚决反对。

第三次 G20 匹兹堡峰会召开前夕，各国经济情况不断好转，退出策略成为与会各国的关注焦点。这次峰会上，胡锦涛发表了题为《全力促进增长，推动平衡发展》的讲话，阐述了中方的三点立场：第一，坚定不移刺激经济增长，继续加强宏观经济政策协调，保持各国政策导向的一致性、时效性、前瞻性。第二，坚定不移地推进国际金融体系改革，着力提高发展中国家的代表性和发言权，不断推动改革取得实质性进展。第三，坚定不移推动世界经济平衡发展，解决南北不平等问题。匹兹堡峰会上，与会各国在关键议题上的分歧明显增多，尤其在退出策略上，英国和德国就产生了矛盾，中方因而强调了 G20 平台的对话和协调作用，希望各国在政策上保持一致。作为世界第一出口大国，中国支持各国的财政刺激政策，同时积极推进国际金融体系改革，为发展中国家争取更多的国际话语权。第四，在平衡增长议题上，中国将不平衡问题归结为“南北发展的严重不平衡”，提出欠发达国家对于话语权和参与权的诉求，有效回击了发达国家以平衡为由在贸易和汇率等问题上对中国的围堵。值得一提的是，这次峰会宣布 G20 将取代 G7 成为国际经济合作的首要平台，这是 G20 演进历程中的首个重大突破，为未来 G20 机制化建设开创了先河。

G20 第四次领导人峰会于 2010 年 6 月 26 日—27 日在加拿大多伦多举行。中国外交部表示，中方在本届峰会上主要关注四点议题：第一，加强各国宏观经济政策的沟通与协调，巩固世界经济复苏势头并重点关注欧债问题；第二，推动国际货币基金组织在首尔峰会之前完成份额改革目标，提高新兴市场和发展中国家的代表性和发言权，同时深化国际金融体系及国际监管体制改革；第三，给予发展问题更多关注；第四，继续反对贸易保护主义。胡锦涛 27 日发表题为《同心协力，共创未来》的讲话，强调了中方在各项议题上的基本立场。

2010年11月11日—12日，G20第五次峰会在首尔召开，总共设置了汇率、全球金融安全网、国际金融组织改革和发展等核心议题。胡锦涛发表了题为《再接再厉，共促发展》的讲话，展示了中方在本届峰会中的政策立场：第一，完善框架机制，推动合作发展；第二，倡导开放贸易，推动协调发展；第三，完善金融体系，推动稳定发展；第四，缩小发展差距，推动平衡发展。这四个关注焦点折射出中方对于G20机制的充分肯定，也预示着中方将积极参与G20未来的机制化建设。除此之外，中国还提出"坚持成员国主导原则"等创新性政治主张。在贸易问题上，由于全球范围内贸易战愈演愈烈，中方主张进一步消除贸易保护主义，推动全球贸易自由化。在国际金融体系改革和缩小发展差距议题上，中方展现了维护发展中国家的一贯立场。此外，与会各方在汇率和刺激政策上的分歧愈加难以调和。在经常项目收支方面，韩国、美国提出了具体目标——将经常项目顺差和逆差幅度控制在国内生产总值4%左右，但遭到了多数成员国的明确反对。美国、印度等国还就汇率操纵问题向中方联合施压，汇率谈判因此一度陷入僵局。美联储推出的量化宽松政策引发了欧洲等国家的普遍指责，中国外交部副部长崔天凯表示，美方应就货币量化宽松政策作出适当解释，以免影响国际社会对世界经济复苏的信心。随着各方利益分歧加大，G20机制在此次峰会上暴露出明显的内生性缺陷，未来机制化建设议题因而备受瞩目。

2011年，在全球股市普遍下挫，欧债危机持续发酵的背景下，G20第六次领导人峰会于11月3日—4日在戛纳召开。中方关注的主要议题有：第一，坚持在增长中兼顾平衡；在强劲、可持续、平衡三个目标中，确立强劲增长为首要目标。第二，加强沟通和协调，坚持在合作中谋求共赢。第三，坚持推进改革，朝着更加公正合理的全球经济治理体系迈进。第四，坚持在创新中不断前进。第五，加快发展中国家经济社会发展，坚持在发展中共促繁荣。① 本次峰会上，中方依然保持了一贯的政策延续性：从发展中国家利益出发，强调国际合作，以增

① 《合力推动增长，合作谋求共赢》，胡锦涛在二十国集团领导人第六次峰会上的讲话，2011年11月法国戛纳。

长为主要目标，通过金融体系改革和平衡发展为发展中国家争取更多发言权和切身利益。意想不到的一个情况是，随着欧元区事态的突然升级，欧元危机和希腊危机一跃成为本次峰会主要议题之外的关注焦点。面对外界关于中国将出手救助欧债重灾区的传言，中方保持了冷静立场，认为“欧洲问题当然要靠欧洲人自己解决”。希腊对欧盟援助计划举行的“全民公投”打乱了萨科齐政府设定的峰会议程，致使峰会的一些预期成果最终落空。

2012 年 6 月 18 日—19 日，第七次 G20 领导人峰会在洛斯卡沃斯召开，这也是继首尔峰会之后，G20 峰会第二次在新兴经济体举行。胡锦涛的《稳中求进，共促发展》主题演讲向世界传达了中方的几大关注议题：第一，坚定不移推动世界经济稳定复苏；第二，坚定不移深化国际金融体系改革，建立公平、公正、包容、有序的国际金融体系；第三，坚定不移促进国际贸易健康发展，营造自由开放、公平公正的全球贸易环境，消除贸易障碍，增强贸易发展动力；第四，坚定不移推进发展事业，促进广大发展中国家繁荣进步、缩小南北差距；第五，坚定不移倡导可持续发展，缓解资源环境压力、实现世界经济可持续发展。针对欧元区债务问题，胡锦涛指出，世界各国应该以建设性、合作性方式对欧元区进行支持。胡锦涛的讲话体现了中方应对危机指导理念的稳健核心。在保持增长、促进贸易的前提下，胡锦涛还传达了中国支持发展中国家利益诉求的一贯立场，强调推进国际金融体系改革，推动欠发达国家可持续发展。

2013 年 9 月 5 日—6 日，G20 第八次领导人峰会在圣彼得堡举行。在本次峰会中，习近平阐述了中方在贸易等议题上的基本立场：第一，反对贸易保护主义，维护开放型世界经济发展；第二，加强多边贸易体系建设，推动多哈回合贸易谈判；第三，完善全球价值链，建设全球一体化大市场。随着金融危机接近尾声，G20 各个成员国“抱团取暖”的相互需求已不复存在，圣彼得堡峰会的经济议题因此稍显平淡。显而易见，国际金融体系改革和国际贸易是该届峰会的中方关注焦点，前者关乎中国等新兴经济体的未来地位，后者将在一定程度上左右中国经济的未来走势。与此同时，叙利亚问题也是峰会的一大关注焦点，习近平在这一问题上表明了“政治解决”的中方根本立场。

2014年11月，G20第九次领导人峰会在澳大利亚布里斯班举行。与会成员普遍同意增加国际货币基金组织（IMF）资源，以使其拥有应对未来危机的有效工具，承诺进一步推动全球经济增长2.1%，并就建立全球基础设施中心达成共识。

综合中国在历次G20峰会的表态可以看出，中国以发展中国家的利益为基础，积极推进国际金融体系改革以提高发展中国家的发言权、参与权和决策权；强调世界经济平衡、可持续增长，呼吁发达国家和国际金融机构加大对欠发达国家的支持力度；在国际贸易和财政刺激问题上，中方坚定支持国际贸易自由化，反对贸易保护主义，同时希望各国保持财政刺激力度。在应对危机的方式上，中国强调借助G20平台进行对话和合作，以实现全球共赢。中国在G20峰会中所持有的原则立场，亦符合中方在经济、外交等领域的两点核心利益诉求：

其一，G20机制是提高中国在全球金融体系地位的重要平台。2008年金融危机爆发以来，G20机制展现出应对危机的强大能力。随着这一机制地位的不断提高，新兴经济体逐渐从外围走向世界金融权力中心，世界金融格局也随之发生变迁。就世界经济格局而言，举世瞩目的中国经济成就足以奠定其在世界金融体系中的核心地位，但是中国仍然缺少对全球经济治理施加影响的平台①。金融危机之后，G20机制为中国提供了一个近乎完美的全球经济治理对话平台，得以整合广大新兴经济体的全球利益诉求，如推动IMF进行份额和投票权改革等，也可以通过对于议题设置的影响力，有效规避中美汇率问题等双边议题列入多边谈判范畴。就G20长远进程而言，中国有望对国际金融体系的“游戏规则”施加更多影响，扭转发达国家的绝对垄断局面，推动全球金融治理结构的趋势性完善。

其二，G20机制符合中国对于国际新秩序的根本诉求。20世纪以来，中国政府一直对于G8采取谨慎态度，“不想加入一个排外的、由所谓观点相似的国家组

① 邹亚宝，王凯．论G20机制化及中国在全球经济治理中的策略．国际经济战略，2011，2（6）．

成的俱乐部，以及承担与自身实力不符的义务”①。然而，中国政府对于G20则表现出截然不同的态度，不仅积极参加历届财长、领导人峰会，还就热点问题积极发表声明、阐述立场。在经济议题上，G20比G8更具代表性和有效性；在外交政策上，G20集各大洲、不同发展阶段经济体于一身的巨大包容性，更符合中国在多极化形势下的独立、平等外交策略。

6.3 中国持有的G20机制化建设理念和方略

1999年12月15日—16日，首届G20财长和央行行长会议在德国柏林召开，提出“G20的成立为布雷顿森林体系框架下的非正式对话提供了新的机制，拓宽了主要经济体在关键经济和财政政策问题上的讨论，促进了合作，实现了稳定和可持续的世界经济增长”②。这表明G20机制仍然隶属于布雷顿森林体系，以“非正式”为运行特点。匹兹堡峰会将G20升级为全球首要经济合作论坛之后，G20又被赋予另外一个重要特点，即领导人引领运行机制。非正式特点体现在G20不具备联合国及世界贸易组织等正式国际组织的常设秘书处，也决定了G20决策机制只能通过协商达成共识而非投票表决。而“领导人引领”性质则意味着G20机制架构是一个以领导人为核心的“金字塔结构”，领导人峰会更多是战略沟通，部长级会议、协调人会议和工作组会议为这种战略沟通奠定了坚实的技术和行动基础。③ 在中美G20改革研究小组发布的最终报告中，双方一致认为“二十国集团应该继续增强其非正式、由领袖引领的比较优势”，以确保机制运转的高效性、灵活性。在多伦多峰会上发表的题为《同心协力，共创未来》的讲话中，胡锦涛主席提出“推动G20从应对国际金融危机的有效机制转向促进国际经济合作的主要平台”的建议，表明中方积极参与G20机制化建设的立场。作为世界上最大的发展中国家，中国在未来G20机制化建设中持有以下几点行动方略：

---

① 王颖，李计广. G20与中国. 现代国际关系，2012（6）.

② 《二十国集团财长和央行行长会议公报》，德国柏林，1999年12月15日—16日。

③ 朱进杰. G20该如何机制化？. 解放日报，2011-11-04.

第一，中国应该坚持 G20 机制化建设三步走战略。当前，G20 机制化建设正处于第一阶段，中国应当积极参与制定规则。当软法机制建设的基础奠定之后，中国应主动推进 G20 从形式建设往实质建设发展，即由秘书处建设向议题设置建设延伸，为半机制化建设的充分实施铺平道路。在完善非正式化机制的同时，亦应推动“软硬兼施”的机制化构建，以增强峰会运作的规范性及决议的权威性，具体包括严格成员国准入、塑造 G20 特色决策机制和争端解决机制、深化相互评估程序等几大领域。

第二，大力促进 G20 协商机制的有效性。作为国际经济协商平台，G20 本身不具有法律效力及强制性，根据以往峰会经验，这一机制的发展趋势是 G20 引领，国际货币基金组织和世界银行等正式国际组织执行落实，组建一个“非正式机制 + 多边正式国际组织”的“机制复合体”决议执行模式①。这种决策模式不仅保持了 G20 机制的灵活性和反应迅速等特点，也与国际货币基金组织和世界银行形成了良好互补关系。由于美国的一票否决权及国内政治原因，2010 年国际货币基金组织份额和投票权改革至今无从落实，致使改革最大受益方——发展中国家至今未获应有权利，凸显出当前 G20 执行机制的有效性缺失弊端。因此在未来机制化建设过程中，G20 需加强与国际货币基金组织、世界银行以及世界贸易组织等机构的紧密协作，强化决策—执行功能之间的传导机制，使 G20 峰会达成的协议和共识获得最大程度落实。

第三，重视发展中国家在议题设置中的建设性作用。G20 峰会要取得重大成果至少应具备两方面条件：一是国际社会有取得共识的迫切需求；二是峰会议程设置应具有延续性、可操作性，并且重点突出。在 G20 由危机应对机制转型到国际经济治理平台的过程中，议题重心将不可避免地转移到与各国利益攸关的议题之上。但值得关注的一个现象是，同时容纳发达国家与发展中国家的 G20，在议题设置上有“分裂”的趋势，即在后危机时代各方“自扫门前雪”，致使 G20 的“全球”治理平台使命有所褪色。这就要求 G20 机制对议题保持“有限度的开

① 杰进．从非正式性看 G20 的机制化建设．现代国际关系，2011（2）．

放”，全球经济增长、金融稳定、国际金融体系改革等无疑是G20的核心议题。除此之外，峰会主办国高度的议题选择权往往导致议题缺乏延续性，致使诸多共识成果流于空谈。中美G20改革研究小组发布的最终报告还指出，双方一致认为，在二十国集团会议及议程设置上，主办国政府完全有理由增添本国特色提议，但程度应该受到一定制约，以保持议程集中并且富有成果。由此可见，有限度的议题开放至少对于现阶段G20机制的高效运行至关重要。2014年G20峰会中，新兴经济体已被加入主办方行列。如何在关注发展中国家议题的同时兼顾南北失衡问题，是中国对于G20机制化建设的一个重要考量。

第四，在G20机制内部处理好与G7、美国及金砖国家的关系。G20的非正式对话论坛性质决定了G20与G7必将长期共存。在后危机时代，美、欧等发达国家必然会在发达国家的共同利益诉求下重新结盟，强化G7的整体国际话语权。作为新兴经济体利益的代表，中国必须大力发展与金砖国家及其他新兴经济体的伙伴甚至盟友式协作，在G20平台上形成合力，以充分维护发展中国家利益。印度中央智库首席总监依伦·埃克斯表示，金砖储备系统、金砖银行将把金砖国家联合起来，形成一个重要的金融体系，促进金砖国家经济和金融发展。这说明其他金砖国家有意愿加强新兴经济体内部金融合作，以抗衡发达国家的国际金融霸权。在处理中美关系问题上，除了通过中美战略与经济对话实现合作互信，G20也是一个极具战略意义的重要平台，美国的全球金融霸权唯有在多边对话机制下才可能得到根本性削弱。

第五，加强中国自身的软、硬实力建设。中国应当树立长远国际经济合作战略规划，培养熟悉国际规则的复合型人才并推动建立国际金融新秩序，为掌握全球治理话语权及承担更多的国际义务打下坚实的内在基础。

6.4 小结

中华民族的伟大复兴之路布满荆棘，在未来G20机制化建设过程中，中国将面对国内外多重严峻挑战：

第一，应对其他国家，尤其是周边邻国对中国迅速崛起的防范心理，一些国家反复宣扬“中国威胁论”。此外，随着美国全球外交战略回缩，“重返亚太”战略势必将中国置于双边、多边经济、军事博弈焦点。在迄今九次 G20 峰会中，美国一直试图对人民币汇率升值施压，但由于欧债危机持续发酵，以及美欧在不同议题上的对弈交锋，人民币升值问题暂时避开了各国争论的靶心。但在可预见的将来，美国就人民币问题势必将重新联合发达国家，并挑动新兴经济体向中国发难，以维护美元的货币霸权地位，中国的应对方略将直接决定人民币的国际化趋向。

第二，中国将面临来自“过失转移”的挑战。奥巴马在匹兹堡峰会中提出平衡增长倡议，一定程度上反映了当前全球经济失衡状况的根源。然而，这一理念将过失矛头直指中国，指责人民币汇率操纵之下的巨额贸易顺差及其对全球经济造成的失衡冲击。为戳穿美国转嫁危机过失的企图，在连续多届 G20 峰会上，胡锦涛主席均强调了全球经济失衡现状源于南北发展不平衡这一事实。随着中国在国际货币基金组织等国际组织中拥有更多份额和发言权，中国所承担的责任和义务会与日俱增。如何杜绝过早、过多承担国际责任，避免中国重蹈拉美危机覆辙，顺利逾越经济发展的不可逆阶段，是中国在 G20 机制化建设中面临的一项重要挑战。

第三，中国等新兴经济体在全球经济治理中面临着被边缘化的风险。随着危机硝烟缓缓散去，美欧矛盾亦将逐渐获得化解，老牌发达国家与新兴经济体将就重要国际经济组织份额再分配问题展开正面交锋，角力之中的攻防得失势必对国际经济格局乃至世界秩序构成深刻影响。对于所有新兴经济体而言，最根本的共同利益诉求莫过于改写国际金融体系的不合理话语权重。然而，2010 年国际货币基金组织改革方案在拥有重大议题一票否决权的美国却迟迟未获通过，致使此次改革几近流产，也让中国等新兴经济体认识到改革的意义与艰难。更值得关注的是，随着危机议题让位于广泛的全球治理关切，G20 成员的凝聚力及紧迫感有所涣散，部分发达国家甚至希望重回以 G7 为核心的全球治理模式，发展中国家所关注的议题将更加难以落实。因此，强化 G20 机制的有效性迫在眉睫，推动 G20 机制化建设是实现这一目标的唯一路径。

第7章　G20机制化建设方案设计

7.1　软法应用的设计操作

随着全球化进程日益加快，主权国家、国际组织、跨国公司等多元行为主体的互动愈加紧密，欧盟、东盟等区域组织的一体化程度也日益加深，IMF、WTO、G7/G8等全球经济治理模式面临严峻考验，2008年全球性经济危机的爆发加剧了传统治理机制失灵的系统性风险。与此同时，新兴经济体渴望提高在全球共治中的话语权，全球治理的权力结构升级势在必行。在后危机时代，G20面临着从危机应对机制向全球经济长效治理机制过渡的艰巨挑战，转型结果将关乎未来国际经济走势及世界秩序的长治久安，而转型成功的关键在于如何分阶段对G20进行有的放矢的机制化建设，本章将就此问题展开详尽论述。

综合前述关于WTO、G7、APEC三种机制的特点、经验教训，G20现状、困境与性质定位，G20内部小集团博弈互动下的国际关系基础，以及G20机制化建设的可行性分析，笔者拟定出G20机制化建设设计方案，方案具体划分为软性非正式阶段、软性半机制化阶段和“软硬兼施”机制化阶段等三个阶段。

7.1.1　第一阶段：软性非正式阶段

作为全球治理核心机制，G20的首要任务必然是解决全球经济的可持续发展问题，不仅要关注现在或者短期的经济问题，还需致力于世界经济平衡增长的潜在及长期问题；不仅要考虑发达国家利益，更应顾及发展中国家的权益与诉求。

机制化是G20发展的必由之路，但当前世界金融危机对全球经济的影响尚未平息。在未来几年内，G20应继续致力于处理危机带来的债务及全球经济失衡问题，力争将世界经济纳入健康复苏轨道。2013年圣彼得堡峰会业已明确提出经济复苏的主要任务：“如何启动投资这一发展引擎以及如何通过搭建国际金融架构并预防可导致新危机的经济失衡，达到降低风险的目的。”①本书借此将圣彼得堡峰会作为本研究机制化建设第一阶段的开端，也即整个G20机制化建设的起始点。

在整个危机善后过程中，G20应当继续秉持成立之初设定的“布雷顿森林体系内部的非正式对话机制”功能定位，并寻求更有效的全球协作方式，真正释放G20宣言的软法效力。软法实践并非依赖国家及法律强制力，但治理目标可能通过下列方式更高效地加以落实：（1）社会舆论、道德自律、同行监督等所产生的社会压力；（2）软法制度之中的激励机制；（3）蕴含在社会公权力中的强制性，此强制力既非直接国家强制力，也有别于国家授权产生的间接国家强制力；（4）国家权威或者国家强制力的权威、国家强制力的某种暗示或者影响。②

本阶段的另一主要任务是为软性半机制化建设作出前期铺垫，具体准备工作涉及：（1）宣传软性半机制化建设的理据，统一认知、促成共识；（2）广泛征询各方对于G20未来组织架构及议题设置方面的意见、建议和方案；（3）召集G20各领域部长级会议，邀请重要国际组织、国家间联系组织、非成员国代表列席，对所征集方案展开论证并草拟实施规划，然后提交领导人峰会予以终审确定。

7.1.2　第二阶段：软性半机制化阶段

2009年G20匹兹堡峰会宣言称，G20将取代G8成为国际经济合作首要平台。然而，对于G20最终能否修成正果，成为首屈一指的全球经济统筹机制，国际社会一直存在争议。1999年G20成立之初发表的首份《G20公报》指出：“G20是布雷顿森林体系框架内的一种非正式对话机制。”这种“非正式对话机制”功能

---

① 塔季扬娜·利辛娜．圣彼得堡G20峰会召开在即，主要议题已确定．政治家网，http://www.politician.com.cn/a/shangyejingji/2013/0812/1900.html.

② 罗豪才，宋功德．认真对待软法——公域软法的一般理论及其中国实践．中国法学，2006（2）．

定位难免使各成员国缺乏长期共同目标，后危机时代任何系统性政治、经济离心力均可能暴露 G20 决策效率低下等先天机制缺欠。

金融危机影响尘埃落定后，G20 即应着眼于未来机制化建设使命，向半机制化阶段过渡是一条必由之路，即首先强化 G20 组织架构及议题设置，这也同时符合 G20 机制软法性特征的形成规律，即软法机制的成型须经由程序化、透明化、规范化和制度化等一系列完整程序。

1. 设置秘书处等常设机构

纵观当前主要国际组织，它们无一不设有常设机构，用于日常活动的组织管理，为会议提供筹备、后勤等服务支持。G20 至今尚未设立秘书处，2002 年创设了“三驾马车”制度，即每年的轮值主席国设立“临时秘书处”，由现任轮值主席国、前一任轮值主席国以及下一任轮值主席国成员组成，其主要负责设置会议的议题、议程，筹备、组织会议活动等。“三驾马车”制度继承了 G20 会议的“非正式”属性，保证了机制的协调与协商自由，但常设机构缺失容易导致前后会议衔接不畅，会议信息传递疏漏，会议成果无从落实等诸多问题。

G20 与 APEC 有诸多类似之处，比如两种机制均为论坛性质的非正式磋商机制，都围绕经济议题展开国际合作，与会主体均为成员国领袖等。因此，APEC 的构建经验及实践历程有望为如今的 G20 机制化建设研究提供许多有益借鉴。就秘书处设置问题而言，同为非正式性国际机制，APEC 的组织架构设计经验值得 G20 认真研究。一方面，APEC 在新加坡设立秘书处负责日常事务的管理；另一方面，为了加强秘书处能力，顾全各成员经济体的利益需求，APEC 根据《新加坡宣言》任命马来西亚人穆罕默德·努尔·雅各布为秘书处首任固定任期执行主任。此举赋予该机制更强大的运转活力，APEC 由此迈出应对 21 世纪区域经济挑战、实现成员国经济持续复苏的关键一步。

作为国际经济合作首要平台，G20 已被赋予超出所有其他同类机制的全球治理历史使命，增设秘书处为常设机构将极大提高 G20 的日常管理及全球事务统筹能力，二十个成员国可各指派一名代表常驻 G20 秘书处，秘书处可从中选拔一人担任秘书处执行主任，秘书处成员每五年轮换一次。

关于秘书处的地点选择，笔者认为可考虑设置在印度尼西亚，原因有二：其一，G20成员主要由两组力量构成，即七大传统工业国阵营G7（美国、日本、德国、法国、英国、意大利、加拿大），以及新兴经济体代表金砖国家（中国、印度、俄罗斯、巴西、南非）阵营。在当今世界格局中，两大阵营成员均拥有较强的利益主张及较高的话语地位，为了保证公平、公正，秘书处地点最好设置在两大阵营以外的国家。其二，印尼是软法性组织APEC的重要成员，也是许多重大国际会议的主办国，2013年APEC峰会及WTO部长级会议等高级别会议曾多次在该国巴厘岛举行，印尼无疑具备丰富的国际会议组织经验。

为了保持G20的发展动力，法国前总统萨科齐等人较早便提出建立固定秘书处的设想。固定秘书处设想虽然有诸多理由，但也蕴含着有待商榷的一系列问题。首先，G20正是因其“软法”特性才得以成功救市，固定秘书处等硬法性机构极可能削弱G20危机应对的政策灵活性；其次，增设秘书处意味着另一个庞大的全球治理官僚机构即将问世，其规模和功能甚至可能与联合国并驾齐驱，所呈现出来的“世界政府”意味也势必加深广大非成员国对于G20合法性的质疑。后危机时代的G20机制能否续写辉煌仍然充满未知，目前能够确认的是G20拥有足够的空间变迁为全球治理的最佳范例，我们有理由对G20机制化建设实践充满期待。

2. 议题建设专门化

后经济危机时代，G20的关键在于能否实现从危机治理机制到长效治理机制的跨越，成功转型的关键在于G20对本次金融危机的治理成效。就现阶段而言，G20能否胜任并稳固国际经济合作首要平台角色，将取决于其能否推动一系列以规范银行系统为核心的国际金融体系改革。而G20的中长期任务重点则是发挥全球统筹机制作用，有效践行维护世界经济可持续发展的历史使命。纵观历届G20财长及峰会议题演变，我们可以发现不同阶段G20议题的侧重点各有不同（见表7.1）。

表7.1　　历届G20峰会及部分财长会议议题一览表

时间	地点	主题	性质
2014年11月	澳大利亚布里斯班	促进私营企业成长，增加全球经济抗冲击性和巩固全球体系	领导人峰会
2013年9月	俄罗斯圣彼得堡	增长和就业，重点讨论世界经济金融形势、投资、贸易、发展、国际货币金融体系改革等议题	
2012年6月	墨西哥洛斯卡沃斯	稳定经济、实施结构改革、强化国际金融体系、改善国际金融构架、推动食品安全以及鼓励可持续发展等	
2011年11月	法国戛纳	欧债危机、世界经济复苏与增长、国际货币体系改革、国际金融监管、抑制国际市场原材料价格过度波动、发展问题和全球治理等	
2010年11月	韩国首尔	汇率、全球金融安全网、国际金融机构改革和发展问题等	
2010年6月	加拿大多伦多	与会领导人强调采取下一步行动，推动世界经济全面复苏	
2009年9月	美国匹兹堡	推动世界经济复苏、国际金融体系改革和全球经济失衡等议题	
2009年4月	英国伦敦	如何摆脱目前危机，使经济尽快复苏；如何改革国际金融体系，加强监管，防止危机再次发生	
2008年11月	美国华盛顿	把保持全球复苏在轨作为焦点，并将金融监管作为最热议题	
2007年11月	南非开普敦	如何确保世界金融市场稳定以及国际货币基金组织及世界银行的改革问题	财长及央行行长会议
2006年11月	澳大利亚墨尔本	以“建设和维持繁荣”为主题，着重探讨了当时世界经济形势和发展问题、能源与矿产、布雷顿森林机构改革等话题	
2005年10月	中国北京	“加强全球合作：实现世界经济的平衡有序发展”，各成员方将讨论布雷顿森林机构改革、发展融资、发展理念创新等议题	

续表

时间	地点	主题	性质
2004年11月	德国柏林	讨论了当时宏观经济形势、金融部门机构建设、打击滥用国际金融体系、老龄化的挑战与移民、主权债务重组、布雷顿森林机构60年回顾、全球化背景下促进稳定与增长以及区域一体化等议题	财长及央行行长会议
2003年10月	墨西哥莫雷利亚	讨论了金融危机防范与应对、发展融资、打击恐怖融资以及全球化与经济发展、金融机构建设等议题	
2002年11月	印度新德里	探讨了防范与应对金融危机、全球化、打击恐怖主义融资以及保持经济持续增长等议题	
2001年11月	加拿大渥太华	主要就“9·11”事件对全球经济和金融的影响、G20在打击恐怖融资活动方面的作用等展开了讨论	
2000年10月	加拿大蒙特利尔	如何应对全球化的挑战，如何减轻金融危机的危害等	
1999年12月	德国柏林	就全球及区域经济和金融形势、国际金融体制改革的方向等问题交换了意见	

资料来源：本表格由历届G20相关会议资料汇集整理而得。

G20的创设初衷是在全球层面加强宏观经济政策协调，以处理和预防金融危机等问题。当前，G20已升级为最重要的国际经济合作机制，并被寄予长效全球治理历史使命，议题内容亦随之延伸到能源、食品安全、发展等更宽的领域。一定程度上而言，议题范围的扩展充分体现出G20在全球治理中的现实意义，但是过于宽泛的议题也将掩盖其全球经济协调机制的功能定位。在今后G20机制化建设过程中，议题设置不妨分三个步骤逐步加以扩展和落实：

（1）经济议题专门化。后金融危机时代，G20能否切实发挥全球经济事务首要协调平台作用，很大程度上取决于G20在全球经济复苏、国际宏观政策协调、国际金融体系改革等领域的领导力和治理效力。因此笔者认为，在当前G20机制尚未健全的情况下，应首先迈出经济议题专门化第一步，将范围限定于国际贸易、国际投资等核心经济领域，并保持适当的开放性以根据世界经济形势变迁灵活应变。该步骤适用于本书G20机制化建设线路图的第一、第二阶段。

（2）金融议题专门化。金融议题一向被认为是世界经济的深水区，人类有史以来众多经济危机背后无一不闪动着金融机构及国际银行家的身影，主权货币国家的蓄意操控更加深了国际金融秩序的动荡。国际金融体系改革呼声由来已久，但至今仍未取得多少实质进展，第二次世界大战后奠定的现代国际经济格局根深蒂固地制约着国际金融机构改革，布雷顿森林机构虽然问题重重，但至今仍然是全球经济治理的操盘者，另起炉灶设立全新替代机制的时机远未成熟。G20机制因此普遍被寄予厚望，晚近金融危机亦为国际金融体系改革提供了完美契机。因此，G20应在经济议题专门化基础之上迈出议题建设第二步，着重完善国际金融监管制度，改革IMF等布雷顿森林机构的份额分配制度，以及多元化国际货币体系。该步骤适用于本书G20机制化建设线路图第二、三阶段。

（3）议题建设多元化。自1999年成立以来，历届G20部长级会议及峰会就已或多或少触及全球化挑战、国际援助、发展、资源、环境等经济以外的广泛议题，体现出G20机制的高度灵活性和包容性。从长期规划而言，开放的议题设置是G20机制化建设中不可或缺的构成要素。正如美国副国务卿斯坦伯格在评价与G20机制类似的“中美战略与经济对话”模式时所言：“对话为决策者提供了一个了解对方，并能够影响对方决策的平台。这一平台打破了政治、经济、环境、能源等各个议题领域之间的条块分割，让我们对大国之间的关系获得了更加系统的认识。”当然，G20议题范围也不宜无限扩张，应首先着眼于增加功能层面的治理议题，从打击海盗、反恐等最易达成共识、最易协调行动的合作入手，实效性治理成果有利于增强各方向更宽领域拓展的能力和互信。该步骤适用于本书G20机制化建设线路图第二、三阶段。

7.1.3　第三阶段：推动构建“软硬兼施”的机制化模式

1. 逐步扩展、开放议题领域

G20在G8基础上吸收了新兴市场国家和中等强国成员，拓宽了成员国的属性范围，不但增强了自身合法性，也传达出新兴经济体要求均衡分配国际话语权的强烈意愿，这对于增加新兴经济体在重要国际经济组织中的份额及投票权至关重要。作为主办G20峰会的第一个非欧、非美国家，韩国首次将构建全球金融安全网、国际金融体系改革及发展等列入2010年首尔峰会议题，不仅呼应了各界关于IMF危机预防机制改革和国际稳定机制重建的全球讨论，还对世界经济长期可持续增长产生了深远影响。

长期以来，G20偏重于经济议题的多边磋商却尚不具备执行约束力，后危机时代能否强化“首要国际经济合作平台”地位并担当起全球治理统筹机构角色，取决于G20在更广泛、能动范围上的拓展力。这要求G20内部的高效协调及与非成员国之间的高度身份认同。目前，G20成员悉数为国际力量格局中的上中游国家，它们举足轻重的市场影响力牵动全球化进程，也势必左右欠缺话语权的非成员国未来的命运。从道义上讲，这也意味着G20理应承担更多的国际责任，更多聆听欠发达国家的诉求并作出积极回应。因此，可持续发展问题应置于此阶段议题建设的核心位置，广义“发展”至少涉及两方面含义，一是指发展中国家的长期、稳定进步，二是指世界经济、政治的长治久安。狭义而言，发展议题要求G20从可持续角度更多关注环境、资源、反腐、教育等相关领域，这也是全球统筹机构自身可持续进步的基本前提和保障。

2. 严格成员国准入制度

1999年G20问世时并没有任何明确准入标准，主要根据经济总量大小及区域代表性确定成员国，因此成员国代表性一直是G20饱受争议的话题。虽然G20在发达国家与发展中国家之间作了认真权衡，但为何选择这20个经济体而非其他？是谁赋予了G20资格，使其有权推动制定关乎60亿人民命运的国际经济政策？G20合法性争论由来已久，根源在于成员准入机制等制度性缺失。

因此，本阶段的一项势在必行的机制化建设内容，是对申请国条件予以成文化限制，并以法规形式落实新成员准入制度，既要防止成员过多导致效率低下，也要克服成员过少而削弱合法性。在这一方面，WTO的经验教训值得汲取，成员过多势必导致利益争端纷繁复杂，为机制平添决策和执行难度。再反观G7，我们又会发现，准入标准过于苛刻会产生另外一种困境，即代表性缺失导致有效性不足，不但广大发展中国家的利益无从保障，就连发达国家阵营的立场也未得以充分体现。在严格成员国准入制度的方针之下，如何设计一套机制化运转的科学准入制度，使其既充分体现各方利益，又保持G20的高效治理，是本阶段G20机制化建设的重点研究议题。

美国全国纳税人联盟（National Taxpayers Union）对G20成员准入标准进行过系统调研并提出以下标准：一国经济规模及对全球经济的重要性；遵守与市场经济相一致的法律和规则；与其他国家金融联系的范围。据此标准，阿根廷、印度尼西亚在20个经济体中的国内生产总值最小，但大于G20以外所有国家的经济规模。虽然两国的全球金融相关性得分低于一些非成员国，但在区域代表性等方面具有独特优势地位。综合上述标准进行衡量，瑞士、挪威、马来西亚和新加坡脱颖而出，最具资格申请第二批加入G20。

3. G20决策机制构建

G20的表决机制既应体现其“非正式性”特征又应符合全球治理对于决策程序的高效性要求。通过前文对WTO表决机制的论述，笔者认为G20的表决机制应当遵循以协商一致为原则、多数表决为例外的方式。作为一个非正式组织，G20应首先本着友好协商的态度处理国际经济事务，原则上采取协商一致的方针，但当触及利害攸关的全球性议题而无力达成一致时，即可动用多数表决的方式。

（1）投票方式

在多数表决中应当采用“一国一票”方式，防止发达国家在表决中凭借经济实力占优。在重大会议场合，国际组织可以列席参加，并对主要事项发表意见、提出建议，但不拥有投票权，由此一方面发挥国际组织的治理、监督功能，又同时保证G20成员的投票自治权。在系统考察WTO等现行国际组织的各种投票机制基础之上，笔者结合G20性质及第三阶段机制化建设目标，拟订出如下具体投票机制：

简单多数投票机制：决议有半数成员国同意即可通过，这种方式为当今国际组织所广泛采用，例如《国际民用航空宪章》规定理事会的决议需经过半数理事同意。

特定多数投票机制：该机制要求按照一定比例多数或者确定多数进行决议表决，以充分保证决议的代表性，并有效避免多数一方利用自身优势强行通过任何决议。特定多数表决方式又包括一定比例的特定多数和确定的特定多数。

一定比例的特定多数方式下的投票机制以超过二分之一的一个具体比例划分特定多数标准，如《联合国宪章》规定“大会对于重要问题之决议应由到会及投票的会员国三分之二多数决定”。

确定的特定多数方式下的投票机制则规定一个具体投票数额对特定多数加以确定，如欧盟理事会的议事规则规定：“成员国票数总共 87 票，有关一般问题的决议以特定多数 62 票通过，程序性问题以简单多数 44 票通过。”

就 G20 表决机制设计而言，鉴于 G20 较小的成员规模及软法性本质特征，原则上应采用协商一致标准。在此前提之下，可再根据议题的重要性以及保证运转效率等考量，对简单多数、特定多数投票方法加以区分运用。对于会员准入、峰会基本制度设计等涉及全球经济、政治核心问题的重大议题，应该采取协商一致方式予以解决；对于一般程序性问题可以采取简单多数投票方法；对于涉及成员国特定利益的国际问题，则应该采取特定多数投票方式，同时排除当事国的投票权。

（2）特别投票权

借鉴联合国的安理会制度，可设置 G20 理事会，理事会成员由核心创始国构成，原则上每洲一个名额，同时兼顾发达国家与发展中国家之间的平衡，理事会可以考虑吸纳美国、俄罗斯、法国、巴西、南非、中国等 6 国。对于程序事项决议的表决，在 G20 全体成员投票的基础上，理事会须有 3 票以上（含）同意。对于实质性事项的决议表决，要求全体理事国全部同意才可通过，即任何一个理事国都享有否决权。

4. 构建多层级会晤与协商框架

当前 G20 的会议框架为：每年举行一次财长和央行行长会议，一至两次副部级会议，2008 年增加了首脑峰会形式。① 然而，由于 G20 在全球治理中的重要性

① 曹玮，王俊峰. G20 机制化建设与中国的对策. 亚非纵横，2011（4）.

逐步加强，其成员间的合作和协商内容涉及更加细化综合的领域，需要设置更特别的部门进行专门研讨，笔者认为今后应当逐步形成以领导人峰会为主，不同领域主管部门为辅的多层次会晤机制。

WTO所建立的多层次、全方位组织架构值得G20加以借鉴。WTO在部长级会议下设贸易政策审议机构、总理事会和争端解决机构，然后在总理事会下分为货物、服务、知识产权理事会及贸易与环境、贸易与发展、地区贸易等委员会。该设计结构的优势突出表现在议题的全方位涵盖、职责的细化及多层次会晤机制的构建上。

笔者认为，G20可以WTO组织框架为设计参考，与G20机制化建设第三阶段总体规划相适应，逐步构建起以全球经济治理为核心功能的全方位、多层级的统筹架构，在首脑峰会下设财长会议、央行行长会议、总理事会，总理事会下分设三个部门（见图7.1）：金融监管、贸易自由化、可持续发展。每个细分部门每年定期召开会议，探讨特定领域的国际热点问题。

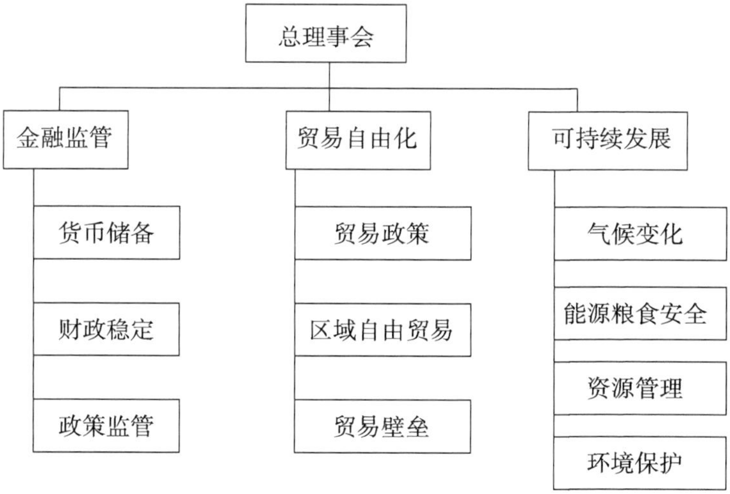

图7.1 G20未来机制化设计中的总理事会架构图

金融监管、贸易自由化、可持续发展三部门下设于总理事会的原因有二：

其一，如G20创立初期的宗旨所明示，“作为非正式论坛，G20旨在促进工业化国家和新兴市场国家就国际经济、货币政策和金融体系等重要问题开展富有建设性和开放性的对话，通过对话寻求合作并推动国际金融体制改革，加强国际金融体系架构，促进经济的稳定和持续增长”。由此可见，金融、贸易、可持续发展是 G20 的长期性核心议题。

其二，应对全球经济失衡以及晚近金融危机的客观要求。后危机时代，金融危机的影响仍未彻底消退，导致危机的根源之一——全球经济失衡问题依然存在，如何构建国际金融体系，改革国际货币体系并加强金融监管，如何反对贸易保护主义是眼下当务之急。金融监管是避免潜在危机及全球治理的重要基础，而贸易自由化则是各国有序复苏及永续发展的根本动力。二者同时又是推动全球经济可持续增长以及保障发展中国家利益的必要前提，而气候、能源、资源、环境等问题是可持续发展的重点关注领域。

5. G20 决议执行机制构建

建立 G20 决策执行和落实机制共有两种可行途径：一种是在 G20 内部建立一个全新的执行机制，即 G20 内部的硬法化建设；另一种是充分利用现有全球经济治理中的成熟机制和框架，发挥国际组织的执行功能。内外结合的构建方式不但可以并行不悖，而且有望取得相得益彰的复合效果。

（1）G20 内部的硬法化建设

“国际制度的有效性与它们的法律化程度直接相关”①。任何国际组织的长久运行以及决策的贯彻执行都应当有强制性的法律作为保障。G20 成立之初，内部成员之间的利益诉求分化明显，难以通过条约形式达成正式共识，因而采用协商方式予以弹性规范。但伴随着 G20 机制化建设的逐渐深入，不具有法律约束力的成果难以得到有效的贯彻和执行，甚至可能导致 G20 作用架空。因而在磋商阶段，成员不妨本着公平、开放的态度自由协商，但在执行层面应该运用具体法律条款予以规制，以增强 G20 各种决议的执行力。

① 约翰·柯顿．强化全球治理：八国集团、中国与海利根达姆进程．国际观察，2008（4）．

①建立 G20 争端解决机制

争端解决机制是国际经济组织建设中的必要一环，是有效化解成员间经贸争端的制度保障。G20 应当创造性借鉴运行已久的 WTO 争端解决机制，量身定制 G20 框架下的多层次争端解决机制。对于并不尖锐的常规利益纠纷，当事方应尽量自行磋商解决，如在接到磋商请求之日起一定时间内未能妥善解决，磋商方可以申请启动仲裁或审判程序，对方若对仲裁或审判结果不服，可以向上诉机构提起上诉，上诉机构所作出的裁决具有终局性效力。

争议各方首先通过磋商解决争议。当一成员认为另一成员违反 G20 文件，从而使自己遭受损害时，可要求对方进行磋商，同时应通知 G20 争端解决机构。被要求磋商的成员应在接到磋商请求之日后的 10 天内作出答复，并在接到请求之日后不超过 30 天的时间进行磋商。磋商应在被要求方接到磋商请求之日后 60 天内完成。如果该成员方在接到请求之日后 10 天内没有答复，或在接到请求之日后 30 天内没有进行磋商，或在接到磋商请求 35 天后双方均认为达不成磋商一致，或者在接到磋商请求之日后 60 天内未达成磋商一致，投诉方可以向争端解决机构提出成立专家组的申请。这一方面提高了争端解决机构解决纠纷的效率，避免久拖不决的现象；另一方面，也可以敦促争议双方及时行使权利，防止怠于行权。

专家组成员由 20 个国家分别选派一人组成，负责审查证据并决定谁是谁非。在具体案件中，根据利害关系人排除的原则，在无利害关系的专家组成员中选择 5 人进行斡旋、调解或调停。此外，争端解决机制可以引入“反向协商一致”的决策原则，在争端解决机构审议报告时，只要不是所有的参加方都反对，则视为通过，这一规定将有效消除多边争端解决进程迟缓的可能性。

若被上诉方不服专家组的报告，可以向上诉机构提出上诉，上诉的范围仅限于专家小组报告所涉及的法律问题及由该专家小组所作的法律解释。上诉机构有 60 天的时间处理上诉事宜并通过报告。上诉机构的报告具有终局性，被上诉方必须执行。若不执行，争端解决机构可以授权上诉方进行报复。

反向协商一致原则主要适用于专家小组的成立、专家小组报告的通过、上诉机构报告的通过、对报复授权请求的通过。该项原则不仅会使争端解决机构或专家组的决策更加流畅地被通过，还使争端解决机制更准确掌控各个程序所需时间，从而使纠纷在可预见的时间内得以处理，有效缩短争端解决程序；更重要的是，它实质上确立了对争端的强制管辖权，增强了争端解决机制的强制性，提高了国际会谈中争端解决机制的有效性，有利于争端解决程序迅速、顺利地展开，并树立专家小组程序在贸易争端解决上的权威性和威慑力。

②G20 争端解决机制的必要性

G20 能否顺利实现向全球治理核心统筹机制的身份转变，取决于后危机时代 G20 在危机善后、国际经济政策协调、全球金融体系改革等诸多领域的治理效力，而机制有效运行的一个重要前提是硬法性决策及执行机制的保障，就 G20 第三阶段机制化建设而言，争端解决机制是最可行的一种硬法性机制选择，理由如下：

首先，是实现全球经济平衡稳定增长、加强国际金融监管的需要。只有峰会宣言被切实有效地贯彻执行，G20 的全球金融、经济合作协调机制作用才可能得以发挥，争端解决机制是宣言有效性的最有力保障。

其次，G20 的性质不同于 WTO，作为一个政府间的协商合作组织，其所有活动建立在“互利协商一致”的基础之上，不可以有立法或者指令。由于成员国在经济、文化等领域的诸多差异，各自国内立法以及对于 G20 宣言的履行程度差距明显，若过于强调成员践行的自觉性和能动性而缺乏有效监管，会使宣言形同一纸空文甚至激化成员之间的矛盾，而建立争端解决机制无疑可以提高组织内部的运作效率。

再次，WTO 等机构的实践已经证明，国际经济组织的有效运行很大程度上源于争端解决机制的执行力和约束力。

最后，机制化建设第三阶段完成以后，G20 将蜕变为一个“软硬兼施”的全球治理长效机制。在保留软法性质的前提下，势必需要争端解决机制等硬性法规进行保驾护航，这也是其软法效力真正得以保障的重要基础。

（2）发挥国际组织的辅助执行功能

除了 G20 自身硬法性执行力方面的职能建设，作为全球核心治理机制，G20 的全球统筹效力还有赖于众多国际组织的辅助参与。二者实现充分协调的一个重要条件是，国际社会能否突破国际法单一主体和国家中心主义的传统思维，即不仅仅将国家作为国际法的主体，国家或政府还应与非政府组织、跨国公司等国际行为体共同构筑一个多主体协商机制，并对现行国际经济机构实施改革，同时确保国际货币基金组织、世界银行等多边金融机构拥有充足融资来源。更长期而言，国际法亦应突破传统表达范式，构建一个非国家法律多元主体作为全球治理的核心机制，各种国家及非国家行为体在高度身份认同的基础上在全球共治中求同存异，最终打破由国家及政府间组织依靠强制力进行"统治"的单一局面。

国家主权和主权原则是国际法基础，也是国际法最重要的基本原则。全球治理的一个重要特征是民族国家主权及政府权力被日益削弱，而国际组织的影响日益增大。[①] 全球治理对国家主权的侵蚀与挑战具体表现在：当全球事务与民族国家的内政制度发生冲突时，后者往往需作出必要让步。久而久之，民族国家的内政决策及政治、经济体制将发生实质性变迁，并直接或间接对主权构成挑战。[②]

戛纳宣言重申"G20创立的精神是，在平等基础上将世界主要经济体组织起来一致行动"，"将以共同政治意愿支持经济、金融议程，促进改革以及与相关国际组织的有效合作"，"呼吁国际组织，特别是联合国、世界贸易组织、国际劳工组织、世界银行、国际货币基金组织及经济合作与发展组织，加强经济政策的社会影响等方面的协调"，这些宣言共识无一不传达出非国家行为体之于全球治理的特殊使命。

在机制化建设完全结束之前，G20很难彻底发挥全部全球治理功能，另起炉灶建立全新治理机制的难度同样很大，而继续推进G20机制化建设并发挥现有国际组织的执行功能，无论从成本效益原则还是实际治理效力而言，都无疑是一个高度可行的方案。根据各国际组织与G20的现阶段关系，笔者将国际组织划分为三类：

第一，具有专门化职能的区域性组织。非盟、东盟、欧盟等是这类组织的典

---

① 杨海坤．全球经济治理挑战国家主权．领导文萃，2004（7）．

② Char lotte Ku，"Global Governance and the Changing Face of International l Law"（2001 John W Holmes Memorial Lecture），ACUNS，2001，No. 2.

型代表，G20 峰会应该加强与它们的全方位合作，如邀请列席参加与各自区域相关的议题协商，甚至授权其专门负责相关决议的执行、落实及监督，并通过各自双重身份成员的桥梁作用直接促进双方的协调互动。

第二，联合国等布雷顿森林机构。联合国是一个由主权国家构成的国际组织，致力于促进成员国在国际安全、世界和平等方面的团结合作。G20 决议的具体执行可以充分利用联合国遍及全球的办事处及六大职能机构（联合国大会、安理会、经济及社会理事会、秘书处、国际法院以及联合国托管理事会）。G20 本身即隶属于布雷顿森林体系，而国际货币基金组织、世界银行等布雷顿森林机构早已具备成熟的组织架构和运行机制，并一直在各自领域内积累了丰富的实践经验。因此，如果把这些国际组织有效纳入 G20 框架并加强与 G20 机制的互动，必将大大提升 G20 的执行效力。事实上，G20 也一直通过下面几种形式影响着其他国际机构的运作：一是在峰会宣言中重申其他国际机构的目标；二是给其他国际机构的工作指明方向；三是推动其他国际机构进行改革。[①]

第三，包含于 G20 峰会机制中的各跨政府网络等监督实体。金融稳定理事会、巴塞尔委员会等机制应进一步加强各自的监督职能，以督促 G20 达成的决议的执行；[②] 金融稳定理事会 FSB（Financial Stability Board，简称“FSB”）的前身为金融稳定论坛（FSF），是 G7 为促进国际金融体系稳定而成立的跨政府组织。随着新兴经济体在世界经济增长和金融体系稳定中的影响与日俱增，2009 年 G20 伦敦峰会决定将 FSB 成员扩展至所有 G20 成员国，并更名为金融稳定理事会。FSB 通过会议和报告机制开展日常工作，其主席需要向 G20 的财政部长、中央银行行长汇报工作。[③]

6. 完善相互评估程序

相互评估程序（Mutual Assessment Process，MAP）是 G20 增强执行力的一项制度创新。“互相评估”旨在逐个分析各个成员国贸易状况，以解决全球经济失衡问题。2011 年制定的“相互评估”参考性指南以同行审议（Peer Re-

① 陈素权．二十国集团在全球经济治理结构中的角色分析．东南亚纵横，2010（10）．
② 李仁真，王进．G20 峰会：全球金融治理的主导机制．武大国际法评论，2012，15（2）．
③ 孟璐．金融稳定理事会制度架构及其对中国金融监管法制构建的启示．经济研究导报，2013（19）．

view）和“黑名单制度”（Naming and Shaming）为核心。[①] 成员国就宏观经济政策进行相互评议，核实承诺的执行效果，确保效果与“可持续、平衡增长”目标相吻合。

相互评估程序是G20匹兹堡峰会提出的一种政策合作模式，各国领导人已为这一倡议确定了基调和实质内容，目标是确保国际宏观经济政策的整体协调与实施。在其后的华盛顿财长和央行行长会议上，各国就衡量过度失衡参考性指南一揽子指标达成一致。2013年圣彼得堡峰会前夕，G20重申了确保发达经济体实现可持续公共财政承诺，途径包括制定中期财政战略及重视短期经济和预算状况。G20峰会相互评估程序进展如表7.2所示。

表7.2　　G20峰会相互评估程序进展一览表

峰会	主要举措	介绍
匹兹堡峰会	政策及宏观经济框架	二十国集团成员互相并与基金组织就未来3~5年的政策计划及预期经济表现分享信息
多伦多峰会	成员国政策评估	基金组织评估G20成员政策与增长目标的一致性
首尔峰会	通过指示性指南增强互相评估进程	采用指示性指南确定和评估失衡状况；G20允许基金组织对严重失衡成员国进行深入评估
	政策承诺	G20成员国确定各自有助于实现共同增长目标所需采取的政策行动
戛纳峰会	短期举措	G20承诺采取重大举措实现更稳定、更抗冲击能力的国际货币体系
	中期政策重点	纠正失衡，确保强劲、可持续、均衡经济增长
	严重失衡分析	基金组织撰写《可持续性报告》就七个重大失衡国家的特性、失衡根源、阻碍调整的因素等提供深入分析

① 朱进杰．二十国集团的定位与机制建设．阿拉伯世界研究，2012（3）．

续表

峰会	主要举措	介绍
洛斯卡沃斯峰会	政策举措	承诺采取一切必要政策，以增加需求、促进全球增长、恢复信心、解决中短期风险、降低失业率
	问责制框架	同意加强问责制评估框架；评估“强劲、可持续和平衡增长”目标的执行进展，并在此框架下进行了第一次评估
布里斯班峰会	首要任务	承诺推动经济增长，改善民生和就业，促进贸易，推动国际税收体系的公平性
	展望未来	成立全球基础设施中心

由于目前的“相互评估”机制尚缺乏明确的惩罚措施，得出的评价结果对成员国不构成硬性约束。因此，G20 要利用 IMF 与世界银行等现行机制的执行力，将决议成果纳入国际金融组织框架之中，以使 G20 各项决议最终落地。例如，在国际金融领域，G20 可以利用 IMF 的专业性为国际金融协调提供必要的技术及经验支持，充分发挥此类国际组织的参与度和能动性能够有效分解各成员国的决议执行成本，并减轻其国内的政策审议压力，从而实现 G20 决策的效率和有效性。

7. 加强各国央行信息交流和联动机制

信息交流是协调国际货币政策最基本的方式之一，这些信息包括货币当局对当前汇率水平的态度、国内宏观经济政策走向、经济政策的主要目标和预测经济运行的结果等（赵青松，2011）。

信息交换本身并非达成货币政策协调一致的最终目标，但这有利于引导预期，实现货币政策的预期管理，提高国内货币政策的可信度和动态一致性，从而提升金融市场预测货币政策走向的能力。因此，各国央行可以开展不同层次的协调合作，在各国的汇率政策、国际收支状况等方面率先展开协调工作，建立起一种部分协调机制。

对于全球金融治理而言，各国金融监管机构和国际金融组织要通过确立共识等方式参与全球金融监管事务，以维持一个统一的全球金融监管程序。在全球协调层面，各主要大国需要建立一个在 G20 机制下的多边、区域和双边协调框架，并最终形成以G20财长和央行行长会议为全球金融治理最高决策机构，以国际货币基金组织（IMF）为执行和实施机构，以各国参与货币政策协调为配合的全球货币金融治理体系。

而这一体系的建立需要强有力的制度支撑作为保障。对强国来说，制度通常具有吸引力，因为它能够有效排除伤害其基础的某些结果；对弱国而言，制度妥协也排除了它所担心的某些结果，如强国的统治和抛弃（John Ikenberry，1998）。因此，中国及新兴市场国家应积极参与G20机制化建设，妥善处理好G20机制同其他多边机制的关系，确保G20在国际金融新秩序和全球金融治理改进中发挥核心作用。

7.2　结语

综上所述，软法之于G20机制化建设的适用性体现为两个方面：

其一，软法应对危机事件的超前性和预见性。在国际金融资本高速运转的全球化时代，软法在应对金融市场多变性及特殊敏感性方面具有独特优势。相对于硬法达成协议的繁复程序，软法更易于促成应急方案及相应建议或标准。

其二，软法达成共识的迅捷性。在1997年、2008年两次金融危机中，G20作为非正式机制的典型代表，已经充分展现了软性治理的灵活、高效特征，具体适用如下领域：

首先，卓有成效协调经济政策，推动金融改革。从华盛顿峰会到圣彼得堡峰会，G20高效促成国际宏观经济政策协调，通过成员国各自的财政、货币等具体方案释放出充足流动性，及时稳定了国际金融市场，确保了经济及就业增加，市场信心得以迅速恢复。与此同时，发展中国家在国际金融机构中的话语权稳步增强。在布雷顿森林机构改革中，G20成员国业已作出国际货币基金组织份额及世界银行投票权的具体转让承诺。

其次，与时俱进制定国际金融行业新标准。随着全球化进程的深入，国际金融标准存在的漏洞逐一显现，并严重制约着全球共治下与其他机制的联动效率。

在此背景之下，G20成员国共同推动制定了一系列国际经济、金融标准，如打击避税天堂、《巴塞尔协议Ⅲ》、系统重要性金融机构（SIFI），弥补了现有国际金融治理体系的不足。①

最后，高瞻远瞩提升全球治理的“一致性”（coherence）。全球性问题的传导性使得专门性国际组织在全球治理中缺乏“一致性”，贸易保护主义与全球就业存在着内在的紧密联系，G20通过将贸易与就业统筹考虑，有效地提升了该领域全球治理的“一致性”②。同时，在G20全球治理框架之下发展中国家话语权的增加，不但有助于促进全球治理“一致性”，也有利于推动世界经济的“强劲、可持续、平衡增长”。

2008年爆发的全球金融危机推动G20成为全球经济合作首要平台，开启了全球经济治理的新纪元。G20机制符合当前全球化下国际经济格局变迁的客观要求，比传统国际经济治理机制更加合理并更具代表性。自升级为峰会机制以来，G20在危机应对、国际经济协调等方面成效卓著，有力维护了国际金融秩序的稳定及世界经济的持续增长，获得了国际社会的高度赞誉与认可。同时，在后危机时代，G20能否由临时性危机应对机制转变为全球经济治理长效机制，仍存在诸多不确定因素和潜在问题。新兴市场的迅速崛起及巨大增长潜力，使改革G7主导的传统国际经济治理机制成为大势所趋，构建世界经济新秩序亦是世界经济均衡发展的必要前提，符合各方国际主体的利益诉求。在此背景之下，G20最有条件成为富有成效的国际经济治理平台，中国应把握历史机遇，积极参与和推动未来G20机制化建设。

二十国集团峰会在危机中诞生，成立之初即展现了强大的国际经济协调能力，后危机时代下如何实现长效治理机制转型是全球瞩目的一大焦点。作为G20创始成员、积极参与者及受益者，中国全面肯定了这一机制成效及历史使命，更将其视为能够真正与发达国家平起平坐讨论国际事务的唯一平台，因此对于未来

---

① 朱杰进．二十国集团的定位与机制建设．阿拉伯世界研究，2012（3）．

② David Cameron，“Governance for growth：Building Consensus for the future”，http：//www.920.utoronto.ca/summits/2011 cannes.html，P.14.

G20机制化建设的重视与参与程度不言而喻。

在建设理念上，中国将维持G20的非正式性和领导人引领特点，加强与其他国际治理机制的融合对接，以提升G20峰会成果的时效意义。在议题设置方面，中国将携手新兴经济体成员推动发展议题的地位与落实，从根本上破解世界经济的南北失衡困境。如何在把握机遇的同时掌控风险，如何在提高人民币国际地位的同时化解发达国家转嫁过失的企图，如何在全球化大势之下乘风而起，并担当相称的国际责任与义务，是中国在G20未来机制化建设中急需探讨的核心命题。

综上所述，G20机制符合当前全球化形势和国际经济格局变化的需要，较之传统国际经济治理机制拥有更高的合理性及更充分的代表性。迄今为止，G20在应对全球金融危机、协调宏观国际经济政策、维护全球金融稳定及推动世界经济增长方面取得了显著成果，其作为全球经济核心治理机制的国际认知广泛而深刻。虽然在后危机时代下仍然面临诸多挑战及不确定因素，但机制化建设所蕴藏的丰富潜力及巨大国际协调红利，意味着G20极其广阔的成长前景，也预示着中华民族伟大复兴的光明未来。

参考文献

［1］艾尚乐．国际金融治理的新趋向——中国参与 G20 机制的改革与发展．金融财税研究，2012（1）．

［2］陈凤英．二十国集团机制化适应时代发展潮流．当代世界，2010（12）．

［3］曹广伟．一种新的国际经济协调机制的建构———简评 G20 机制在应对全球经济危机中的作用．东亚非纵横，2010（5）．

［4］曹广伟，张霞．G20 机制的构建及其在后危机时代的角色定位．国际展望，2010（6）．

［5］曹玮，王俊峰．G20 机制化建设与中国的对策．亚非纵横，2011（4）．

［6］崔志楠，邢悦．从“G7”时代到“G20”时代——国际金融治理机制的变迁．世界经济与政治，2011（1）．

［7］方晋．G20 机制化建设与议题建设．国际展望，2010（3）．

［8］侯典芹．G20 峰会的机制化与发展中国家．全球视野：理论月刊，2012（4）．

［9］黄范章．从 G7 到 G20 的历史性意义何在?．中国景岗山干部学院学报，2012，5（2）：110．

［10］胡焕武．论 G20 的国际经济组织职能及特殊性．商业时代，2011（12）．

［11］哈吉纳尔，等．八国集团体系与二十国集团．上海：上海人民出版社，2010.

［12］黄梅波，胡建梅．国际宏观经济政策协调与 G20 机制化．国际论坛，2011（1）．

［13］黄梅波，吕朝凤．G20 经济波动的同周期性研究——G20 宏观经济政策协调

的可能性及效果分析．国际贸易问题，2011（3）．

［14］李兵，周晓松．G20 机制下的国际金融安全．红旗，2010（16）．

［15］李计广，张汉林，桑百川．改革开放三十年中国对外贸易发展战略回顾与展望．世界经济研究，2008（6）．

［16］林利民．G20 崛起是国际体系转型的起点——仅仅是起点！．现代国际关系，2009（11）．

［17］梁西．国际组织法（总论）．武汉：武汉大学出版社，2001.

［18］李晓，冯永琦．国际货币体系改革的集体行动和二十国集团的作用．世界经济与政治，2012（2）．

［19］李因才．G20：议题置换与权力之争．世界知识，2011（22）．

［20］刘宗义．“G20 机制化与中国参与全球经济治理”学术研讨会议综述．国际展望，2010（2）．

［21］（美）安妮·玛丽·弗朗西斯科，等．国际组织行为学．北京：中国人民大学出版社，2003.

［22］EVENETT S J，HOEKMAN B M. International cooperation and the reform of public procurement policies. World Bank Policy Research Working Paper，2005（3720）．

［23］EVENETT S J. Statistics of distortion：trade policy intervention during the crisis. International Trade Forum，2012（3）．

［24］EYESTER L. NAFTA and the barriers to federal procurement opportunities in the United States. Public Contract Law Journal，2002－01－04：695－729.

［25］FAHY MARTIN. A fine balance. InFinance，2009（2）．

［26］FAITH JOANNA. Eliminating the tax haven label. International Tax Review，2009（7/8）．

［27］FANSHENGGEN. OP－ED：G20 AGRO ministers should focus on small farmers. Global Information Network. 2011－06－15.

［28］FINNEMORE MARTHA，STEPHEN J T. Alternatives to “Legalization”：richer views of law and politics. International Organization，2001，55.

[29] FOURNIER, ELIZABETH. The global regulation myth . International Financial Law Review, 2009 (6) .

[30] FETISOV G. Measures to overcome the global crisis and establish a stable financial and economics system (proposals for the G20 on financial markets and the international economy) . Problems of Economic Transition, 2009 – 09.

[31] GOWREA GARY. Mauritius: not a tax haven and white listed by OECD. International Tax Review , 2009 (6) .

[32] GROCOTT, JACK. A time for tax transparency and clarity. International Tax Review, 2010 (4) .

[33] GUZMAN ANDREW T, TIMOTHY L M. International Soft Law. Journal of Legal Analysis, 2010 (1) .

[34] GUZMAN ANDREW T, The design of international agreements. The European Journal of International Law, 2015, 16.

[35] GUZMAN ANDREW T, TIMOTHY L M. International Common Law: the Soft Law of International Tribunals. Chicago Journal of International Law, 2009, 9.

[36] HALLAM DAVID. Agricultural commodity price volatility. International Trade Forum, 2011 (3) .

[37] HARDOUIN PATRICK. The aftermath of the financial crisis. Journal of Financial Crime, 2011, 18 (2) .

[38] HERMAN BARRY. A pragmatic ideal for global economic governance. the Whitehead Journal of Diplomacy and International Relations, 2011, 12 (2) .

[39] HETTNE, Björn. Development beyond market – led globalization. Development. New Institutions for Development, 2010, 53 (1) .

[40] JAKOB V, ROBERT W. The governance response to the great recession: the "success" of the G20. Journal of Economic Issues , 2012.

[41] JIANG LILI. Developing multilateral rules on government procurement: the value of Soft Law//The WTO Regime on Government Procurement: Challenge and Re-

form, edited by Sue Arrowsmith and Robert Anderson. Cambridge: Cambridge University Press, 2011: 719 – 745.

[42] JIANG LILI. Evaluation of Soft Law as a method for regulating public procurement from a trade perspective. Nottingham: University of Nottingham, 2009.

[43] JIN CANRONG, LIU SHIQIANG. OPINION: the G20's role irreplaceable. McClatchy – Tribune Business News, 2010 – 11 – 08.

[44] JOHN E, RAMESH T, ANDREW F C. Reforming from the Top: a Leaders' 20 Summit, Tokyo: United Nations University Press, 2005.

[45] JONES DAVID S. Public procurement in Southeast Asia: challenge and reform. Journal of Public Procurement, 2007, 7 (1).

[46] JOY A, SUH – YONG CHUNG. The role of the G20 in governing the climate change regime. International Environmental Agreements: Politics, Law and Economics, 2012, 12 (4).

致 谢

此书是笔者在博士毕业论文基础上改进完成的，得益于张汉林教授和屠新泉教授的悉心指导。很欣赏两位导师的严谨学风及深邃思想，在潜移默化之中，笔者领略到学术殿堂的广阔视域和理性思考的力量，对经济学平添了一份执着的热爱。要有所建树，也许是答谢师恩的最好方式。

同时，感谢杨荣珍教授、周念利老师、李杨老师、李计广老师、孙娜老师、戴臻老师、陈文敬老师、郭培兴老师等所给予的热忱启发和指点。

感谢杨长春老师、李卫群老师、蔡永明老师、徐哲潇老师、单丹丹老师的热心培养和支持。

感谢靳朝晖、赵青松、邱薇、米宏伟四位同学一路同行。

感佩中国世界贸易组织研究院独立的学术精神和自由的思想空间。

感谢对外经济贸易大学英语学院为本书出版所提供的资金支持。

在理论经济学研究领域，我将永远是一名学习者，我会继续努力、永续前行。